아산재단 연구총서 제392집

한국 사회의 인종차별적 담화구조

코퍼스 기반 미디어 비평담화분석 관점에서

이 창 수

집문당

아산재단 연구총서 제392집

한국 사회의 인종차별적 담화구조
코퍼스 기반 미디어 비평담화분석 관점에서

2015년 9월 20일 1판 1쇄

저 자 | 이창수
발행인 | 임동규
발행처 | **집문당**
등 록 | 1971. 3. 23. 제300-2012-69호
영업부 | 10881 경기도 파주시 광인사길 85
(02)743-3192~3 팩스(02)742-4657
전자우편 | sale@jipmoon.co.kr
편집부 | 03134 서울시 종로구 돈화문로 82
(02)743-3096~7 팩스(02)743-0227
전자우편 | edit@jipmoon.co.kr
홈페이지 | www.jipmoon.co.kr

편 집 | 이현정
디자인 | 임용우

ISBN 978-89-303-1701-6
978-89-303-1500-5(세트)

가격 11,000원

이 도서의 국립중앙도서관 출판시도서목록(CIP)은 e-CIP홈페이지(http://www.nl.go.kr/ecip)와
국가자료공동목록시스템(http://www.nl.go.kr/kolisnet)에서 이용하실 수 있습니다.
(CIP제어번호: CIP2015023019)

머리말

2012년 '한국 사회의 인종차별적 담화구조 분석'이라는 주제가 아산재단의 연구지원 과제로 선정되어 연구를 시작한 지 만 4년 만에 연구 결과가 〈아산재단 연구총서 제392집〉으로 출판되어 책임 연구자로서 감개무량합니다.

돌이켜 보면 본 연구는 여러 불확실성을 안고 출발했습니다. 무엇보다 우리나라의 공적 매체인 언론의 언어 사용에서 인종차별적 담화 관행을 찾아낼 수 있을지가 불확실했습니다. 언론은 대부분 대외적으로 인종차별에 반대하는 목소리를 냅니다. 따라서 언론에서 인종차별적인 언어를 명시적으로 사용할 가능성은 거의 없습니다. 간혹 그런 경우를 발견하더라도 그것은 구조적이라기보다는 일회성 사건일 가능성이 많습니다.

그러나 최근 학계의 연구에 따르면 현대판 인종차별은 과거와 같이 특정 인종을 명시적으로 비하하거나 폄하하는 대신에 지배 인종과 다른 소수 인종의 차이점을 강조하거나 범죄와 같은 부정적 면모를 부각하는 등 미묘한 형태로 나타난다고 합니다. 따라서 겉으로 드러나는 인종차별적 언어 사용은 없더라도 그 근저에 무의식적으로 구조화된 인종차별적 담화 관행이 존재할 가능성을 배제할 수 없습니다. 빠른 속도로 다문화사회로 탈바꿈하고 있는 우리 사회도 그런 가능성에서 자유롭지 않을 것이란 점에서 본 연구의 가능성에 확신을 갖게 되었습니다. 또한 구조화된 언어 사용을 분석하기 위해선 다량의 데이터에서 반복되는 언어 패턴을 밝혀내야 하기 때문에 연구 방법론으로 코퍼스 언어학적 기법을 채택하였습니다. 또한 담화 내 참여자들의 행동과 역할을 분석하기 위하여 핼러데이의 체계기능문법 중 동사성을 핵심 분석 모델로 사용하였습니다.

우리나라에서는 아직 생소한 비평(적)담화분석과 체계기능문법을 결합한 이론적 틀 안에서 역시 생소한 주제인 인종차별적 담화를 분석하였다는 점에서 본 연구는 완성이라기보다는 완성을 향한 의미 있는 첫걸음이라고 생각합니다. 따라서 연구 내용에 미진한 점이 많더라도 독자 여러분의 양해를 구합니다. 본 총서의 본문에서도 밝혔듯이 비평담화분석은 궁극적으로 사회적 약자들을 억압하는 사회 구조를 변화시키는 데 관심이 있는 학문입니다. 그런 점에서 본 연구가 우리사회에서 무의식적으로 재생산되는 언론의 인종차별적 담화 관행에 경종을 울리고 긍정적 변화를 촉발하는 기폭제가 되기를 기대합니다.

끝으로 본 연구의 가치와 가능성을 긍정적으로 평가하고 지원을 아끼지 않은 아산사회복지재단에 깊은 감사의 말씀을 드립니다.

| 차 례 |

| 표 차례 |

| 그림 차례 |

제1장

서 론

제1장 서 론

1.1. 연구 목적

본 연구의 목적은 비평담화분석의 관점에서 한국 사회의 공적 담화 속에서 드러나는 인종차별적 담화 관행을 분석 연구하는 것이다. 이와 같은 목적을 위하여 본 연구에선 신문 사설, 뉴스 기사, 인터넷 댓글 등 공적 담화를 대표하는 미디어 담화를 분석 데이터로 하여 코퍼스를 기초로 한 정량분석을 실시하여 한국 사회의 미디어 담화에서 드러나는 인종차별적 담화 관행을 밝히고자 한다.

1.2. 연구 배경

출입국 외국인정책본부가 발간한 '2013 출입국·외국인정책 통계연보'를 보면 2013년 말을 기준으로 국내 체류 외국인 수는 1,576,034명으로 2012년 대비 9.1% 증가한 것으로 나타났다. 국적별로는 한국계 중국동포를 포함한 중국이 778,113명(49.4%)으로 가장 많았고, 미국 134,711명(8.5%), 베트남 120,069명(7.6%), 일본 56,081명(3.6%) 순으로 많았다. 이 중 이주민을 포함한 장기체류자는 1,219,192명이고 단기체류자는 356,842명으로 절대 다수가 국내에 완전 이주하였거나 취업 등의 이유로 장기체류하는 외국계 거주민인 것으로 나타났다. 또한 총 인구 대비 국내 체류 외국인 비율은 2009년 2.35%에서 2010년 2.50%, 2011년 2.75%, 2012년 2.84%에 이어 2013년 3.14%로 급격히 증가한 것으로 나타났다. 이러한 통계치는 한국 사회가 매우 빠른 속도로 다문화사회[1])로 변하고 있음을 보여준다.

이런 상황에서 경남이주민센터는 2011년 10월 13일 기자회견을 열고 '외국인 이주민 인종차별 금지에 관한 특별법' 제정을 촉구하는 건의서를 공개했다. 이날 경남이주민센터가 기자회견에서 200명 이상의 서명이 담긴 정부 건의서까지 공개하게 된 배경은 부산에 거주하는 우즈베키스탄 출신 귀화여성인 구수라(한국 귀화명)가 찜질방에 입장을 거부당한 사건에서 비롯되었다. 동 사건은 경남이주민센터의 기자회견 이후 TV와 신문에 보도되면서 사회적 이슈로 부각되었다. 해당 찜질방의 직원은 귀화여성에게 국적이 한국인이어도 얼굴이 외국인이기 때문에 입장시킬 수 없다고 했다. 그리고 경찰이 출동한 상황에서도 찜질방 주인은 외국인은 에이즈 감염 위험이 있어 출입을 허락할 수 없다고 밝혔다고 했다. 경남이주민센터는 보도 자료에서 외국 이주민이 외모나 출신국이 다르다는 이유로 일상생활에서 각종 차별을 받으며 내국인과 동등한 시민 권리를 보장받지 못하고 있는 현실을 한국 사회의 '부끄러운 자화상'이라고 비판했다.

인종차별은 다문화가정 아동들이 재학 중인 학교에서도 빈번히 발생하는 것으로 보도되고 있다(연합뉴스 '다문화교육' 기획보도, 2012.2.20~21).

---

1) 여러 인종이 어울려 구성된 사회는 정확하게는 '다인종' 사회라고 하여야 할 것이다. 그러나 우리나라에서는 '다문화'란 완곡어를 사용하는 것이 보편화되었기 때문에 이를 그대로 사용하도록 하겠다.

다문화가정 아동들은 학교에서 토종 한국인 아동들과 생김새나 피부색이 다르다는 이유로 왕따와 학교 폭력의 표적이 되고 있다. 이와 같은 인종차별은 피해 아동에게 정신적 고통을 주어 우울증이나 병적 불안감을 겪게 된다고 했다(김혜미 외 2011).

2006년도에 6대 광역시의 20세 이상 남녀 1,500명을 대상으로 한 외국인에 대한 한국인의 태도에 관한 설문 조사를 보면 한국인들은 경제적으로 선진국 출신인 외국인을 선망하고 후진국 출신을 무시하는 이중적 태도를 갖고 있는 것으로 드러났다(유승무 & 이태정 2006). 특히, 후진국 출신 외국인들 앞에서 물질적 풍요를 과시하며 상대방을 하대하고 지배하려는 권위주의적 태도를 보인다고 보고되었다. 이런 결과를 놓고 보면 한국 사회에서 후진국 출신 이주 노동자나 이민자가 늘어날수록 인종차별이 더 심화될 가능성이 많다. 한국 사회에서의 인종차별은 사회 구성원 모두가 동등한 권리를 누리며 함께 살아가는 다문화 공동체를 구성하는 데 반드시 극복해야 할 장애물이 되어가고 있다.

학문적으로 인종차별(racism)은 인종적 차이에 바탕을 둔 소수에 대한 다수의 지배력 및 특권의 사회 정치적 표출로 정의된다(Goldberg & Solomos 2002:4). 인종차별은 사회에서 헤게모니를 가진 집단이 자신의 위치를 유지 및 강화하기 위하여 제도화한 차별적 사회관습이다. 또한 외모와 같은 생물학적 특징 및 문화, 전통, 언어, 조상과 같은 사회적 특질에 의거하여 개인과 집단을 계층적으로 나누는 행위이기도 하다(Wodak & Reisigl 1999:181). 한마디로 인종차별은 인종적 차이에 바탕을 둔 지배와 불평등의 사회 시스템이라고 할 수 있다(Van Dijk 2002:145).

인종차별이 사회적 권력관계에 바탕을 두고 있다는 말은 인종차별을 문제로 인식하더라도 인종적 다수의 힘과 저항 때문에 쉽게 허물기 어려운 이데올로기임을 의미한다. 따라서 인종차별은 정책이나 법과 같은 제도적 차원에서의 반인종차별적 대책도 필요하지만 인종차별이 발생하고 유지되는 사회적 메커니즘을 학문적으로 밝혀내는 작업도 긴요하다.

1.3. 연구 필요성

연구의 배경 설명에서 평등한 다문화사회 구축을 위하여 인종차별의 사회구조를 학문적으로 연구해야 하는 당위성을 설명하였다. 이와 같은 학문적 연구는 다양한 차원에서 진행될 수 있지만 본 연구는 인종차별적 사회구조의 생성과 유지에서 공적 담화가 차지하는 역할을 규명하는 데 초점을 맞추었다. 보통 인종차별이라고 하면 흑인 노예제도나 남아프리카공화국에서 시행되었던 아파테이트 정책 같은 것을 떠올리기 쉽다. 그러나 현대사회에서의 인종차별은 법이나 제도에 의한 것보다는 사회구조적 불평등 관계에서 비롯되며 이 과정에서 담화는 인종차별을 재생산하는 데 매우 중요한 역할을 수행한다(Van Dijk 2002:145). 이와 같은 관점에서 인종차별 사회구조에서 담화가 차지하는 역할을 이해하기 위해선 텍스트에 대한 체계적이고 미시적인 분석, 즉 언어학적 접근이 필요하다.

앞서 한국 사회에서의 인종차별에 대한 학문적 연구의 필요성을 제기하였지만 현재 학계에 보고된 연구는 극히 미비한 수준이다. 특히 한국 사회에서 인종차별이 발생되고 재생산되는 과정에 담화가 기여하는 구조를 분석 대상으로 삼은 연구는 전무한 실정이다.

인종차별에 관한 비평담화분석 연구의 선구자적 역할을 해 온 반 데이크(Van Dijk 2004:351)는 언어를 통한 인종차별 행위, 즉 인종차별적 담화를 '텍스트, 대화, 기타 커뮤니케이션 매체를 통해 표출되는 차별적 사회 관행'으로 정의하였다. 반 데이크에 따르면 인종차별적 담화는 비언어적 차별 관행과 맞물려 인종차별 시스템을 형성하는 데 기여한다. 구체적으로 인종차별적 담화는 지배 인종의 차별적 견해, 태도 및 이데올로기를 표현하고 강화하고 합법화하는 역할을 수행한다(Van Dijk 2004:351).

최근 태국·말레이시아·한국·싱가포르 등 4개국의 이주 노동자에 대한 원주민들의 태도를 비교분석한 ILO보고서(ILO 2011)에 따르면 외국인 노동자와의 접촉 비율이 한국은 28%로 가장 낮았다. 이는 한국의 일반 시민이 외국 노동자에 대한 정보를 대부분 직접 경험이 아니라 언론매체나 정책보고서와 같은 문서, 즉 공적 담화에 의존해 습득한다는 것으로 해석할 수 있다(Van Dijk 2002:152). 따라서 한국 사회의 경우 인종차별이 형성되고 재생산되는 과정에서 담화가 차지하는 비중은 다른 국가에 비하여 더 클 개연성이 있다. 특히 여기에는 언론의 영향력이 매우 클 것으로 여겨진다.

이와 관련하여 유엔 인종차별철폐위원회는 2012년 10월 23일자 한국에 관한 보고서에서 한국 내에서 언론과 인터넷을 통한 인종혐오 발언이 구체적이면서도 광범위하게 확산되고 있다고 지적한 바 있다. 이에 덧붙여 동 위원회는 표현 자유의 기본권이 인종 우월주의의 전파나 인종혐오를 부추기는 행위까지 보호하지는 않는다고 밝혔다. 이에 따라 동 위원회는 한국 정부에 언론, 인터넷, 소셜미디어를 통해 인종 우월주의를 전파하거나 인종혐오를 부추기는 개인이나 단체를 파악하기 위한 모니터링을 강화할 것과 그런 행위에 관련된 자들을 형사 처벌하도록 권고하였다.

인종차별 발언이라고 하면 대부분 타 인종을 욕하거나 비하하는 발언을 의미하는 것으로 받아들인다. 그런데 이와 같은 발언은 명시적이고 직설적이어서 누가 보더라도 옳고 그름을 판단할 수 있다. 비평담화분석에선 눈에 드러나지 않는 간접 방식으로 담화를 통해 표출되는 인종차별적 집단의식이나 태도를 분석하는 데 더 큰 관심을 갖는다.

한 가지 예를 들어 보면 앞서 언급한 '구수라'사건은 2011년 10월 14일에 KBS TV의 뉴스 프로그램을 통해 보도되었는데 뉴스 진행자는 다음과 같은 발언으로 해당 뉴스를 시작했다.

> 뉴스 진행자: 외국인은 더 이상 낯선 존재가 아닌데요, 외국인에 대한 우리의 인식은 어느 수준일까요? 한 이주여성이 외모가 다르다는 이유로 찜질방 입장을 거부당해 인종차별 논란을 낳고 있습니다. 박상현 기자입니다.
>
> 리포터: 한국 남성과 결혼해 지난 2009년 한국인으로 귀화한 우즈베키스탄 출신 구수진 씨. 구 씨는 최근 찜질방을 찾았다가 황당한 일을 겪었습니다. 엄연한 한국인이지만, 서양인 외모라는 이유로 찜질방 입장을 거부당한 겁니다.[2)]

구수진은 귀화했으므로 한국인이다. 리포터도 그 점을 분명히 밝히고 있다. 그러나 뉴스 진행자는 무의식중에 구수진을 외국인으로 분류했다. 그리고 그 과정에서 "우리의 인식"이란 표현을 사용함으로써 구수진을 토종 한국인 '우리'의 범주에서 제외하고 있다.[3)] 뉴스 진

---

2) 출처: http://news.kbs.co.kr/society/2011/10/14/2371975.html

3) 우리나라에서의 인종차별을 논하려면 불가피하게 인종적으로 한국인인 사람과 기타 외국인인 사람을 구분할 필요가 있다. 그런데 그냥 '한국인'이라고 하면 외국에

행자는 "외모가 다르다는 이유로 찜질방 입장을 거부당했다"고 보도하면서 진행자 자신도 외모를 기준으로 구수진을 우리가 아닌 '그들'로 범주화하였다. 동 TV 뉴스를 시청한 사람들 중에는 구수진 말고도 다른 귀화 외국인들이 있을 것이다. 이들 모두 법적으론 한국인지만 뉴스 진행자가 언급한 '우리'의 범주에선 제외되며, 토종 한국인과는 외모가 다른 '그들'로 분류된다. 이와는 대조적으로 외국 이주민의 권익을 대변해 온 경남이주민센터는 동 사건에 대한 보도 자료에서 '우리'란 말 대신 포괄적인 '한국'이란 단어를 사용하였다. 무의식적 인식의 차이가 이와 같은 용어 선택의 차이를 가져온다.

반 데이크(Van Dijk 2002:147)는 인종차별의 가장 핵심적 요소로 생물학적 특징을 기준으로 사회 구성원을 '우리'와 '그들'(We vs Them)로 양분하여 '우리'는 긍정적으로 표현하고 '그들'은 부정적으로 표현하는 것이라고 강조했다. 뉴스 진행자를 포함한 언론매체는 세상의 일에 권위를 가지고 말하고 글을 쓰는 담화 권력이 있다(Matheson 2005:2). 그런 권력을 가진 언론이 귀화한 외국인을 '우리'로 보지 않고 '그들'로 분류할 때 다른 토종 한국인들도 무의식중에 그와 같은 인지적 모델을 수용하고 따르게 된다. 이런 과정에서 의도적이건 의도적이지 않건 간에 언론은 인종차별 구조를 재생산하고 영속화시키는 역할을 수행한다(Matheson 2005:2).

담화를 통한 언어차별은 흑인을 '니그로'라고 부르는 것처럼 눈에 확연히 드러나는 경우도 있지만 앞의 뉴스보도 예에서 보듯이 간접적이고 미묘한 방식으로 작용하는 경우도 많다. 반 데이크(Van Dijk 1988b:

서 이민 와서 한국 국적을 취득한 외국계 '한국인'도 포함된다. 그런데 인종적으로 한국인인 사람을 일컫는 학술적 용어가 마땅치 않아 여기서는 편의적 차원에서 일반적으로 통용되는 '토종 한국인'이란 표현을 사용하도록 한다.

223)는 정치, 법, 교육 등 제도적 차원의 공식적 인종차별과 구별하여 담화를 통한 인종차별을 상징적 인종차별(symbolic racism)이라고 정의하며, 이런 방식의 인종차별이 더 심각한 사회적 결과를 야기할 수 있다고 경고하였다.

이상의 내용을 종합해 보면 현대 사회의 인종차별 구조를 이해하려면 담화는 핵심 요소라고 할 수 있다. 그런 관점에서 한국 사회에서 인종차별의 발생과 재생산에 담화가 미치는 영향을 학문적으로 연구할 필요성은 매우 크다.

1.4. 연구의 기대 효과

본 연구의 기대효과는 세 가지로 요약할 수 있다. 첫째, 본 연구는 국내 비평담화분석 연구의 활성화에 기여할 것이다. 앞서 설명하였듯이 비평담화분석은 기존의 사회언어학이나 응용언어학 분야에서 발전해 온 담화분석 기법을 사회비평연구와 접목한 다학제적 학문 분야로 최근에 전 세계적으로 많은 관심을 받고 있다. 비평담화분석은 본 연구에서 다루고자 하는 인종차별 외에도 신자유주의, 세계화, 페미니즘과 같이 다양한 이데올로기 구조의 생성과 발전 과정에서 담화가 수행하는 역할을 분석하는 데 활용되고 있다. 그러나 국내에선 비평담화분석 연구가 아직 도입 단계에 있어 학계 전반에 걸쳐 연구자나 연구 역량이 매우 제한적이다. 이런 상황 속에서 한국 사회에서의 인종차별과 담화의 관계를 체계적으로 분석한 비평담화연구는 국내 비평담화연구 활성화에 크게 기여할 것으로 기대된다. 이를 통해 장기적으로 비평담화분석이 국내에서도 언어학과 사회학을 연결하는 독립된 학문 분야로 발전해 나갈 토양이 조성될 것으로 기대된다.

둘째, 본 연구 결과는 대학에서 연구자 교육 훈련의 참고 자료로 활용될 수 있을 것이다. 담화분석이나 텍스트분석을 지도하는 국내 대학의 관련 학과에서 중요한 학습 및 연구 참고자료로 활용될 것으로 기대한다. 현재 비평담화분석을 대학 차원에서 교육 지도하려고 해도 관련 이론이나 모델을 한국 사회 연구에 적용하는 데 지침이 될 만한 연구 성과가 많지 않아 어려움을 겪고 있다. 이와 같은 상황에서 코퍼스 분석 기법에 기초한 본 연구는 비평담화분석의 이론이나 방법론적 측면에서 학습 지침서로서 활용도가 높을 것이다.

셋째, 본 연구 결과는 한국 사회의 인종차별 사회구조를 변화시키는 데 기여할 것으로 기대된다. 비평담화분석은 단순히 텍스트를 분석하고 담화와 사회구조 간의 연관성을 설명하는 선에서 끝나는 학문이 아니다. 비평담화분석은 사회구조가 기본적으로 강자나 다수 위주의 불평등 구조로 이루어져 있다고 보며, 그와 같은 사회구조를 연구하고 폭로함으로써 인종, 성 및 기타 차원에서의 억압에 저항하고 사회구조를 변화시키려는 정치적 의도를 가진 학문이다(Van Dijik 2001:352; Fairclough 2001:125). 본 연구의 궁극적 목적도 학문적 연구를 통해 한국 사회에서 무의식적으로 확대 재생산되는 다수, 즉 토종 한국인 관점에서 왜곡된 인종관과 거기서 비롯되는 소수 외국 이주민들의 일상적 인권침해에 항거하고 그와 같은 관행을 변화시키고자 하는 것이다. 그런 관점에서 본 연구는 한국 사회가 인종, 피부색, 생김새의 차이와 상관없이 모든 구성원이 평등권을 누리는 열린 다문화사회로 발전해 가는 데 기여할 것으로 기대한다.

제2장

학술적 배경 이론

제2장 학술적 배경 이론

2.1. 비평담화분석

2.1.1. 비평담화분석의 목적과 정의

본 연구의 이론적 배경이 되는 비평담화분석은 응용 언어학이나 사회언어학 분야에서 발전해 온 기존 담화분석 기법을 활용하여 사회구조를 비평적 측면에서 분석 연구하는 학문으로 최근에 연구의 저변이 빠르게 확대되면서 독립된 학문 분야로 인정받고 있다. 비평담화분석은 사회 정치적 맥락 속에서 담화를 통하여 권력구조나 헤게모니가 생성되고 재생산되며 항거되는 과정을 연구하는 학문이다(Van Dijik 2001:354; Fairclough 1995a:132). 비평담화분석은 특히 사회적 약자의 관점에서 언어를 통해 생성되고 구조화되고 합법화되는 모든 종류의 불평등 사회구조를 분석 연구하는 데 관심이 있다. 따라서 비평담화분석에선 '지배', '차별', '권력', '통제'와 같은 개념이 핵심 주제로 거론된다(Wodak 2001:2).

비평담화분석은 이론적 틀과 접근 방법에서 다양한 분파가 존재한다. 그러나 이들을 비평담화분석이란 하나의 틀로 묶는 공통적 관심사 및 원칙과 목표가 있다. 첫째, 비평담화분석은 상식으로 받아들이는 태도나 여론이란 것이 실은 이념적이며 이와 같은 이념적 상식을 형성하는 데 담화가 어떤 역할을 하는지를 분석하고 밝히는 데 관심이 있다. 상식은 불평등한 권력관계를 유지시키는 역할을 하며, 지배세력의 세계관을 자연스러운 것으로 받아들이도록 하는 이념의 자연화(naturalization)를 가능케 한다(Talbot 2007:45-47). 담화는 그와 같은 상식, 즉 권력 관계, 집단 정체성 같은 것을 형성하고, 자연화하고, 유지하고, 변화시키는 기능을 한다는 점에서 이념적 관행이다(Fairclough 1992:67).

둘째, 비평담화분석의 핵심적인 원칙은 담화는 사회구조와 불가분의 관계가 있다는 것이다. 비평담화분석은 기본적으로 언어 사용, 즉 담화를 사회관행(social practice) 또는 물질적 사회 과정의 불가결한 요소로 본다(Fairclough 2001:121; Wodak & Meyer 2009:7). 이런 관점에서 담화는 사회구조에 의하여 결정되며 동시에 사회구조를 보존하거나 변화시키는 과정을 통해 사회구조와 상호 연계성이 있다(Wodak & Meyer 2009:7). 같은 맥락에서 페어클러프(Fairclough 2001:121)는 의미생성체계가 여타 사회관행과 변증법적 관계 속에 있다고 설명하였다.

셋째, 이런 원칙하에 비평담화분석은 담화에 투영되고 담화를 통해 구현되는 권력구조와 지배 그리고 거기에서 비롯되는 사회적 억압, 불평등 및 불의에 관심이 있으며, 여타 집단에 대한 권력 사회집단의 지배를 형성하고 합법화하는 데 담화가 수행하는 역할(discursive construction and legitimation of dominance)을 분석하여 밝히는 것을 목표로 한다(Van Dijk 1993:249, Wodak 2001:2, 150-152).

이런 학문적 관점에서 비평담화분석에선 권력과 지배 그리고 공적 담화에 대한 접근과 통제라는 두 가지 주제가 핵심 개념으로 등장한다. 먼저 권력이란 사회집단 간의 관계에서 작용하는 사회적 힘을 뜻하는데, 특히 한 사회집단이 다른 사회집단을 통제하는 힘을 일컫는다. 따라서 비평담화분석의 관점에서 권력이란 사회적 통제(social control), 즉 지배(dominance)를 일컫는다(Wodak 2001:150). 즉 지배란 엘리트, 기관, 사회집단이 사회적 힘을 행사해서 정치적 · 문화적 · 계층적 · 인종적 · 성적 불평등을 야기하는 것을 의미한다(Van Dijk 1993:249-250). 지배 집단은 피지배 집단의 자유를 구속할 뿐만 아니라 피지배 집단 구성원의 지식과 생각에 영향력을 행사한다. 이와 같은 영향력은 매우 강력하고 장기적이기 때문에 궁극적으로 피지배 집단은 지배를 자연스러운 것으로 받아들이게 된다(Wodak 2001:150).

지배 집단이 이와 같은 영향력을 행사하는 중요한 매체가 공적 담화이다. 공적 담화에 대한 접근이나 통제권은 정치가나 언론인과 같은 사회 엘리트 집단에 귀속되어 있다. 독재국가에서는 독재 권력에 유리한 시각만이 대중에게 전달되도록 언론을 통제한다. 신문, 방송 등 언론매체는 언론 형성에 핵심적 역할을 하지만, 신문 논설이나 방송 프로그램 내용 구성 및 편집권 등은 해당 매체 구성원에 의하여 독점된다. 독자나 시청자는 그와 같은 권력에서 철저하게 배제되어 있다(Wodak 2001:151). 이와 같은 사회구조 속에서 공적 담화는 권력 집단의 사상과 이념을 전파하며 권력 집단의 지배를 합리화하고 유지시키는 역할을 수행한다.

비평담화분석은 이와 같은 담화–권력구조–지배 간의 상호관계를 규명하는 데 관심이 있다는 점에서 일반 담화분석과 차이가 있다. 일반 담화분석은 기본적으로 담화구조 그 자체를 밝히는 데 목적이 있지만, 비평담화분석에서 담화분석은 사회문제를 밝히고 해결하는 도구로 사용된다. 이런 면에서 비평담화분석은 '문제 지향적(problem-oriented)'

인 학문이다. 또한 사회문제는 매우 복잡하기 때문에 다양한 학문적 이론과 분석 방법을 사용할 수밖에 없다는 점에서 '다학제적(multidisciplinary)'이며 '다방법론적(muilti-methodical)'이다(Wodak & Meyer 2009:2).

비평담화분석이 문제 지향적이라는 말은 연구자들이 해당 문제에 대하여 분명한 입장 또는 목적의식을 가지고 접근한다는 의미이다. 비평담화분석가들은 지배와 불평등으로부터 가장 큰 피해를 당하고 있는 집단의 시각에서 문제를 보며, 불평등 및 불의를 생산하고, 유지하고, 합리화하고, 용인하거나 무시하는 권력 엘리트 집단을 그들의 비평적 활동의 궁극적 표적으로 삼는다. 따라서 이론을 연구하고 담화를 분석하는 행위는 학문적일지라도 그것이 지향하는 목표는 정치적이다. 비평담화분석가들은 자신들의 비평분석과 이해를 통해서 사회적 약자에 대한 지배구조에 변화가 일어나기를 희망한다(Van Dijk 1993:252). 따라서 비평담화분석은 단순히 언어를 분석하는 응용언어학도 아니며 사회를 이해하려는 사회과학도 아니다. 비평담화분석은 궁극적으로 불평등한 사회구조를 노출시키고 변화시켜 사회적으로 배제되고 억압받는 약자들을 지배구조에서 해방시키고자 하는 '해방적 목표(emancipatory objectives)'를 가진 실천 학문이다(Fairclough 2001: 125).

그렇다면 비평담화분석에서 '비평'(critical)이란 무엇을 의미하는 것일까? 전통적으로 막스 호크하이머(Max Horkheimer)나 프랑크푸르트 학파의 영향을 받은 비평이론 틀 안에서는 '비평'이란 단어는 "사회 일체를 비판하고 변화시키는 것(critiquing and changing society as a whole)"을 의미하였다(Wodak & Meyer 2009:7). 따라서 비평이라고 하면 '비판'이란 개념으로 받아들이기 쉽다. 그래서 혹자는 영어명 critical discourse analysis를 우리말로 '비판적 담화분석'으로 옮기기도 한다. 그런데 현대 비평이론에서 critique란 단어는 '비판하다'는 의미보다 좀 더 광의적으로 사용되어 사회적으로 여러 과정이 상호 연결되어 있는 구조를 드러내어 밝힌다는 의미가 더 강조된다(Wodak & Meyer 2009:7). 사회를 변화시키는 것은 학문적 활동으로 인해 일어나길 희망하는 결과이지 그것이 곧 학문 자체는 아니기 때문이다. 따라서 학문적 활동으로서의 비평담화분석의 비평 활동은 지배 집단에 독점된 공적 담화를 통해 상식처럼 받아들여지는 불평등 권력 관계, 지배, 억압의 구조를 파헤치고 드러낸다는 데 초점이 맞춰져 있다.

2.1.2. 비평담화분석의 시초–비평언어학

비평담화분석의 역사는 영국과 호주에서 시작된 비평언어학에 그 뿌리를 두고 있다. 철학적으로는 마르크스주의, 신마르크스주의, 프랑크푸르트학파 및 이탈리아 철학자 그람시의 영향을 받았다(Wodak 2001: 150; Wodak & Meyer 2009:7). 특히 파울러(Fowler 1991, 1996a)는 일반 언어학 이론 개념을 비평적 텍스트분석에 적용하여 비평언어분석의 새로운 지평을 개척하였다. 파울러는 마이클 핼러데이의 체계기능언어학 이론을 차용하여 미디어 텍스트뿐만 아니라 문학 텍스트 내에서의 이데올로기(또는 관점)를 분석하였다. 파울러의 연구는 이러한 문법적 기재들이 계층적 사회권력 구조를 생성하고 변형시키며 일상화하는 데 중요한 역할을 하고 있다는 점을 보여주었다.

비평언어학은 1979년에 출판된 두 권의 저서가 시초가 되었다. 첫째는 크레스와 하지(Kress & Hodge 1979) 공저의 『이념으로서의 언어(*Lanugage as Ideology*)』이고 둘째는 파울러와 그의 동료들이 편찬한 『언어와 통제(*Language and Control*)』이다.

『이념으로서의 언어』는 커뮤니케이션 도구로서의 언어가 이념적 가치와 연결되어 정치적 통제를 위한 도구로 사용되는 방식에 초점을 맞추었다. 저자들은 담화를 사회적 현상으로 정의하고 사회-정치적 권력과 과정은 담화에 반영되고 담화를 통해 실현된다고 보았으며, 이를 다양한 예를 통해 분석 예시하였다. 특히 저자들은 이념으로서의 언어를 과학적이며 형이상학적인 관점에서 논하였다.

크레스와 하지의 언어에 대한 이와 같은 관점은 다분히 벤자민 워프(Benjamin Lee Whorf)의 언어 철학을 반영하였다. 워프는 1956년 출간된 그의 유명한 저서인 『언어, 사고, 현실(*Language, Thought and Reality*)』(Carroll 1956)에서 현실은 사회적으로 형성된 구조이며 언어는 그와 같은 현실 구축에 중요한 역할을 한다고 주장하였다. 워프는 언어가 세상에 대한 기본적 원칙과 가정에 기초하여 세워진 범주와 규칙이라고 정의하였다. 워프는 이러한 가정을 인간 생활 속에 몰입된 과학과 형이상학으로 규정하였다. 과학과 형이상학은 언어를 통해 구축되기 때문에 언어 속에는 그 언어만의 형이상학이 숨겨져 있다고 보았다. 가령, 미국인들이 보는 우주와 호피 주민이 보는 우주는 다르며 이와 같은 차이는 언어에 거울처럼 투영된다는 것이다(Carroll 1956:55).

언어를 이념적 도구로 보는 크레스와 하지의 시각은 1998년에 출간된 『사회기호학』이라는 공저에서 좀 더 구체적인 이론으로 발전하였다. 이 저서에서 저자들은 언어를 포함한 의미생성체계가 이념과 어떤 관계가 있는지를 설명하였는데 특히 그림, 사진과 같은 비주얼 매체를 통한 의미생성의 사회 통제 및 지배를 분석하는 데 초점을 맞추었다. 저자들은 이념을 '특정 사회계층이나 집단을 위한 특징적 기능, 방향, 내용이 있는 사회 의미 층'으로 규정하였다(Hodge & Kress 1998:3). 저자들은 특정 사회계층이나 집단을 지배세력과 피지배세력으로 양분하여, 이념은 지배 또는 피지배 집단의 관점에서 본 세계에 대한 이미지를 반영하는 허구적 의식이라고 설명하였다. 이와 같은 상충적인 이념의 공존은 이념복합체(ideological complexes)를 형성하는데, 이념복합체란 지배적 집단이 피지배 집단에게 강요하는 세계관과 이에 저항하는 피지배 집단의 세계관이 기능적으로 연결된 구조로 두 집단 간 관계를 반영한다(Hodge & Kress 1998:3). 의미생성은 이와 같은 이념복합체를 유지하고 통제하는 메커니즘으로 작동하는데 저자들은 이를 '로고모닉 시스템'(logomonic system)이라고 명하였다. 로고모닉 시스템은 의미 생성과 수신의 조건을 규정한 법칙으로 누가 어떤 조건하에 어떤 매체를 통해서 의미를 생성하고 수신할지를 규정한다. 지배구조가 확립된 사회에선 로고모닉 시스템은 의미생성, 즉 담화가 지배집단의 통제를 견고하게 하는 장치로 사용되게 하는 역할을 수행하며, 그렇지 않은 사회에선 피지배 집단의 항거와 도전의 대상이 된다(Hodge & Kress 1998:4).

파울러와 그의 동료들이 편찬한 『언어와 통제』는 비평언어학의 초석을 놓은 문헌이다. 동 저서에 실린 '비평언어학'이란 글에서 파울러와 크레스(Fowler & Kress 1979a)는 인간의 언어 사용은 그들이 속한 사회의 구조, 가치체계, 세계관, 이데올로기와 불가분에 관계가 있음을 주장하였다. 저자들은 화자나 청자의 언어사용은 사회구조에 의해 영향을 받으며, 이렇게 사회적으로 결정된 언어사용 패턴은 정신 활동에 영향을 미친다고 하였다. 이와 같은 방식으로 언어에는 사회의 이데올로기가 각인되어 있으며, 구체적으로 구문구조에는 화자나 청자가 의식적으로 그 구조를 선택하지 않는다 하더라도 사회의 가치관이 코드화되어 있다고 하였다(Fowler & Kress 1979a:185).

파울러(1996b:3)는 후에 1979년의 『언어와 통제』를 되돌아보면서 편자들이 의도하였던 것은 언어 자체를 연구하는 순수언어학과 달리

언어 외의 다른 것을 이해하기 위한 언어학, 즉 '도구 언어학'(instrumental linguistics)으로서의 공적 담화 분석을 시도한 것이었다고 설명하였다. 즉 비평언어학에서 담화분석은 어떤 다른 것을 이루기 위한 도구일 뿐이다. 인간 활동의 모든 요소들이 나름의 기능이 있듯이 언어학에도 기능에 따라 다양한 종류가 있으며, 비평언어학도 그 기능과 목적에 맞는 나름대로의 특성이 있다.

그렇다면 『언어와 통제』 편자들이 언어학을 도구로 사용하여 이루고자 한 것은 무엇이었을까? 이에 대하여 파울러(Fowler 1996b:3)는 비평언어학의 목적은 언어 사용이나 담화의 이면에 함축적으로 코드화되어 있는 이데올로기를 사회 형성이란 맥락 속에서 분석하는 것이라고 설명하였다. 비평언어학에서 담화와 사회구조 간의 관계를 설명하는 핵심 개념은 '표상'(representation)이다. 이에 대하여 파울러(Fowler 1996b:4)는 다음과 같이 설명하였다.

> Critical linguistics insists that all representation is mediated, moulded by the value-systems that are ingrained in the medium (language in this case) used for representation; it challenges common sense by pointing out that something could have been represented some other way, with a very different significance.

여기서 파울러가 강조하는 것은 언어를 통한 표현에는 가치중립적인 것이 없다는 점이다. 모든 표현은 특정한 가치체계의 영향을 받아 형성된다. 따라서 특정 사건을 표현하는 방식은 다양할 수 있으며 각각 서로 다른 가치체계를 반영한다.

그러나 한 사회에는 지배적 표현 방식이 있다. 그것은 언론매체,

공적문서, 법문서, 인터뷰 등과 같은 공적 담화를 주도하고 통제하는 힘을 가진 권력집단이 만들어 내는 표현 방식이다. 이런 지배적 표현 방식 또는 담화는 해당 권력집단의 가치체계를 반영하기 때문에 실제와 다른 현실을 표현하거나(misrepresenation) 성차별, 인종차별, 교육의 불평등과 같이 특정 집단이나 계층에 대한 차별(discrimination)을 야기한다(Fowler 1996b:5). 비평언어학의 궁극적 목표는 담화분석을 통해 이와 같은 표현 방식을 노출하고, 그에 대한 의식을 고양하며 나아가 이를 바꾸고 타파하는 데 있다(Fowler 1996b:4-5). 이런 관점에서 비평언어학은 철학적 관점에서 신마르크스주의, 포스트구조주의, 해체주의에 입각한 사회비평과 궤를 같이 한다.

이와 같은 이론적 틀 안에서 비평언어학은 언어학 이론을 도구로 삼아 신문기사, 정치가 연설 등과 같은 공적 텍스트에 반영된 담화와 사회구조 간의 관계를 분석한다. 비평언어학자들은 텍스트 분석에 적용할 수 있는 모든 기술적 이론을 도구로 사용하지만 실제 언어분석에 가장 큰 영향을 미치는 것은 마이클 핼러데이가 창시한 체계기능언어학이다. 특히 핼러데이가 규정한 언어의 세 가지 기능 중 경험적 기능과 대인적 기능을 실현하는 언어기재들을 핵심 분석도구로 사용한다(Fowler 1996b:3). 예를 들어 파울러와 크레스(Fowler & Kress 1979b)는 수영클럽의 이용 규칙을 기술한 문서를 분석하면서 'No outside shoes will be worn when in the pool area'와 같은 영어 수동태 구문이 어떻게 권력을 반영하고 통제의 언어적 수단이 될 수 있는지를 설명하였다. 저자들은 수동태문에서는 행위자 대신에 목적어에 초점이 맞춰지며, 동작을 나타내는 프로세스가 분사형으로 바뀌면서 해당 내용이 협상 불가능한 절대적 명제가 된다는 점, 그리고 행위자를 생략하면 생략된 행위자를 알고 있는 사람과 모르는 사람으로 집단이

나뉜다는 점 등을 들어서 수동태가 통제의 강력한 수단이 될 수 있다고 주장하였다(Fowler & Kress 1979b:30-32).

이와 같은 초기 맥락 속에서 출발한 비평언어학은 1970년대 이후 언어와 사회구조 간의 관계를 보다 다양한 이론적 관점에서 접근 분석하는 비평담화분석으로 이어졌지만, 비평언어학은 지금도 비평담화분석의 한 줄기로 흐름을 이어가고 있다.

2.1.3. 비평담화분석의 다양한 접근법

2.1.1절에서 비평담화분석은 사회문제를 분석 연구하는 학문으로 다학제적 성격이 강하다고 기술한 바 있다. 실제로 비평담화분석은 단일 이론, 통합된 이론을 지향하지 않는다. 그 반대로 비평담화분석은 언어를 통해 지식이 전달되고 사회제도가 구조화되며 권력이 행사되는 과정을 밝히기 위해서는 학제 간 연구가 필수적임을 인정한다(Wodak & Meyer 2009:7). 따라서 비평담화분석의 틀에서 이뤄지는 연구는 수사학 · 텍스트언어학 · 인류학 · 철학 · 사회심리학 · 인지과학 · 문학 · 사회언어학 · 응용언어학, 어용론 등 매우 다양한 이론적 배경을 띠며 그에 따라 연구 방법도 다양하다(Wodak & Meyer 2009:1, 5). 특정 사회문제를 조망하고 연구하는데 이와 같이 다양한 학문이 만나면 이를 융합한 새로운 이론과 방법론이 나올 수도 있다는 장점이 있다. 이런 관점에서 페어클러프(Farclough 2001:121)는 비평담화분석을 '초학제적' 학문이라고 규정하였다.

워닥과 마이어(Wodak & Meyer 2009)는 비평담화분석의 접근 방법을 〈그림 2-1〉과 같이 크게 여섯 개로 분류하여 설명하였다. 이런 접근법을 그림의 순서에 맞게 간단하게 정리하여 소개하면 다음과 같다.

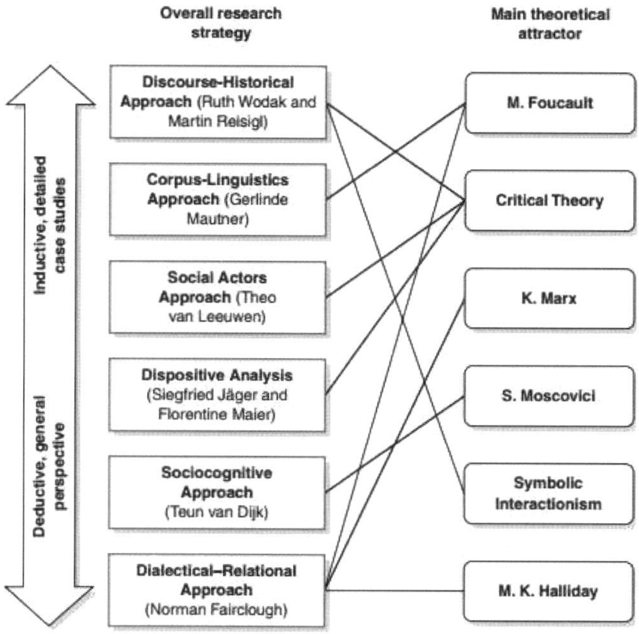

출처: Wodak & Meyer 2009:20.

〈그림 2-1〉 비평담화분석의 접근 방법

(1) 담화-역사적 접근법(Discourse-Historical Approach)

담화-역사적 접근법은 비엔나학파를 대표하는 루스 워닥(Ruth Wodak)과 마틴 레이스글(Martin Reisigl)이란 학자가 주도하는 연구 방법으로(cf. Wodak & Reisigl 1999) 행동의 장, 장르, 담화, 텍스트 등의 개념을 연결하는 담화 이론이다. 비평담화분석 접근 방법 중 논증 이론(argumentation theory)과 같은 언어적 이론에 가장 많이 치중된 방법으로 이론에 함몰되거나 대이론(grand theory)을 발전시키기보다는 구체적 사회문제에 대한 개념적 도구를 개발하는 데 관심이 있으며, 특히 정치담화 분야에 초점을 맞춘다(Wodak & Meyer 2009:26-27).

(2) **코퍼스 언어학적 접근법**(Corpus Linguistics Approach)

최근 들어 두각을 나타내는 접근 방법으로 비평담화분석 연구에 코퍼스 언어학 기법을 적용한 연구 방법을 일컫는다. 이론적 접근 방식이라기보다는 연구방법론으로 본 연구가 채택한 것이기도 하다. 2.2.3과 2.2.4절에서 상세히 설명할 것이다.

(3) **사회행위자 접근법**(Social Actor Approach)

테오 반 리빈(Van Leeuwen 2008; 2009)이란 학자가 주도하는 사회언어학적 관점의 이론으로 사회 행위자(social actor)의 행위가 사회구조 형성에서 수행하는 역할을 설명하는 데 관심이 있다. 사회적 표상(representation)은 개인의 행위나 관행(practice)에 기초를 둔다. 즉 개별 사회 행위자가 사회를 형성하고 재생산한다는 관점에서 담화와 사회 간의 관계를 분석 연구하는 이론이다(Wodak & Meyer 2009:27).

(4) **관계분석 접근법**(Dispositive Analysis)

지그프리드 예가와 플로렌틴 마이어(cf. Jäger and Maier 2009)란 학자가 주도한 접근법으로 미셀 푸코(Michel Foucault)의 구조담화이론에 뿌리를 두고 있다. 푸코는 담화의 생성, 특정 시공간 속에서 담화에 담긴 지식 그리고 그와 같은 지식과 제도화된 권력과의 연관성에 관심을 가졌다. 여기서 담화는 현실을 결정하며, 담화의 생산자이며 동시에 행위자인 주체(subejct)는 담화와 현실 사이에 매개체의 역할을 한다. 여기서 담화는 단순한 말이나 이데올로기가 아니며 그 자체가 물질적 현실(material reality)이다. 담화는 현실(집단의식에 반영됨)을 만들고 주체를 형성한다. 이런 배경에서 관계분석법의 주된 목적은 특정 시대(시공)에서 지식이란 무엇이며, 지식은 어떻게 생성되고 전파되고 지식은 담화를 사용하는 주체를 형성하는 데 어떤 역할을 하며, 이것이 사회의 형성과 발전에 어떤 영향을 미치는가와 같은 문제를 규명하는 것이다. 지식은 행동의 기반이며, 따라서 관계접근법은 담화행위뿐만 아니라 비담화행위와 그 결과로 나타나는 말이나 텍스트 그리고 이 삼자 간의 관계(dispositive)를 연구 분석하는 데 초점을 맞춘다(Wodak & Meyer 2009:34-39).

(5) 사회－인지적 접근법(Socio-cognitive Approach)

반 데이크(cf. Van Dijk 2001, 2002, 2004)란 학자가 주도하는 접근 방법으로 사회인지 이론(socio-cognitive theory)에 입각하여 담화와 사회구조 및 양자를 연결하는 인지체계(cognititon)를 분석 설명하는 데 관심이 있다(Wodak & Meyer 2009:25). 사회－인지적 접근법의 핵심 개념은 사회집단 구성원 간에 공유된 사회적 표상(social representation)이란 것으로, 이는 집단적 인식 틀(collective frames of perceptions)을 의미한다. 사회적 표상은 사회 행위자의 개인적 인지체계와 사회체계를 연결하는 통로이다. 사회적 표상이 개인의 담화활동에 영향을 주는 과정은 콘텍스트 모델(context model)로 설명되는데 여기서 콘텍스트는 담화 참여자에게 연관성이 있는 커뮤니케이션 상황 구조의 인지적 표상(mental represetnations)으로 설명된다. 사회적 표상은 구체적으로 개인, 집단, 문화적 지식, 태도, 이데올로기 등의 형태를 띤다(Wodak & Meyer 2009:25-26). 본 연구에선 사회－인지적 접근법을 채택하지는 않지만 반 데이크는 인종차별적 담화에 관하여 폭넓은 연구를 하였기 때문에 그의 연구는 본 연구의 중요한 이론적 배경을 제공한다. 반 데이크의 이론은 2.2.1과 2.2.3절에서 상술하기로 한다.

(6) 변증법적 관계 접근법(Dialectical-Relational Approach)

비평담화분석에서 가장 대표적인 학자 중 한 사람으로 손꼽히는 노만 페어클러프(cf. Fairclough 2003, 2009)에 의하여 시작된 접근법으로 마르크스의 이론에 영향을 받아 사회 갈등에 초점을 맞추며 지배, 차이, 저항과 같은 갈등 구조가 담화에 표출되는 과정과 산물을 분석하는 데 관심이 있다. 변증법적 관계 접근법은 언어를 포함한 기호생성(semiosis)과 사회관습 간의 변증법적 관계를 연구하는 데 중점을 둔다. 사회관습에 내재된 의미생성 요소들은 장르나 문체 형성에 영향을 미친다. 변증법적 관계 접근법에서 담화분석은 문제 지향적(problem-oriented)이며, 약자를 지배와 억압에서 해방시키는 해방적 목적을 추구한다. 핼러데이의 체계기능언어학을 핵심 언어 이론으로 삼고 있다(Wodak & Meyer 2009:27). 페어클러프의 비평담화분석 모델은 비평담화분석에서 가장 많이 인용되는 이론으로 다음 절에서 좀 더 자세히 살펴보기로 한다.

2.1.4. 페어클러프의 3단계 비평담화분석 모델

페어클러프는 비평담화분석의 사회적 이론 모델을 구축하는 데 선구자적 역할을 하였다(Fairclough 1992, 1995a, 1995b, 2000, 2001, 2003, 2005a, 2005b, 2009). 페어클러프(Fairclough 1992:63-64)는 언어를 사회관행(a form of social practice)의 한 형태로 정의하였다. 사회 관행이란 교실 수업, TV뉴스, 의사의 진료와 같이 비교적 고정적인 형태의 사회활동을 의미한다. 이는 다시 여러 사회 요소로 구성되는데 모든 사회 관행은 항상 담화란 요소를 포함한다. 가령, 교실 수업에서 이를 구성하는 사회 요소에는 교사, 학생과 같은 참여자, 참여자들이 수행하는 활동, 이런 활동을 수행하는 데 필요한 도구, 참여자들 간의 사회관계, 참여자들의 정체성과 문화가치가 포함되며 담화는 이 모든 것을 엮는 요소로 작용한다. 이렇게 사회구조→사회 관행→사회 요소로 이어지는 구도 속에서 담화는 사회를 나타내는 표현 방식이면서 동시에 이를 통해 인간이 사회를 형성하고 구조화하는 행동양식이기도 하다.

좀 더 구체적으로 담화를 사회 관행으로 정의하는 것은 두 가지 의미가 있다. 첫째는 담화가 행동 방식(a mode of action)이란 것이다. 담화는 표현의 수단일 뿐만 아니라 인간이 세상이나 서로에 대해 행동을 수행하는 방식이다. 담화를 통해서 집단 정체성이 형성되며 권력관계가 작동한다. 따라서 담화는 정체된 것이 아니라 역동적으로 사회를 구성하고 변화시켜 나가는 사회 관행이다.

둘째는 담화와 사회구조 사이에는 변증법적 관계(dialectic relationship)가 있다는 점이다. 광의적 의미의 담화는 모든 단계에서 사회구조에 의하여 형성되고 제약을 받는다. 그와 동시에 담화는 사회구조를 형성하는 구성 요소이다(Fairclough 1992:63-64). 담화는 사회 관행의 한 형태로 다른 사회 관행들과 함께 사회구조를 형성하지만 동시에 사회구조에 의하여 제한을 받는 상호관계가 있다. 즉 담화는 사회구조를 이루는 조건인 동시에 그 결과이기도 하다. 이런 담화와 사회구조의 관계는 텍스트에 그 흔적이 남아 있기 때문에 텍스트를 분석하면 담화가 사회구조를 형성하고 유지하며 동시에 변형시키는 과정을 밝혀낼 수 있다(Fairclough 1995a:97).

담화가 사회의 구성 요소로 작용하는 과정은 관습적이면서도 창의적이다. 관습적이란 말은 담화를 통해 기존 사회가 재생산된다는 뜻이며 창의적이란 말은 담화를 통해 사회가 변화된다는 의미이다. 여기에서 사회란 사회 정체성, 사회관계, 지식체계와 신념 등 사회를 구성하는 모든 요소를 일컫는다(Fairclough 1992:63).

구체적으로 담화가 사회구조 형성에 미치는 영향은 세 가지로 나눠볼 수 있다. 먼저 담화는 사회적 주체들의 사회 정체성과 주체적 입장을 형성하는 데 기여한다. 둘째, 담화는 사람들 간의 사회관계 형성에 기여한다. 마지막으로 담화는 지식 및 신념체계의 형성에 기여한다. 그리고 이와 같은 세 가지 사회구조 형성 효과는 언어의 3대 기능, 즉 정체적(identity) · 관계적(relational) 그리고 관념적(ideational) 기능에 대응된다. 페어클러프가 말하는 사회구조와 담화 기능 간의 관계는 핼러데이의 체계기능언어학의 3대 언어 기능에 기초한 것이다. 담화 속에 표출되고 형성되는 사회정체성을 의미하는 정체적 기능, 그리고 담화를 통해 형성되고 협의되는 사회관계를 의미하는 관계적 기능은 핼러데이의 대인적 기능(interpersonal function)과 연관이 있다. 또 프로세스, 개체, 관계로 형성된 경험 세계를 표현하는 관념적 기능(ideational function)은 핼러데이의 관념적 기능과 일치한다. 핼러데이는 여기에 텍스트의 주제–평어 구조, 신정보와 구정보의 연결 등 텍스트 조직과 관련 있는 텍스트적 기능을 첨가하였는데, 이 또한 담화의 중요한 요소로 작용할 수 있다(Fairclough 1992:64-65).

비평담화분석에 대해 페어클러프가 한 큰 기여 중의 하나는 텍스트–담화–사회구조로 연결되는 구체적인 3단계 분석모델을 제시하였다는 점이다. 페어클러프의 3단계 모델의 3가지 층은 〈그림 2-2〉에서 보듯이 (1) 물리적 텍스트, (2) 텍스트를 생산하고 소비하는 방식으로서의 담화 관행, (3) 사회 관행 등이다. 이에 따라 담화분석도

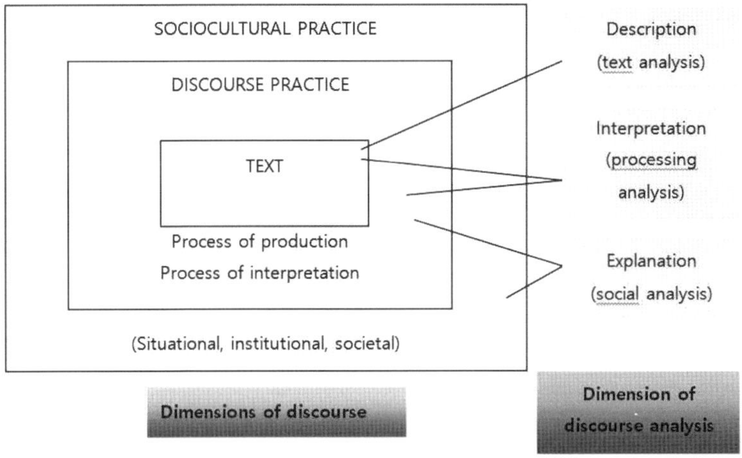

〈그림 2-2〉 페어클러프의 3단계 비평담화분석 모델

(1) 기술(텍스트 분석) → (2) 해석(담화 생성 및 소비 과정 분석) → (3) 설명(담화 관행과 사회 관행 간의 관계 설명) 등 3단계로 진행된다(Fairclough 1995a:97).

이 세 가지 분석 단계를 더 구체적으로 살펴보면 다음과 같다. 담화 관행(즉, 담화 생성 활동)은 사회 관행의 한 형태로 텍스트에 언어적으로 나타난다(Fairclough 1992:71). 여기서 텍스트는 구어와 문어를 다 포함하며 최근에는 멀티미디어와 같은 비언어적 의미생성매체를 포함하는 광의적 의미로 사용된다. 페어클러프의 3단계 분석의 첫 단계는 이와 같은 텍스트의 언어적 특징 분석이다. 페어클러프(1995a:98-100)는 의사와 환자 간의 대화를 예로 들어 언어적 분석을 설명하였다. 이 대화에는 먼저 의사가 자신의 직업을 수행하기 위하여 환자에게 질문을 하고, 충고를 하고, 지시를 하는 언어의 사실적 내용(facts of occurrence)이 있다. 동시에 이런 내용을 전달하는 방식(manner of occurrence) 면에서 친근한 반복 질문을 하거나, I think…와 같이 말의 권위를 약화시키는 주관적 양태를 사용하거나, 명령문의 강제적 의미를 약화시키는 you know…와 같은 헤지(hedge)를 사용하는 특징이 있다. 이와 같이 텍스트의 언어적 특징을 발견하는 것이 1단계 분석이다.

2단계는 담화 관행을 분석하는 단계로 이는 담화가 생산되고, 배포되고 소비되는 과정을 분석하는 것이다(Fairclough 1992:71). 위에 언급한 환자와 의사의 대화 예를 보면, 의사는 진료하기와 상담하기라는 두 가지 대조적인 담화를 창조적으로 섞어 사용하는 것이 눈에 띈다(Faircough 1995a:100). 이와 같이 특정 상황과 맥락에서 어떤 유형의 담화가 생산되고 소비되는가, 즉 담화 관행을 밝히는 것이 2단계 분석 작업의 목적이다.

3단계는 2단계에서 분석한 담화 관행이 사회 관행이나 사회구조와 어떤 관계가 있는지를 분석 설명하는 단계이다(Fairclough 1992:71-72). 담화 관행은 텍스트의 표면적 특징의 해석 방향을 제시하며 동시에 사회 관행의 일부로서 사회 관행에 의하여 제약된다. 예를 들어 위 예에서 의사는 전문직에 주어진 엘리트주의의 권위를 무너뜨리는 담화 관행을 도입하여 환자를 인격적 개인으로 대하고 있다. 페어클러프는 이와 같은 담화 관행은 현대 사회에서 사적 담화가 공적 담화를 식민지화하는 현상, 즉 공적 담화의 대화체화(conversationalization)와 연관이 있다고 하였다. 이와 같은 대화체화의 도입으로 전통적인 의사—환자의 대화와 다르게 비격식체가 사용되고 민주적 상호작용이 이뤄지며 상황에 대한 통제권을 공유하면서 관계의 비대칭성이 줄어든다(Fairclough 1995a:100). 이는 전통적 헤게모니를 허물고 새로운 헤게모니를 창출하는 효과가 있는데, 이와 같이 헤게모니의 재구조화를 위해 담화 관행에 개입하는 행위를 페어클러프는 테크놀로지화(technologization)라고 부른다(Fairclough 1995a:103).

2.2. 코퍼스 기반 비평담화분석

비평담화분석은 전통적으로 매우 제한된 수의 텍스트 샘플을 미시 언어적으로 분석하는 방법을 사용한다. 이러한 분석 방법은 텍스트 발현 상황을 충분히 고려하여 다각적으로 텍스트를 분석할 수 있다는 장점이 있다. 그러나 소수의 텍스트 분석에 기초한 결론은 일반화하기 어려운 문제점이 있다. 이와 같은 배경에서 최근엔 비평담화분석에 코퍼스 기법을 적용하여 다량의 텍스트를 분석하는 코퍼스 기반 분석법이 대두되고 있다. 여기서는 기존 비평담화분석이 안고 있는 연구 방법상의 문제점을 살펴보고 코퍼스 기반 분석법이 이러한 문제 해결에 어떤 기여를 할 수 있는지 논의하기로 한다.

2.2.1. 기존 비평담화분석 방법론의 문제점

2.1.3절에서 소개한 페어클러프의 3단계 분석법은 담화와 사회구조 간의 관계를 규명하는 데에 이 둘을 직접 연결시키기보다는 중간에 담화 관행이란 중간 연결고리를 두고 있다는 특징이 있다. 그렇지만 방법론 측면에서 보면 두 가지 단계로 축소할 수 있다. 첫째는 실제로 텍스트를 분석해서 담화 관행을 밝혀내는 작업이다. 둘째는 이와 같이 분석된 담화 관행을 사회구조의 일부로 보고 담화 관행과 여타 사회 관행(예: 권력관계, 인종차별, 성차별)과의 연관관계를 설명하는 작업이다. 비평담화분석은 이 두 가지 측면에서 비판을 받아왔다.

첫째는, 텍스트 분석에서 담화 관행을 밝히는 작업의 방법론적 문제이다. 여기서 가장 큰 문제는 분석 데이터에 있다. 전통적으로 비평담화분석 연구자들은 특정한 텍스트의 일부분을 언어적으로 분석하고 그런 분석 결과에서 일반적인 담화 관행을 도출한다. 담화분석이 이와 같이 한 두 개의 파편적인 텍스트 샘플에 의존하다 보니 연구자가 지적하는 언어 특징이 얼마나 일반적인 것인지 알기 어렵다. 이와 관련하여 스터브스(Stubbs 1997:7-10)는 연구자가 관심을 두고 분석한 언어적 특징이 대표성을 가지고 일반화되기 위해선 해당 특징이 넓은 범위의 텍스트에서도 반복적으로 발견되어야 한다면서, 소수의 파편적인 텍스트를 분석하는 것으로는 그것을 입증하기 어렵다고 지적하였다. 스터브스는 기존 비평담화분석 연구에서는 소량의 데이터 조각들에 의존하는 분석이 합당한 것인지, 데이터는 어떻게 샘플링해야 하는지, 그리고 그런 샘플 데이터가 대표성이 있는지 등에 대한 논의가 거의 없다고 비판하였다. 그러면서 데이터가 대표성이 있고 분석 결과를 일반화하기 위해선 훨씬 더 광범위한 범위의 데이터를 샘플링해야 한다고 지적하였다. 또한 텍스트의 특성이나 차이점은 개별 언어 현상보다는 상호 연관성이 있는 다양한 현상 가운데 나타나기 때문에 코퍼스 분석과 같은 정량적이고 확률적인 분석 연구가 필요하다고 강조하였다.

분석 데이터 양만큼 문제가 되는 것이 텍스트 선정에서의 자의성이다. 전통적 비평담화분석법에 가장 비판적인 학자인 위도우슨(Widdowson 1995a, 1995b, 1996, 2004)은 비평담화분석가들은 특정한 프리텍스트(pretext)를 가지고 그에 맞는 텍스트 조각을 선별하여 거기에 자의적인 화용적 의미를 부여한다고 비판하였다(Widdowson 2004:102). 여기서 프리텍스트란 어떤 행위 뒤에 숨겨진 동기를 의미한다(Widdowson

2004:79). 즉 비평담화분석가들은 이미 어떤 결론을 지어 놓고 그에 맞는 텍스트 조각을 의도적으로 선별한다는 지적이다. 소위 체리 따기 식의(cherry-picking) 데이터 선택의 문제이다. 이 문제는 비평담화분석가들 스스로도 인정하는 문제로 워덕과 마이어(Wodak & Meyer 2009:11)는 비평담화분석이 직면한 여섯 가지 도전 과제 중 하나로 이미 가정한 결론에 맞춘 예를 선택하는 체리 따기 식 데이터 선별을 피할 것을 주문하고 이를 위해 정성분석과 정량분석을 같이 사용할 것을 권고하였다.

둘째, 담화 관행을 해석하고 사회구조와의 연관 관계를 설명하는 작업에서 비평담화분석은 주관적이고 자의적이란 비판을 받아 왔다. 비평담화분석 연구에서는 흔히 한두 개의 고립된 언어 특징에 초점을 맞춰서 그 의미를 해석하고 이를 특정 사회구조와 연결시키는 설명을 시도하였다. 이와 같은 작업에 대해 두 가지 문제가 제기된다. 먼저, 텍스트 내에서 연구자의 목적과 의도에 맞는 언어 특징만 선별적으로 분석하고 그에 맞지 않거나 오히려 반증이 될 언어 특징들을 무시한다는 지적이다. 이와 관련하여 위도우슨(Widdowson 2004:103-104)은 반 데이크가 영국 신문 선(Sun)지의 불법이민자 보도 기사를 분석한 것을 예로 들었다. 이 분석에서 반 데이크는 "working for a pittance (쥐꼬리만 한 봉급을 받고 일하는)"란 표현 하나에 초점을 맞춰 이 표현을 대부분의 이민자는 백인이 아니며 백인들의 일자리를 앗아가는 의미를 표현하는 것으로 해석하였다. 그러나 위도우슨은 텍스트 어디에도 그와 같은 해석을 뒷받침할 증거가 없다고 비판하였다. 또한 해당 표현과 문법적으로 연결된 앞 절의 표현을 분석에서 무시하고 있다고 지적하였다. 앞 절에는 "so desperate for a job(일자리가 너무도 필요해서)"란 표현이 있는데 위도우슨은 이 표현이 이민자에게 동정을 나타내는 것으로 해석할 수 있다면서 같은 텍스트 내에서 분석가의 해석과 맞지 않는 표현은 무시되었다고 비판하였다.

위도우슨(2004:107-109)은 세계의 빈곤 문제를 다룬 다큐멘터리 텍스트를 분석한 페어클러프도 비판하였다. 해당 분석에서 페어클러프는 문장 성분 역할에서 가난한 사람들은 행동을 수행하는 활동자(Actor) 대신에 타동사의 목적어로 어떤 행동을 받는 수동자(Patient)로 묘사되어 피동적 인물로 그려졌다고 분석하였다. 그런데 'flock'이란 동사에서는 예외적으로 가난한 사람이 행동자로 나타났다. 이를 두고 페어클러프는 flock이란 동사는 양(sheep)과 연관 있기 때문에 행동자라도 수동적 의미를 띤다고 설명하였다. 이에 대하여 위도우슨이 BNC 코퍼스에서 flock이 동사로 쓰인 예를 찾아보았더니 주어 자리에는 전부 사람이 쓰였으며 그것도 언론인, 골프 관중과 같이 역동적인 사람들이었다. 이에 근거하여 위도우슨은 페어클러프가 객관적 텍스트적 증거도 없이 flock과 sheep을 연관하여 수동적 의미를 읽어낸 것은 자의적이라고 비판하였다.

이와 관련하여 비평담화분석은 담화 관행과 사회구조를 연결시켜 설명하는 과정에서 언어 형태(문장 구조, 어휘, 표현 등)와 이데올로기를 직접 연결시키는 오류를 범하고 있다는 비판을 받아 왔다. 비평담화분석은 구문과 같은 언어 구조에 세계관과 같은 이데올로기가 코드화될 수 있다면서(Fowler & Kress 1979a:185) 언어 형태에서 직접 이데올로기적 의미를 읽어내려 하였다. 가장 대표적인 예는 수동구문과 명사화이다. 영어의 수동구문에서는 행위에 책임이 있는 행위자가 구문의 뒤로 후경화(backgrounded)되거나 아예 생략된다. 절을 명사화할 때에도 행위자를 생략할 수 있다. 비평담화분석가들은 이와 같은 수동구문 및 명사화의 사용을 행위자의 책임을 감추려는 의도로 해석하였다(cf. Fairclough 2003:136-137; Montgomery 1995:238; Trew 1979: 94-100). 이에 대해 스터브스(Stubbs 2001b:158-160)는 텍스트에서 명사화된 구가 사용되는 것은 이데올로기적 동기 외에도 다른 이유가 있을 수 있다고 반박하였다. 가령, 이미 행위자가 앞에서 언급되었거나 언급하지 않아도 맥락에서 명확할 때, 행위자가 중요하지 않거나 문장의 흐름과 연결상 불필요한 때는 이념적 의미와 상관없이 생략될 수 있다. 또한 스터브스(Stubbs 1997:3)는 비평담화분석가들이 언어 형태에서 이데올로기적 의미를 직접 읽을 수 없다고 인정하면서도 텍스트에 그와 같은 의미를 자의적으로 부여하였다면서, 비평담화분석은 해석과 설명에서 논증의 순환오류를 범한다고 지적하였다.

이상의 논의를 정리해 보면 비평담화분석은 데이터 선택, 분석 대상 언어 현상 선택, 언어 현상의 사회적 의미 해석 등 분석 과정에서 주관적이고 자의적이라는 비판에 직면해 있다. 이와 같은 비평담화분석의 연구 방법론상의 문제점은 상당 부분 코퍼스 언어학의 기법을 도입하면 해결할 수 있다. 다음 장에서는 비평담화분석에 코퍼스 언어학 기법을 도입할 경우의 장점과 이를 활용한 연구 동향을 논의하겠다.

2.2.2. 코퍼스 활용 비평담화분석의 장단점

비평담화분석에 코퍼스 언어학 기법이 도입된 것은 최근의 일이다(Baker 2006; Baker & McEnery 2005; Mautner 2009a, 2009b). 모트너(Mautnerb 2009:32, 34-35)에 따르면 코퍼스 언어학 기법의 활용은 비평담화분석의 가장 큰 취약점이라고 할 수 있는 데이터의 자의적 선택 문제, 즉 텍스트의 이데올로기적 의미에 대하여 연구자가 가지고 있는 선입관에 맞는 텍스트 샘플을 자의적으로 선별하여 분석한다는 비난을 무마할 해결책을 제공해 준다.

모트너(Mautner 2009a:123)는 코퍼스 언어학 기법의 채택은 세 가지 측면에서 비평담화분석에 기여할 수 있다고 설명하였다. 첫째 코퍼스 언어학 기법 도입으로 인하여 연구자는 그동안 수작업 분석의 한계 때문에 소량의 데이터에 의존하던 데서 벗어나서 다량의 데이터를 분석함으로써 실증적 연구의 기반을 확대할 수 있다. 둘째, 이를 통해 그동안 비판의 대상이었던 연구자 편견의 논란에서 벗어날 수 있다. 셋째, 코퍼스 분석 프로그램의 사용으로 인하여 발생 빈도 수 계산, 통계 유의성 검증과 같은 정량분석과 함께 검색어나 표현을 연어 관계나 발생 콘텍스트 틀 안에서 분석하여 담화 기능을 식별해 내는 정성분석이 가능해진다. 베이커와 맥에너리(Baker & McEnery 2005: 198)는 코퍼스 언어학 기법의 사용으로 인하여 소량의 텍스트에서는 간과되기 쉬운 자연언어 사용의 일반화된 패턴을 객관적으로 조사할 수 있다고 강조하였다.

그러나 코퍼스 언어학 기법 사용이 비평담화분석의 모든 문제점을 해결하는 만병통치약은 아니다. 모트너(2009b:33-34)는 다량의 텍스트 분석은 결론을 일반화하는 장점이 있지만 비평담화분석의 특징이라고 할 수 있는 텍스트의 심층 분석이 어렵다는 단점이 있다고 지적하였다. 텍스트의 언어 특징과 텍스트를 둘러싼 비언어적 환경 사이의 관계를 심층 분석하는 것이 비평담화분석의 특징인데 코퍼스는 그림, 사진, 활자체, 지면구성, 제스처, 얼굴 표정, 억양 등 비언어적 환경에 관한 정보가 크게 결여되어 있다.

이는 비평담화분석의 전통적인 심층적 정성분석과 코퍼스 언어학 기법에 기초한 정량분석의 관계는 어느 하나를 선택하고 버리는 문제가 아니라 상호보완적 관계가 되어야 함을 의미한다(Orphin 2005:59). 코퍼스 언어학 기법에 기반을 둔 연구 결과는 기존 비평담화분석 연구에서 나온 결과 또는 주장을 뒷받침하는 실증적 증거를 제시할 수 있는 장점이 있다. 문제는 코퍼스 언어학 기법을 기존 담화분석기법과 잘 통합하여 시너지 효과가 발생하도록 하는 것이다(Baker et al. 2008:274).

이런 관점에서 베이커와 동료 학자들(Baker et al. 2008:275)은 기존에 코퍼스를 활용한 비평담화연구의 문제점으로 다음과 같은 사항을 지적하였다.

- 비평담화분석의 이론이나 연구 방법을 충분히 고려하지 않는다.
- 코퍼스 기법을 충분히 활용하지 않아 코퍼스 기반 연구라고 하기 어려운 경우가 많다. 심하면 콘코던스 검색만 활용하여 코퍼스를 예문의 창고처럼 이용하기도 한다.
- 통계분석 등 정량분석을 회피하는 경향이 있다
- 연어 관계를 분석할 때 통계 유의성, 연어 거리, 빈도 최저치 등 기초적인 분석 자료를 제시하지 않는 사례가 많다.
- 코퍼스 크기가 너무 작다. 이럴 때 연구 대상 언어 특징이 발견되지 않거나 통계 유의치를 갖기에 발생 빈도가 너무 낮아 문제가 될 수 있다.
- 코퍼스 구축 방법에 문제가 있어 데이터가 대표성이 없거나 왜곡될 수 있다.

이러한 기존 코퍼스 활용 비평담화분석의 문제점을 보완하기 위하여 저자들은 (1) 코퍼스 전체를 대상으로 키워드 조사, 연어 관계 조사와 같은 코퍼스 기법을 활용한 정량 텍스트 분석을 한 후에 (2) 해당 코퍼스에서 샘플 텍스트를 선택해서 기존 CDA와 같은 방식으로 다양한 언어 특징을 분석하는 심층 정성분석을 결합할 것을 제안하였다(Baker et al. 2008:295).

2.2.3 코퍼스 활용 비평담화분석 연구 동향

비평담화분석 연구에 코퍼스 기법이 도입된 것은 1990년대 중반 이후로 비교적 역사가 짧다(Hardt-Mautner 1995; Stubbs 1997, 2001a). 그러나 최근 들어 코퍼스를 활용한 비평담화분석 연구가 크게 활성화되고 있다(Baker et al. 2008). 그중 몇 가지 대표적인 연구를 정리해 보면 다음과 같다.

먼저 페어클러프(Fairclough 2000:40-41)는 영국의 토니 블레어 총리의 신노동당(New Labor) 담화 분석에 연어(collocation) 분석을 사용하였다. 페어클러프는 토니 블레어 총리의 연설문과 그 이전 정부의 총리 연설문을 사용하여 책임(responsibilities, duties)이란 단어의 연어를 조사하였는데, 신노도당 코퍼스에서는 책임이 의무(rights)와 연어 관계를 이루는 확률이 50%에 달하였지만 이전 코퍼스에선 그와 같은 연어 관계는 매우 드물었다. 페어클러프는 이와 같은 분석 결과를 토대로 신노동당 정부가 권리와 책임의 분배를 개인과 사회, 그리고 개인과 정부 간의 계약(contract, deal)으로 해석하는 계약 담화의 성격이 있다고 분석하였다.

오르피(Orphin 2005)는 코빌드(Cobuild)사의 뱅크 오브 잉글리시 코퍼스에서 네 종의 영국 신문(The Guardian, Independent, Times, Today)의 기사를 추출하여 하위 코퍼스를 구축하였다. 그리고 각 코퍼스에서 부패(corruption)와 관련된 핵심 단어들(bribery, corruption, cronyism, graft, impropriety/ies)을 조사하였다. 각 단어를 상대로 콘코던스를 만들어 단어가 발생하는 텍스트 환경을 검토한 후, 뱅크 오브 잉글리시 코퍼스 전체에서 각 단어에 대한 상위 50개의 연어를 추출하였다. 그 결과 영국의 부패를 언급할 때는 다른 나라의 부패를 언급할 때보다 부정적 어휘를 사용하는 빈도가 낮다는 것을 밝혀냈다.

모트너(Mautner 2007)는 영어의 old와 대비되는 단어인 elderly의 사회적 의미를 분석하는 데 코퍼스 기법을 사용하였다. 모트너는 코퍼스에서 elderly란 단어의 연어 목록을 추출하고 MI 지수로 상위 10개의 연어를 조사하였다. 그 결과 대부분 infirm, frail과 같은 부정적 의미의 운율(semantic prosody)을 가진 단어들과 연어 관계를 형성하는 것을 나타났다. 특히 the elderly란 집단 명사로 사용된 경우 그와 같은 연어 관계가 더 두드러졌다. 연어 조사에 이어 체계기능언어학 측면에서 프로세스를 분석하였는데 the elderly가 물질적 프로세스에 참여하는 비율은 9%로 낮았고 특히 능동적 행위자(Actor)의 역할을 맡은 사례는 드물었다. 그러나 elderly가 형용사로 쓰일 때는 the elderly와 같은 부정적이고 차별적 의미를 띄지 않는 것으로 드러났다.

코테릴(Cortterill 2001)은 오 제이 심슨(O. J. Simpson)의 아내 살인 사건에서 검찰과 변호인 측의 진술을 코퍼스로 활용하여 법정에서의 여성에 대한 차별적 담화 관행을 연구하였다. 구체적으로 검찰과 변호인의 진술에서 가정폭력을 묘사하는 데 사용한 주요 단어를 선택하여 코빌드 뱅크 오브 잉글리시 코퍼스에서 이 단어의 연어 관계를 조사하였다. 그 결과 이들 단어들은 모두 부정적인 의미 운율을 가지고 있는 것으로 나타났다.

베이커와 멕에너리(Baker & McEnery 2005)는 영국의 신문 기사와 유엔난민고등법무관 보고서를 대조 코퍼스로 해서 피난민(refugees)과

망명자(asylum seekers)가 어떤 모습으로 그려지고 있는지를 조사하였다. 구체적으론 두 단어를 검색어로 한 콘코던스를 만들고 콘코던스 좌우의 텍스트에서 묘사적인 단어나 구를 조사하고 유형별로 범주화하였다. 그 결과 신문기사에서 피난민은 주로 영국 사회에 부담을 주는 통제 불능의 무리라는 부정적 의미로 묘사된 반면 유엔고등법무관 보고서에서는 그와 같은 부정적 의미는 나타나지 않았다.

김경혜(Kim, K. H. 2014)는 미국의 CNN, Newsweek, the New York Times 기사 중 'North Korea'란 명칭이 포함된 기사를 추출하여 코퍼스를 구축하고, North Korea와 연어 관계가 있는 단어들을 조사하여 북한(North Korea)에 대한 미 언론의 시각을 분석하였다. 특히, North Korea와 연어 관계를 형성하는 국가나 도시를 분석하였는데 연어 관계 강도에서 North Korea와 상위를 차지하는 국가들은 Iran과 같이 미국이 부정적으로 보는 국가들이었다. 또한 North Korea와 Iran을 검색어로 해서 콘코던스를 조사하였는데 'North Korea는 countr*/state*/nation* like NK'와 같은 패턴이 가장 빈번하게 나타났다. 이 패턴들의 주위 텍스트를 분석한 결과 threat(위협), North Korea는 rogue(망나니), unpredictable(예측 불가능한)과 같은 부정적인 명사나 형용사와 같이 쓰이는 경우가 많은 것으로 나타났다.

멀더리그(Mulderrig 2012)는 영국 신노동당 정부와 그 이전 정부의 교육정책 백서에서 정부가 자신을 지칭하는 지시어로 사용하는 단어로써 government와 인칭대명사 we를 분석하였다. 워드스미스 프로그램을 통해 두 지시어를 검색한 결과 신노동당 정부 들어 we를 쓰는 비율이 높았다. 그 다음 분석으로 we를 나와 상대방을 포함하는 inclusive we, 상대방을 배제한 excusive we, 애매한 형태의 ambivalent we로 분류한 다음, 각각의 경우에 어떤 프로세스(동사)와 연어 관계를 이루는지를 조사하였다. 전반적으로 이전 정부에선 구두 프로세스(verbal processes), 정신프로세스(mental processes)의 비중이 컸는데 신노동당 정부에 들어서 물질 프로세스(material processes)가 제일 큰 비중을 차지하였다. Exclusive we는 정부의 과거, 현재, 미래의 행동을 나타내는 물질 명사와 주로 같이 쓰였으며, inclusive we는 영국과 다른 경쟁국 간의 비교를 하는 관계 프로세스(relational processes)와 함께 쓰일 때가 많았고, ambivalent we는 미래의 행동을 촉구하는 의미로 must, have to, need to와 같은 의무양태가 붙은 프로세스에서 많이 등장하여, we가 유형별로 다른 기능이 있는 것으로 분석되었다.

자와르스카와 크리샤나머티(Jaworska & Krishnamurthy 2012)는 1990년부터 2009년까지 영국과 독일 신문을 분석 코퍼스로 해서 두 코퍼스에 나타난 페미니즘(feminism/Feminismus)의 연어 관계를 조사하였다. 분석 결과 양 코퍼스에서 공통적으로 페미니즘은 부정적인 것으로 묘사되었으며, dead, post 같은 단어와 자주 연어 관계를 형성하는 데서 볼 수 있듯이 과거와 연결되어 있어 시대에 뒤쳐진 사상으로 표현되었다. 동시에 영국 신문에선 페미니즘이 gay, lesbian 같은 단어와 연어 관계를 맺음으로써 성적인 관점에서 보는 경향이 있는 반면, 독일에서는 학문, 예술과 같은 분야와 연관되어 사회적 운동보다는 학구적 탐구의 대상으로 보는 경향이 나타났다.

2.2.4. 코퍼스 분석 기법

앞에서 살펴본 코퍼스를 활용한 비평담화분석 연구의 내용을 보면 관심 주제는 다양하지만 코퍼스 분석 기법 측면에서 몇 가지 공통점이 드러난다. 우선 데이터 분석에 워드스미스(Wordsmith Tools)와 같은 코퍼스 분석 프로그램을 사용한다는 점이다. 둘째는 키워드 검색부터 시작해서 연어 관계를 분석하고 이를 다시 콘코던스에서 심층 분석하는 분석 과정을 가장 많이 사용한다는 점이다. 이와 같은 분석 도구와 기법에 관해서는 나중에 사례연구에서 자세히 논의할 것이므로 본 절에서는 간단하게 특징을 소개하도록 한다.

먼저 워드스미스(Smith 2012)는 최근에 버전 6이 나왔는데, 코퍼스 분석 프로그램 중 가장 많이 활용되는 상용 프로그램이다. 워드스미스는 기본적으로 어휘 목록 또는 색인 목록을 생성하는 워드리스트(Wordlist), 핵심 어휘를 분석해 주는 키워드(Keyword) 그리고 코퍼스 내의 특정 검색어를 찾아서 주변 텍스트와 함께 제시해 주는 콘코던스(Concordance) 등 세 가지 도구로 구성되어 있다. 이러한 도구는 데이터 분석의 시발점(a useful entry point into the data)이면서 동시에 수작업으로 분석 불가능한 코퍼스를 관리 가능한 크기로 축소시키고 분석 초점을 좁히는 이점이 있다(Mulderrig 2012:705-706).

키워드 분석은 보통 연구 대상 코퍼스를 영어의 BNC나 한국어의 세종 코퍼스와 같은 일반 코퍼스와 비교하여 일반 코퍼스에 비해 발생빈도가 특징적으로 높은 어휘를 찾아내는 방식으로 이뤄진다. 이때 비교되는 코퍼스를 참조 코퍼스(reference corpus)라고 하는데 연구 대상 코퍼스에서 참조 코퍼스에 비하여 특별히 빈번하게 발생하는 어휘가 있다면 이 어휘는 해당 코퍼스의 주제나 관심을 반영하는 어휘일 가능성이 높다. 키워드 분석은 양 코퍼스의 어휘 발생 빈도를 비교하여 참조 코퍼스에 비하여 분석 코퍼스에서 통계적으로 유의미한 차이가 있을 정도로 높은 빈도를 보이는 어휘를 찾아내는데, 이것이 키워드이다. 따라서 키워드는 단순하게 특정 코퍼스에서 발생 빈도가 높은 어휘를 순서대로 나열한 단어 목록과는 대조된다. 단어 목록은 대부분 모든 코퍼스에서 일정한 서열로 나타난다. 영어에서는 the, a와 같은 관사나 in, and와 같은 전치사, 접속사가 항상 상위를 차지한다. 이와 달리 키워드는 상대적으로 많이 발생하는 어휘를 의미하며, 그런 점에서 특정 텍스트나 코퍼스의 어휘 초점 또는 관심사를 보여 주는 '이정표'(signpost)라고 할 수 있다(Baker 2010:26).

연어 관계란 두 개 이상의 단어가 몇 단어 정도의 범위 안에서 같이 어울려 발생하는 어휘 관계를 의미한다. 가령 영어에서 provide란 동사는 help, assistance, money, food, information과 같이 사람들이 필요로 하는 가치 있는 것을 지칭하는 단어와 함께 발생하는 경향이 있다(Stubbs 2001a:24). 영어로 collocation이란 단어를 처음 사용한 학자는 팔머(Palmer 1938/1968:x)로 알려져 있으며, 학문적으로 collocation이란 용어를 정립한 것은 퍼스(Firth 1957:195)이다. 퍼스는 영어의 속어인 ass란 단어가 주로 앞에 you, silly란 단어와 같이 쓰이는 예를 들었다. 그 외에 ass 앞에 자주 오는 형용사로 obstinate, stupid, awful과 같은 것이 있는데 전부 부정적인 의미를 가지고 있다.

싱클레어(Sinclair 1991:115-116)는 연어의 중심어를 노드(node), 그리고 이와 연어 관계를 이루는 어휘들을 콜로케이트(collocate)라고 명하였고, 중심어보다 연어의 빈도가 낮은 관계를 하향적 연어 관계(downward collocation)라고 정의하면서, 하향적 연어 관계가 어휘의 의미 분석에 중요한 역할을 한다고 설명하였다. 즉 어휘의 의미는 해당 어휘와 연어 관계를 이루는 다른 어휘들에 의하여 결정된다는 뜻이다.

베이커와 맥에너리(Baker & McEnery 2005:198)는 비평담화분석가들이 주장하는 특정한 담화의 존재를 테스트에서 확실히 입증할 방법은 어휘가 같이 사용되는 관계, 즉 연어 관계를 찾아내는 것이라고 하였다.

베이커(Baker 2010:25)는 연어 관계 분석이 다음과 같은 중요성이 있다고 하였다. 첫째는 특정 단어가 가지고 있는 미묘한 의미나 함의를 보여 준다는 점이다. 둘째는 시대별로 나눠 연어를 통시적 분석을 해 보면 어휘의 의미나 활용도가 어떻게 변화하였는지를 알 수 있고, 동시대 작가들의 글을 대조해 보면 공시적 차이를 알 수 있다.

연어 관계는 코퍼스에서 해당 단어들이 얼마나 강한 연관성이 있는가를 통계적으로 계산해서 분석한다. 여기에 사용되는 통계 방식은 여러 가지가 있는데 가장 많이 사용되는 방식은 MI(mutual information)로 두 어휘가 가깝게 어울려 쓰이는 빈도가 높을수록 MI값은 높게 나타난다. 그 외에도 다이스 상관지수(Dice coefficient), 로그 라이클리우드나 피셔스 정확 검증 같은 일반적 통계 방식도 사용된다. 워드스미스 프로그램은 연구자가 선택한 다양한 통계 방식에 기초하여 코퍼스 내의 연어 관계를 자동적으로 분석해서 결과를 제시해 준다(Baker 2010:24-25).

비평담화분석에서 연어 관계 분석이 중요한 이유는 연구자가 관심을 두고 있는 대상, 가령 이민자, 미혼모, 노인과 같은 사회적 약자들을 둘러싼 사회적 담화가 어떻게 형성되는지를 분석하는 데 매우 효과적이기 때문이다. 이와 같은 연구 대상을 검색어로 해서 연어 관계를 살펴보면 그 대상이 사회적 담화에서 어떻게 표현되고 있는지를 알 수 있다. 앞서 소개한 모트너(Mautner 2007)의 eldery란 단어의 연어 관계 연구가 대표적인 예이다. 모트너는 elderly란 단어의 사회적 의미에 대한 논쟁에서 출발하여 연어 조사를 통해 실제 사용 양상을 분석하였다. Elderly가 명사로 쓰일 때는 대부분 부정적인 어휘들과 연어 관계를 이룬다고 했다. 이는 사회가 노인들을 부정적으로 보는 시각이 담화에 반영된 것이라고 할 수 있다. 또 반대로 그와 같은 담화의 반복적 사용이 부정적 시각을 부추기는 결과를 가져올 수도 있다. 가령 illegal immigrant(불법 이민자)와 같이 거의 고정적으로 붙어 사용되는 연어들은 사람들로 하여금 모든 이민자를 불법적인 시각에서 보도록 하는 마중물 효과(priming effect)가 있다(Baker 2010:128).

방(Bang 2003)은 Korea Times, Korean Herald, Chusun Ilbo 등 한국 영자 신문을 대상으로 모노콩크(Monoconc)라는 프로그램을 사용하여 North Korea, US, China, Japan과 같은 국가 명과 연어 관계를 이루는 단어를 조사하였다. 이를 통해 해당 국가들이 한국 언론에 어떻게 표현되는지를 분석하였다.

앞서 소개한 대로 오르핀(Orpin 2005)은 영국의 뱅크 오브 아메리카 코퍼스에서 추출한 네 개 신문 기사에서 부패(corruption)와 관련된 bribery, corruption, cronyism, graft, impropriety/ies, malpractice(s), nepotism, sleaze와 같은 단어의 연어 관계를 조사하였다. 그 결과 영국 내 부패 행위를 묘사할 때보다 타 국가의 부패를 언급할 때는 부정적 의미가 있는 연어가 더 많이 등장한다는 점을 밝혀냈다.

하캄(Hakam 2009)은 무하마드 예언자 만화 사건과 관련하여 아랍권의 영자신문 기사를 대상으로 cartoons, caricatures, drawings와 같은 단어와 연어 관계를 이루는 형용사의 의미가 긍정적인지 부정적인지를 조사하였다.

오할로란(O'Halloran 2007)은 남아프리카공화국 소웨토(Soweto) 지역 소요 사태에 관한 가디언지 신문 기사를 분석한 리(Lee 1992)의 연구 검증에 연어 관계 분석을 사용하였다. Lee의 연구에선 신문 기사에서 erupted(폭발했다), simmering(비등하다)과 같은 비유적 표현이 사용된 것을 화산이란 매크로 맥락과 연결시켜 이와 같은 자연현상에 빗댄 비유법 사용은 독자들로 하여금 소웨토인을 의지적 행위가 가능한 인간으로 이해하는 것을 방해한다고 주장하였다. 그러나 오할로란은 연

Our free guide for DISABLED or **elderly** customers
Help the Aged on projects that further benefit our **elderly** customers
Accidents. Most victims are children, staff and **elderly** customers
he's selling single cigarettes to some **elderly** customers for 35 cents.
in a sock, under your mattress, as some of our **elderly** customers do.
the financial hardship of the mostly **elderly** investors who purchased junk bonds
We want to see **elderly** investors restored to the position they were in
a deal to help **elderly** investors who were mis-sold home income plans
regulator said the agreement that **elderly** investors will not be repossessed

출처: Mautner 2007:61.

〈그림 2-3〉 콘코던스 생성 화면

어분석을 통해서 그와 같은 해석이 잘못되었다고 반박하였다.

연어 관계 분석은 중심어와 어울리는 어휘를 알 수 있다는 점에서 콘텍스트를 보여 주는 분석이라고 할 수 있지만 그 효과는 제한적이다. 특정 검색어가 사용되는 텍스트 환경을 보고자 하면 콘코던스가 필수적이다. 실제로 비평담화분석에 코퍼스 기법을 적용할 때 가장 많이 사용되는 기법이 콘코던스 분석이다. 콘코던스는 〈그림 2-3〉에서 볼 수 있듯이 검색어를 중심으로 좌-우에 일정한 양의 텍스트를 보여 준다. 이와 같은 텍스트를 코텍스트(co-text)라고 한다(Stubbs 2001b: 157-157). 코텍스트는 분석 어휘의 인접 언어 환경(context)을 보여 준다는 점에서 콘코던스는 코퍼스 분석에서 언어 환경을 분석하는 데 핵심 도구이다(Stubbs 2001b:157).

2.3. 인종차별적 담화연구

2.3.1. 인종차별의 정의

인종차별이라고 하면 일반적으론 외모, 피부색 등의 차이에 바탕을 두고 한 인종이 다른 인종을 차별적으로 대하는 것으로 이해한다. 1930년대 유럽에서 인종차별이란 용어는 생물학적으로 열등하다고 규정한 사람들에 대한 차별적 행위를 의미하였다. 그러나 그 이후 인종차별의 의미는 개인적 차원의 편견이나 단발성의 차별적 경험을 넘어 사회적으로 구조화되고 제도화된 억압의 시스템으로 확대되었다(Feagin et al. 2001:2-3). 대표적인 예가 미국 사회에서의 백인에 의한 흑인의 인종차별이다. 가령 흑인의 거주지는 백인과 분리되어 있는 것이 보통이고 임대주택을 구하거나 주택을 구입하려 해도 은행, 부동산중개업자, 집주인 등에서 차별적 대우를 받으며 직장에서도 취업 및 승진에서 차별받는다(Feagin et al. 2001:224). 이와 같이 아직도 미국 사회에는 각종 법과 제도에 인종차별적 이데올로기가 존재하며 이와 같은 제도적 인종차별로 인하여 흑인들은 정치·경제·사회적 기회와 보상에서 배제되고 있다.

그루에(Ghurye 2003:15)는 인종이란 개념은 정의하기 어렵지만 인종차별이란 개념은 정의할 수 있다고 하였다. 그루에는 인종차별이란 특정한 부류의 사람들을 생물학적 특징, 조상, 외형적 생김새에 기초하여 인종이란 하나의 울타리로 묶은 후 이들에게 편견을 갖거나 차별적 행위를 가하는 것이라고 하였다. 인종차별이란 용어는 사람의 출생과 생물학적 특성이 그 사람의 행위, 정체성을 결정한다는 가정에 기초한다.

사회학적으로 인종차별은 권력을 가진 집단이 그렇지 못한 집단을 억압하는 행위로 설명할 수 있다. 권력은 헤게모니를 뜻하며, 헤게모니를 가진 집단은 자신들의 인종차별적 이데올로기에 맞춰 각종 차별적 사회 관습을 만들고, 유지하고 제도화한다. 따라서 인종차별은 사회 집단에 자연화된 생물학적 특성을 부여하여 그에 따라 이들 집단을 수직적으로 계층화하는 것이다. 인종차별의 기초가 되는 집단적 특성은 생물학적 특성, 외모, 문화 관습, 전통, 언어, 조상 등 다양한 요소를 포함한다. 이와 같은 특성들은 허구적이며 때로는 상반되지만 헤게모니 집단의 이념에 따라 부정적으로 평가된다(Wodak & Reisigl 1999:181).

인종차별의 억압은 불평등을 낳는다. 반 데이크(Van Dijk 2002:145)는 인종차별을 인종에 기초한 억압과 그에 따른 불평등으로 이뤄진 복잡한 사회 시스템이라고 정의하였다. 여기서 불평등이란 사회적으로 중요한 물리적이고 상징적 자원들에 대한 접근에서 상대적 제약을 받는 것을 의미한다. 인종차별 시스템은 이념적이며 동시에 구조적이다. 인종차별 시스템은 정치 · 경제 · 사회 · 문화적 불평등 구조, 배타와 변방화 과정뿐만 아니라 이러한 구조와 과정의 사회인지적 표현을 포함한다. 인종차별을 연구한다는 것은 이와 같은 억압의 구조와 과정을 연구하는 것을 의미한다.

인종차별을 부인하는 사람들은 항상 예외적인 경우를 예로 든다. 그러나 반 데이크(Van Dijk 2002:30)는 그와 같이 경우가 예외적으로 취급되는 것 자체가 인종차별이 존재한다는 증거라고 주장하였다. 가령 미국 사회에서 흑인이 사장이고 부하가 백인인 상황이 얼마든지 있을 수 있다. 또 어떤 경우에는 흑인들도 백인들과 견주어 동등하거나 더 좋은 기회와 대접을 받는 경우도 생길 수 있다. 그러나 이런 상황들이 예외적으로 느껴질 때 그것은 사회구조적으로 인종차별이 존재한다는 것을 반증한다는 것이다. 또한 반 데이크는 인종차별 사회라고 해서 그 사회 모든 구성원이 인종차별주의자란 의미가 아니라는 점도 강조하였다. 그러나 인종차별은 개개인의 차이를 넘어서는 집단적 억압구조로 서구 제국주의, 자본주의, 식민주의와 같은 역사 과정의 산물이다. 따라서 인종차별 연구는 일회성 성격의 개별적 인종차별 사건보다는 제도화되고 구조화된 차별적 관습에 초점을 맞춰야 한다.

2.3.2. 인종차별적 담화연구의 국내외 동향

인종차별에 관한 국내 연구 사례를 살펴보면 1990년대 말부터 한국 사회의 외국인 노동자, 혼혈인이나 화교 등이 겪는 차별 상황을 다룬 글들이 간헐적으로 보고되었다. 그러나 대부분 실태 조사 수준에서 그쳤을 뿐 심도 있는 학문적 분석은 미흡했다(cf. 설동훈 1999; 박경태 1999, 2007; 이혜경 외 1998). 한국 사회에서 외국인 이주자들이 급격히 늘어난 것이 최근 몇 년간의 일이라는 점을 감안할 때 그간 인종차별이 학문적 관심을 받지 못한 것은 일면 이해가 된다.

그러나 다문화가정이 본격적 사회 이슈로 등장한 최근에도 이와 관련된 학문적 연구는 주로 교육 문제에 한정되어 왔을 뿐(cf. 강선경 & 김헌진 2011; 정의철 2011; 조금주 2011) 인종차별 문제를 체계적으로 다룬 연구는 극히 제한적이다. 특히 언어적 관점에서 인종차별 문제에 접근한 연구는 일부 차별적 용어 분석(조태린 2006; 이정복 2009)이나 교과서 내용 분석(김소순 & 조철기 2010)에 관한 연구를 제외하면 거의 전무한 실정이다. 그나마 이런 연구조차도 텍스트 구조의 체계적 분석을 통해 인종차별과 담화 간의 관계를 분석하는 본격적 비평담화분석 연구와는 거리가 있다. 이는 인종차별 문제에 관한 비평담화분석 연구가 활성화된 서구학계와 크게 비교된다(cf. Matheson 2005; Van Dijk 1998, 1991, 2001, 2002, 2004; Van Leeuwen 2000, 2008, 2009; Wodak & Reisigl 1999, 2001).

유일한 예외는 Kim Sookyang(2012)의 연구라고 할 수 있다. 동 연구는 1999~2009년 기간에 외국인 노동자와 결혼 이민자를 언급한 조선일보와 한겨레의 사설과 논평에 대하여 고프만(Goffman)의 프레임 분석 개념과 비평담화분석을 결합한 분석을 시도하였다. 프레임 분석에선 대부분의 논설과 논평이 외국인 노동자 및 결혼 이민자에 대하여 긍정적인 태도를 가진 것으로 나타났다. 그러나 이런 긍정적 태도 뒤에는 이민자를 피해자로만 부각한다든지, 한국 사회에 기여를 강조하여 이민자를 객체화하는 식의 부정적 담화 관행이 숨어 있다고 주장하였다. 그러나 동 연구는 내용분석연구로 텍스트를 언어적으로 분석한 담화분석연구는 아니다.

서구학계에서 인종차별 주제를 다루는 비평담화분석에서 독보적 위치를 차지하고 있는 학자는 반 데이크(Van Dijk 1988b, 1991, 2001, 2002, 2004)이다. 반 데이크는 사회인지적 관점에서 수많은 저술과 논문을 통해 사회적 담화 속에 드러나는 인종차별적 요소들을 분석 발표하였다. 그중 대부분이 신문의 보도문을 분석 샘플로 삼고 있다. 반 데이크의 대표적 저술이라 할 수 있는 1988년도 '그들은 어떻게 신문 제목에 오르는가(How "They" Hit Headliines)?'에서 1985~1986년 사이 네덜란드의 신문 기사에서 소수인종(흑인)이 어떻게 표현되었는가를 분석하였다. 분석 결과 소수인종이 헤드라인에 언급되는 비율은 다수 인종에 비하여 매우 적었다. 그리고 언급되더라도 주로 범죄, 시위와 같은 부정적인 사건과 결부되어 나타났다. 즉 소수인종은 주로 문제를 일으키는 사회의 문제 집단으로 묘사되었다. 반 데이크(Van Dijk 2002)는 언론 기사뿐만 아니라 일반 대화문, 교과서 내용, 의회의 토론과 같은 정치 담화도 분석하였다. 그 결과 담화가 다수인종, 그중에서도 사회 지도층을 형성하는 엘리트 집단의 편향적 이데올로기를 사회 전반에 전파하는 수단으로 활용되고 있음을 밝혀냈다.

반 데이크 외에 매티슨(Matheson 2005:7장)은 스포츠 중계 해설에서 해설자가 흑인과 같은 유색인종에 대하여 차별적 언어를 사용하는지를 조사하였다. 워닥과 레이스글(Wodak & Reisigl 1999, 2001)은 담화역사적 관점에서 접근하여 정치가의 인터뷰를 분석하였으며 그 결과 언어적으로 지시 표현, 긍–부정의 가치를 담고 있는 술어 표현, 논쟁적 담화 전략, 담화를 개인의 관점으로 제한하는 관점화나 프레이밍 전략, 차별적 화행 표현의 담화적 효력을 강화하거나 약화하는 전략 등 다양한 담화 전략을 통해 인종차별이 표현되고 정당화되고 있음을 보여 주었다. 그리고 반 리우인(Van Leeuwen 2000, 2008)은 언어적 텍스트뿐만 아니라 사진과 같은 비주얼 텍스트에 나타난 인종차별적 요소들을 분석하였다.

2.3.3. 반 데이크의 사회인지적 인종차별담화 이론

앞서 언급하였듯이 반 데이크는 비평담화분석 틀 안에서 인종차별 문제를 선구적으로 연구해 온 학자이다. 반 데이크(Van Dijk 2004:351)는 인종차별적 담화(racist discourse)를 텍스트, 대화, 기타 커뮤니케이션 매체를 통해 표출되는 차별적 사회 관행의 한 형태(a form of discriminatory social practice that manifests itself in text, talk and communication)

로 정의하였다. 반 데이크에 따르면 인종차별적 담화는 비언어적 차별 관행과 맞물려 인종차별 시스템을 형성하는 데 기여한다. 구체적으로 인종차별적 담화는 지배 인종의 차별적 견해, 태도 및 이데올로기를 표현하고, 강화하고 합법화하는 역할을 한다.

반 데이크는 인종차별적 담화를 (1) 인종적으로 다른 타자들을 겨냥한 인종차별적 담화와 (2) 인종적으로 다른 타자들에 관한 인종차별적 담화 등 두 종류로 구분한다. 전자는 특정 인종을 비하하거나 희화화하는 용어와 같이 다른 인종에 대하여 가하는 언어적 차별이다. 이와 같은 인종차별적 담화는 정치적으로 인기가 없고 사회적으로 비정상적인 것으로 여기는 경우가 많기 때문에 최근 들어 더 미묘하고 간접적인 방식으로 나타난다. 그러나 이런 인종차별적 담화는 주로 개인 차원에서 발생하는 '일상적인 인종차별'의 한 형태이다. 이에 반하여 후자는 지배적 인종 집단의 구성원 간에 타 인종을 대화의 주제로 하여 주고받는 담화를 의미한다. 이와 같은 담화는 일상대화뿐만 아니라 의회 청문회와 같은 조직 내 대화, 문서, 멀티미디어, TV 프로그램, 영화, 신문 기사, 논설, 교과서, 논문, 법률, 계약 문서 등 다양한 매체를 통해 나타난다. 이와 같은 후자의 담화가 비평담화 분석의 주 분석 대상이다.

반 데이크(Van Dijk 2004:351)에 따르면 인종차별적 담화의 가장 대표적인 특징은 사회 집단을 인종에 따라 '우리'와 '그들'(또는 '내집단'과 '외집단')로 나누어 '그들/외집단'을 부정적으로 표현하고 '우리 자신/내집단'을 긍정적으로 표현하는 것이다(Van Dijk 2002:146-150; Van Dijk 2004:351-132). 또는 반대로 '그들'을 긍정적으로 표현하는 것과 '우리 자신'을 부정적으로 표현하는 것을 피하는 것이다.

좀 더 구체적으로 인종적으로 다른 타자들에 관한 인종차별적 담화는 다음과 같이 3단계로 발전한다(Van Dijk 2002:150; 2004:351-132).

(1) 그들/외집단의 다른 점에 초점을 맞춰 담화가 이뤄진다. 그들이 생김새, 행동, 언어, 종교, 가치관 등에서 우리/내집단과 어떻게 다른가를 논한다. 이와 같이 차이점에 초점을 맞춘 담화는 부정적 평가를 내포하지 않을 수 있으며 때론 '흥미롭다', '이국적이다', '문화를 풍요롭게 해준다'는 식의 긍정적 평가로 이어질 수 있다. 그러나 대부분은 우리/내집단과 비교하여 부정적으로 평가된다.
(2) 그들/외집단이 우리/내집단의 사회 규범, 가치, 제도, 법규 등을 깨뜨린다는 시각, 즉 그들/외집단을 이탈적으로 보는 시각에서 담화가 이뤄진다. 유럽 사람들이 아랍 남자들이 여자를 대하는 태도를 부정적으로 보고 비판하는 말을 하는 것이 그 한 예이다.
(3) 그들/외집단을 우리/내집단에 대한 위협으로 보는 시각에서 담화가 이뤄진다. 가령, 이민자, 소수인종이 연루된 범죄를 인용한다든지, 그들을 일자리와 삶의 터전을 뺏는 세력으로 간주하는 시각이다.

반 데이크(Van Dijk 2002:146)의 인종차별담화 모델의 특징은 인종차별 시스템을 사회적 하위 시스템과 인지적 하위 시스템으로 나눠 설명하는 것이다. 사회적 하위 시스템은 거시적 차원에서 발생하는 권력 집단, 기관, 조직에 의한 권력 오남용 관행과 미시적 차원에서의 발생하는 차별적 사회 관행으로 이뤄진다. 이런 사회적 하위 시스템은 지배적 인종 집단 구성원이 공유하고 있는 인종에 관한 왜곡된 인지적 모델에 뿌리를 두고 있는데 이것이 인종차별의 인지적 하위 시스템이다. 담화는 이 두 하위 시스템을 연결하는 인터페이스(interface)

역할을 한다. 정신적 가치나 신념, 이데올로기 등은 학습을 통해 습득되고 전파되는데, 학습은 커뮤니케이션에 의하여 이뤄지며 그런 커뮤니케이션이 바로 담화이기 때문이다.

2.4. 핼러데이의 체계기능언어학

2.4.1. 핼러데이의 체계기능언어학의 개념

핼러데이의 체계기능언어학은 비평담화분석의 언어분석 층위에서 독보적인 지위에 있다고 해도 과언이 아니다. 앞서 언급하였지만 비평담화분석의 원류라고 할 수 있는 비평언어학의 대표적 학자인 파울러(Fowler 1991, 1996a, 1996b)는 핼러데이의 체계기능언어학을 텍스트 분석의 핵심적 도구로 사용하였다(Wodak & Busch 2004:110). 실제로 파울러는 핼러데이의 체계기능언어학을 차용했을 뿐만 아니라 화용론 이론들을 체계기능언어학 틀에 맞춰 통합하기도 하였다. 뒤에서 자세히 기술하겠지만 핼러데이는 언어의 기능을 관념적/경험적 기능, 대인적 기능, 텍스트적 기능으로 분류하였는데, 파울러는 대인적 기능을 실현하는 언어적 기재로 양태(modality)와 화행(speech acts)을 언급하였다(Fowler 1996a:77). 화행은 화용론의 이론으로 핼러데이가 제시하는 모델에는 포함되지 않는다.

비평언어학에서 시작된 핼러데이의 체계기능언어학과 비평담화분석 간의 밀접한 관계는 비평담화분석으로도 이어졌다. 그 대표적인 예로 비평담화분석의 대표적 학자인 페어클러프(Fairclough 2001:126)는 자신의 모델이 체계기능언어학에 기초한 것임을 다음과 같이 명백히 밝히고 있다.

> This version of CDA draws upon a particular linguistic theory, systemic functional linguistics (Halliday, 1994), which has the virtue of being 'functional' - it sees and analyses a language as shaped (even in its grammar) by the social functions it has come to serve. This makes it relatively easy to see how categories of social analysis connect with categories of linguistic analysis 〔중략〕.

위에서 페어클러프는 핼러데이의 체계기능언어학이 언어를 사회적 기능과 연동해 설명한다는 점을 특징으로 지적하였다. 따라서 체계기능언어학은 비평담화분석의 주관심사인 언어와 사회의 관계를 밝히는 데 매우 유용한 도구라고 설명하였다. 따라서 페어클러프가 저술한 책에선 체계기능언어학에 대한 상세한 소개와 설명이 포함된다. 페어클러프의 대표적 저술이라 할 수 있는 『담화분석하기(*Analyzing Discourse*)』를 보면 자신의 모델이 비평담화분석을 어떻게 통합하였는지를 설명하며(p.27), 구체적으로 핼러데이의 동사성 프로세스의 유형(pp.141-143)과 문법은유(gramamtical metaphor)(p. 143) 등을 상술하며, 책 뒤에 제공된 담화분석 체크리스트(pp. 191-194)의 곳곳에 체계기능언어학의 다양한 언어기재들을 포함하고 있다.

오르핀(Orphin 2005:37-38)은 비평담화분석과 체계기능언어학 관계를 양자의 '결혼'이라고 칭하며 이를 비평담화분석의 장점 중 하나라고 주장하였다. 오르핀은 비평담화분석이 체계기능언어학을 포함함으로써 연구자는 언어 사용의 사회-정치적 의미, 즉 담화와 이념 그리고 사회 권력구조 간의 관계에 대하여 통찰력 있는 분석을 할 수 있게 되었다고 주장하였다.

비평담화분석에서 체계기능언어학이 차지하는 핵심적 위치를 가장 잘 보여 주는 것은 영과 해리슨(Young & Harrison 2004)이 편찬한 『체계기능언어학과 비평담화분석(*Systemic Functional Linguistics and Critical Discourse Analysis*)』이라는 저술이다. 이 단행본에는 페어클러프를 비롯한 총 15명의 학자가 기고한 논문이 실려 있다. 이들 논문에선 체계기능언어학에 기초하여 국가 정체성·제도적 정체성과 같은 사회구조와 담화관의 관계를 분석 설명하였다.

그렇다면 체계기능언어학에선 언어와 사회를 어떻게 연결하여 설명할까? 체계기능언어학의 배경이 되는 언어와 사회의 관계는 핼러데이의 사용역 이론(register theory)에서 유래한다. 핼러데이는 그의 아내 하산과 같이 저술한 『언어, 콘텍스트, 텍스트(*Language, Context and Text*)』란 유명한 저서에서 언어를 사회기호학적(socio-semiotic) 관점에서 조망하는 사용역 이론을 설명하였다(Halliday & Hasan 1989:3). 여기서 저자들은 '사회기호학'이란 언어가 사회구조와 연관되어 있다는 것을 의미한다면서 자신들은 언어와 사회구조 간의 관계에 특별히 관심이 있다고 진술하였다(Halliday & Hasan 1989:4).

사회구조는 교육기관, 사회적 관계 등 사회를 구성하는 유무형의 요소들을 다 포함하지만 언어 사용 차원에선 언어가 사용되는 환경, 즉 상황 콘텍스트(context of situation)를 의미한다(Halliday & Hasan 1989:4). 상황 콘텍스트는 여러 요소가 있을 수 있지만 핼러데이는 필드(field), 테너(tenor), 모드(mode)란 세 가지 요소를 핵심 요소로 제시한다(Halliday & Hasan 1989:12).

〈그림 2-4〉에서 보듯이 필드란 구체적으로 어떤 일이 일어나고 있는가, 즉 어떤 활동(action)이 발생하고 있으며 활동의 참여자는 누구인가와 같은 인간의 경험과 관련이 있으며 이런 경험적 의미는 동사성(transitivity)과 같은 특정한 언어 자원을 통해 텍스트에 구현된다. 테너는 활동에 참여하는 사람들 간의 관계를 의미하며 이런 대인적

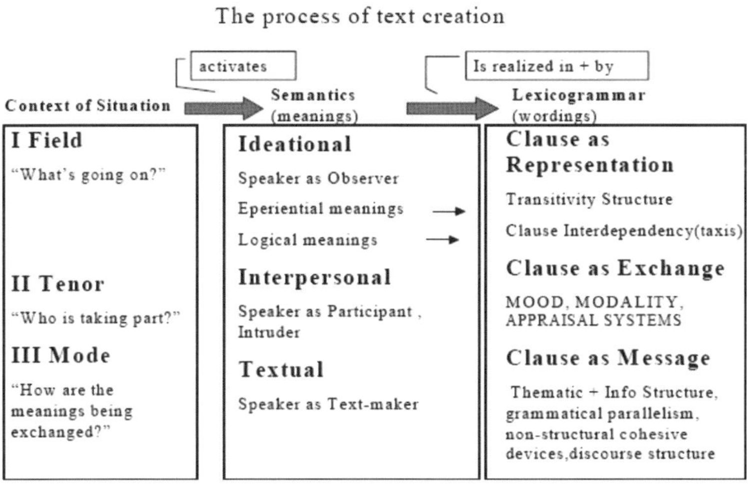

출처: Lipson 2004:13.

〈그림 2-4〉 체계기능언어학의 텍스트 형성 과정

의미는 서법, 양태와 같은 언어 자원을 통해 텍스트에 구현된다. 마지막으로 모드는 의미가 전달되는 형태나 경로 등에 관한 것으로 이런 텍스트적 의미는 주제구조, 응결성과 같은 언어 기재들에 의하여 텍스트에 나타난다(Halliday & Hasan 1989:12, 25). 이와 같이 상황-언어와 의미-텍스트를 연결시켜 설명하는 것이 핼러데이의 체계기능언어학의 핵심 틀이다.

2.4.2. 핼러데이 동사성

앞 절에서 언급했듯이 상황 콘텍스트의 필드, 테너, 모드는 각각 관념적·경험적 의미, 대인적 의미, 텍스트적 의미를 활성화하고 이러한 의미는 다양한 언어 기재에 의하여 텍스트에 구현된다. 이 중

경험적 의미를 구현하는 동사성[1])은 비평담화분석에서 가장 많이 인용되는 언어기재이며 본 연구에서 분석도구로 사용할 것이기 때문에 좀 더 상술하기로 한다.

동사성은 시간을 통해 펼쳐지는 프로세스(process), 이 과정에 참여하는 참여자(participants), 그리고 프로세스와 연결된 상황(circumstances) 등 세 가지 요소로 이루어져 있다. 각각의 요소는 언어적으로 동사, 명사구, 전치사구/부사 등으로 표현된다. 핼러데이는 프로세스의 종류를 〈그림 2-5〉와 같이 물질(material), 존재(existential), 관계(relational), 구두(verbal), 정신(mental), 행위(behavioral) 등 여섯 가지로 구분한다. 각 프로세스는 유형별로 특성이 명확한 프로세스가 있는 반면 유형의 경계선에 위치하는 프로세스도 있기 때문에 프로세스 유형은 그 경계가 흐릿한 개념이다(Halliday & Matthiessen 2004:172). 프로세스 유형 중 가장 애매한 유형은 행동과 존재 프로세스로 일부 학자들은 이 두 가지 유형을 다른 유형의 하부 범주로 취급하여 기본적으로 물질, 관계, 구두, 정신 등 네 가지 유형으로 분류하기도 한다(Martin & Rose 2003; Teruya 2006).

---

1) 동사성은 영어 원어로 transitivity인데, 이 용어는 기존 문법에서는 단순하게 자동사와 타동사를 구분하는 개념이기 때문에 체계기능언어학을 접하지 않은 학자들은 이를 타동성으로 오해한다. 그러나 핼러데이가 제안한 기능주의 모델 안에서 transitivity란 동사뿐만 아니라 주어, 목적어 자리에 오는 명사구, 그리고 이들이 형성하는 활동이 발생하는 상황을 표현하는 전치사구, 부사구를 모두 포함하는 구조를 뜻한다. 따라서 핼러데이는 transitivity는 품사로서의 동사가 아니라 '절 시스템(a system of the clause)'이란 점을 분명히 하고 있다(Halliday & Matthiessen 2004:181). 따라서 기존 문법의 타동성이란 개념과 구분하기 위하여 본 저서에서는 우리말로는 '동사성'으로 부르기로 한다. 다만 '동사성'이란 용어 자체도 어휘 차원의 품사를 연상시키기 때문에 만족스런 대역어는 아니다. 체계기능언어학이 국내에 아직 널리 소개되지 않은 관계로 이 분야에서 사용하는 수많은 생소한 용어들을 어떻게 한국어로 번역할지 아니면 그에 따른 혼란을 피하기 위하여 원어를 차용해 사용하는 것이 좋을지 등에 관한 논의와 연구가 필요하다고 여겨진다.

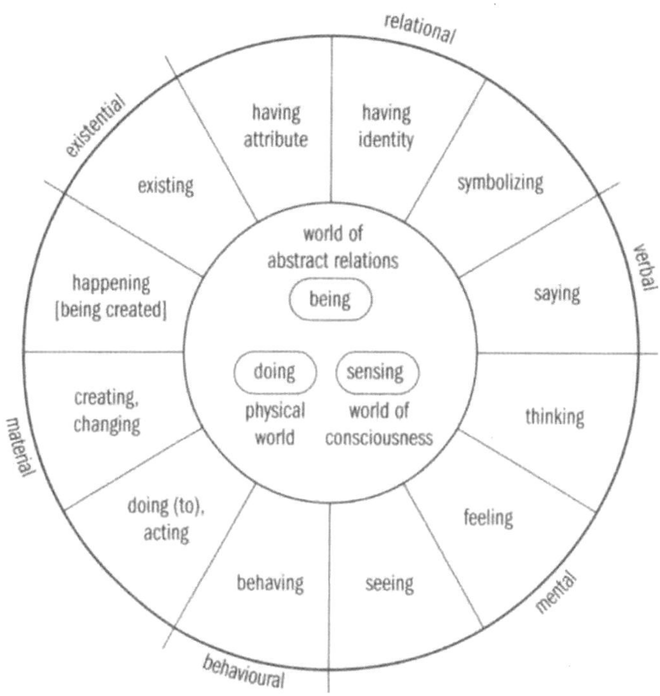

출처: Halliday & Matthiessen 2004:172.

〈그림 2-5〉 프로세스의 유형

각 프로세스 유형별 특징과 참여자를 살펴보면 다음과 같다. 물질 프로세스는 '행동(doing)'과 '발생(happening)'의 두 유형이 있다. 물질 프로세스에는 항상 프로세스의 주체인 행위자(actor)라는 참여자가 있다. 행동 프로세스는 행위자가 타자에게 어떤 행위를 가하는 상황을 표현한다. 이런 행위의 직접적인 대상이 되는 참여자는 목표(goal)라고 부른다. 가령 아래 예문 (1)에서 '진압하다'가 행동 프로세스가 되고, 경찰이 행위자가 되며 시위대가 목표가 된다. 예문 (2)에서는 이와 대조적으로 행위자만 있고 목표가 없다. 즉 행위자가 어떤 행위를 하고 있지만 행위가 외부에 어떤 대상을 향하지 않고 행위자 자신에게로 제한된다. 이런 경우를 발생 프로세스라고 한다(Eggins 2004: 229-40; Halliday & Matthiessen 2004:179-197).

(1) 경찰이 무자비하게 시위대를 진압했다.
행동자 상황(방식) 목표 물질프로세스(행동)

(2) 경찰이 시위현장에 도착했다.
행동자 상황(위치) 물질프로세스(발생)

(3) 경찰이 시위대에게 물대포를 쏘았다.
행동자 상황(위치) 범위 물질프로세스(발생/행동)

(4) 시위대가 물대포를 망가뜨렸다.
행동자 목표 물질프로세스(행동)

정신 프로세스는 내면적 의식 행위를 표현하는 프로세스이다(Eggins 2004:240-249; Halliday & Matthiessen 2004:197-210). 정신 프로세스는 무엇을 '생각하다', '상상하다', '이해하다'와 같은 인식을 나타내는 인지 프로세스, 무엇을 '보다', '듣다', '느끼다'와 같이 감각을 나타내는 지각 프로세스, 무엇을 '좋아하다', '싫어하다', '걱정하다'와 같이 좋아함이나 두려움의 감정을 나타내는 감정 프로세스, 무엇을 '원하다', '갈망하다'와 같이 욕구와 관련 있는 욕구 프로세스 등 네 개의 하위범주로 나뉜다. 예문 (5)에서 보듯 정신 프로세스도 인지나 감정의 대상물로써 명사형 목적어를 취하는 경우가 대부분인데 그런 명사구를 '현상(Phenomenon)'이라고 부른다. 그리고 그런 프로세스의 주체가 되는 참여자(즉, 절의 주어)는 '감지자(Senser)'라 한다.

정신 프로세스는 현상의 자리에 예문 (6)과 같이 생각의 내용을 인용하는 안긴절이나 예문 (7)과 같이 사실적 내용을 표현하는 명사절을 이끄는 특징이 있다(Halliday & Matthiessen 2004:204-205).

(5) 난 도대체 그 강의 내용을 이해 못하겠다.
감지자 현상 정신 프로세스

(6) 그 경기는 최고의 명승부였다고 생각합니다.
감지자(생략) 투사된 안긴절 정신 프로세스

(7) 아버지는 회사를 그만둔 것을 후회하셨습니다.
감지자 명사절 정신 프로세스

관계 프로세스는 프로세스의 참여자 간의 관계를 형성하는 역할을 하는 프로세스이다(Eggins 2004:239-249; Halliday & Matthiessen 2004: 210-248). 영어에선 be동사와 have동사가 대표적인 예이다. 관계 프로세스는 세 가지 유형으로 나뉜다. 먼저 예문 (8), (9)와 같이 두 참여자 간에 대응 관계를 표현하는 집약(intensive) 프로세스가 있다. 다음엔 예문 (10), (11)과 같이 두 참여자 간에 하나가 다른 하나에 속해 있는 소유의 관계를 나타내는 소유 프로세스가 있다. 마지막으로 예문 (12), (13)과 같이 시간, 장소, 방법, 이유 등 상황의 의미를 표현하는 상황 프로세스가 있다. 예문 (12)는 상황이 영어의 전치사에 해당하는 '위에'라는 부사구에 의하여 표현되었고 예문 (13)에선 시간을 나타내는 상황이 프로세스에 의하여 표현되었다.

(8) 그 아이는 매우 영리하 다.
귀속자 귀속성 (집약적)관계 프로세스

(9) 그 아이가 바로 내가 말했던 문제아 이다.
피식별자 식별자 (집약적)관계 프로세스

(10) 저 자동차는 부장님의 것 입니다.
귀속자 귀속성:소유자 (집약적)관계 프로세스

(11) 부장님은 오래된 소형차를 갖고 계십니다.
소유자 피소유자 (소유적)관계 프로세스

(12) 전화기는 책상 위에 있습니다.
귀속자 귀속성/상황(장소) (집약적)관계 프로세스

(13) 지진은 2분가량 지속되었습니다.
귀속자 귀속성 (상황적)관계 프로세스

존재 프로세스는 무엇이 '있다'는 의미를 나타낸다. 영어에서는 There is a gas station과 같이 There+be동사로 이어지는 구문을 존재 프로세스로 분류한다(Eggins 2004:254-255; Halliday & Matthiessen 2004: 201-248). 우리말에는 영어의 there와 같은 역할을 하는 자원이 없기 때문에 예문 (14)와 같이 "~있다"는 구문이 의미상 존재를 표현할 때 존재 프로세스로 분류할 수 있다. 테루야(Teruya 2006:276)는 우리말과 구조가 비슷한 일본어의 존재 프로세스를 관계 프로세스의 한 종류로 분류하였다. 또 예문 (15)에서 보듯이 '서 있다', 앉아 있다', 떨어져 있다', '와 있다'와 같이 동작이나 행동을 나타내는 프로세스 뒤에 '있다'가 붙어 동작이나 행위가 완결되어 현재 존재하고 있는 의미를 나타내는 경우를 existence-plus라고 해서 존재 프로세스의 확장된 개념으로 분류하였다(Teruya 2006:278-279). 이런 것은 영어와 같은 서양어에는 없는 일본어와 우리말의 특수한 형태이다.

(14) 저기에 주유소가 있다.
상황(장소) 존재자 존재 프로세스

(15) 소녀는 나무 아래 서 있었습니다.
존재자 상황(장소) 존재적 행위 프로세스

행위 프로세스는 의식적 주체가 '앉다', '춤추다', '숨 쉬다', '웃다', '인상 쓰다', '재잘거리다', '보다', '듣다'와 같이 생리학적이거나 심리학적인 행위를 하는 것을 표현한다. 행위 프로세스는 물리 프로세스나 정신 프로세스와 유사한 면이 많다. 그래서 물질, 정신, 구두 프로세스의 하위 범주로 분류하는 것이 가능하며(Halliday & Matthiessen 1999:142; Thompson 2004:103) 실제로 그렇게 분류한 경우도 있다(cf. Teruya 2006). 그러나 예문 (16), (17)의 '듣다'는 동사를 비교해 보면 (16)에선 듣는 동작을 나타내기 때문에 행위 프로세스가 되지만 (17)에선 듣고 이해하는 인지활동을 나타내기 때문에 정신 프로세스가 된다. 따라서 두 프로세스는 분명한 차이가 있다.

(16) (너는) 지금 내 말 듣고 있는 거야?
행위자 범주 행위 프로세스

(17) (나는) 어제 황당한 소식을 들었습니다.
감지자 현상 정신 프로세스

마지막으로 말하는 것과 관련 있는 구두 프로세스가 있다. 구두 프로세스는 예문 (18)처럼 발화 내용을 전달하는 직접 또는 간접 인용절을 이끄는 것이 특징이다. 또 (19)처럼 발화내용 대신 '칭찬하다', '비판하다'와 같이 구두 프로세스의 대상이 되는 '표적'을 동반하는 경우도 있다.

(18) 김 경위는 시위대가 먼저 돌을 던졌다고 말했다.
발화자 발화내용 구두 프로세스

(19) 행동본부는 경찰의 과격행위를 강력히 비판했다.
발화자 표적 구두 프로세스

비평담화분석의 동사성 분석에서는 두 가지를 중점적으로 본다. 첫째는 사건의 어떤 요소, 특히 어떤 사회행위자(social actor)가 표현에 포함되거나 배제되었는가 하는 점이다. 예들 들어 테텔라(Thetela 2001)는 1990년대 남아프리카 개발공동체(South African Development Community, 이하 SA라고 줄임)가 레소토 왕국에 군사개입을 했을 때 남아프리카공화국 신문에 보도된 기사 제목의 동사성을 분석하였다. 네 개 신문사의 보도문을 분석하였는데 신문사가 군사개입을 지지하느냐 반대하느냐에 따라 제목에 표현된 내용이 차이가 났다.

(20) SA forces butcher sleeping Lesotho soldiers at Katse Dam.
(21) More than 100 die in Lesotho misadventure.
(22) Was Lesotho sacrificed to appease Mugabe? (Tethela 2001: 351)

예문 (20)에서 SA는 '～을 무참히 살해하다'는 물리 프로세스의 행위자로 그리고 레소토 군인들은 그런 행동의 직접적 영향을 받는 목표로 표현되었다. 따라서 SA가 레소토 군인들의 죽음에 대하여 책임이 있다는 인과관계가 명확히 드러난다. 뿐만 아니라 SA가 주제-평언 구조에서 주제에 해당하는 주어 자리에 놓여 있기 때문의 그들의 책임이 전면화 된다(Fairclough 1995b:120). 그러나 예문 (21)에서는 '죽이다'는 타동사 대신 '죽다'는 자동사를 선택함으로써 죽음을 당한 레소토 군인들만 행위자로 표현하고 그런 행위를 야기한 SA는 표현에서 배제되었다. 또 (22)에선 '희생되다'는 수동태 구문을 사용함으로써 '희생시키다'는 프로세스의 목표인 레소토 군인들을 문법적 주어 자리에 위치하게 했다. 그 결과 '희생시키다'는 행동의 행위자인 SA를 표현에서 배제할 수 있게 되었다. 이렇게 자동사와 수동태 구문을 사용해서 프로세스의 행위자를 숨기는 언어적 선택은 이데올로기적 의미가 있다는 것이 비평담화분석 학자들의 해석이다(Fairclough 1995b:25).

동사성 분석의 두 번째 핵심 요소는 분석 대상인 사회 행위자가 어떤 프로세스에 많이 등장하며 어떤 참여자 역할을 맡고 있는가 하는 점이다. 잭크스(Janks 2002)는 1994년 남아프리카의 한 신문에 등장한 은행 광고문의 동사성을 분석하였다. 광고문에는 흑인 가정부와 백인 고용주가 등장하는데, 주인은 대부분 물질 프로세스와 구두 프로세스로 표현되어 행동하고 말하는 역동적 모습으로 묘사되었다. 이에 반하여 가정부는 주로 정신 프로세스와 관계 프로세스로 표현되어 행동이나 말을 하지 않고 자신의 미래에 대하여 고민하는 수동적인 모습으로 표현되었다. 이를 두고 잭크스는 프로세스 분포가 주인과 가정부 간의 힘의 역학관계를 보여 준다고 분석하였다.

제3장

사례연구 1

-신문 사설 분석, '외국인'을 중심으로

제3장 사례연구 1 —신문 사설 분석, '외국인'을 중심으로

3.1. 사례연구 목적

본 사례연구에서는 '외국인 노동자', '다문화', '이주 여성' 등 국내 거주 외국인을 지칭하는 용어들을 검색어로 사용하여 해당 용어가 포함된 국내 일간지 사설을 수집하여 코퍼스를 구축한 후 해당 코퍼스에서 키워드를 추출 분석하고 '외국인'이란 단어와 연어 관계를 이루는 어휘의 특징을 분석한다. 사설은 한 사회에서 이슈가 되고 있는 문제에 관한 해당 신문의 정치 이념적 입장을 명시적으로 담고 있다. 따라서 '다문화'나 '외국인'에 관한 신문 사설은 한국 언론이 이 주제에 관하여 어떤 관점을 갖고 있는지를 분석하는 데 유용한 데이터이다.

3.2. 연구 데이터

본 사례연구에서 사용할 분석 코퍼스는 국내 일간지의 사설로 구성하였다. 본 연구의 사례연구 분석 데이터로 신문 사설과 뉴스 기사 등 미디어 텍스트를 선택한 이유는 공공 담화의 형성과 유지에서 언론 매체가 핵심적 역할을 수행하기 때문이다. 앞서 2.2절의 비평담화분석 선행 연구 검토에서 볼 수 있듯이 신문 사설을 포함한 신문, 방송 등 미디어 담화는 비평담화분석에서 가장 많이 분석되는 데이터 종류이다. 탈보트(Talbot 2007:4-5)는 담화분석에서 미디어 담화를 주된 분석 데이터로 삼는 이유로 데이터가 풍부하고 쉽게 구할 수 있기 때문이기도 하지만 보다 중요한 것은 미디어 담화는 언어의 사회학적 의미나 역할을 분석 연구하는데 핵심적인 공공 언어 사용 영역이란 점을 지적하였다. 비평담화분석 관점에서 모트너(Mautner 2008:32)는 미디어 담화의 중요성을 두 가지 측면에서 설명하였다. 첫째는 미디어 담화가 사회 주류층의 지배적 담화를 반영한다는 것이고, 둘째는 미디어 담화가 수많은 대중에게 확산되어 특정 담화를 형성하며 궁극적으로 한 사회 내에서 공유되는 현실을 형성하는 데 기여한다는 점이다. 즉 미디어 담화는 사회구조를 반영하는 동시에 형성하는 담화와 사회구조의 변증법적 관계에서 핵심 연결고리의 역할을 한다. 이와 같은 측면에서 본 연구에서도 공공 담화의 대표적 예로 언론 매체의 기사를 핵심 분석 데이터로 삼았다.

사설 수집은 다음과 같은 절차로 진행하였다.

(1) 자료 수집은 〈그림 3-1〉에 나와 있듯이 한국언론진흥재단에서 제공하는 카인즈(KINDS) 뉴스 서비스(http://www.kinds.or.kr)를 활용하였다. 카인즈 서비스는 주요 국내 일간지의 기사를 제공하는 서비스로 한 곳에서 다양한 일간지의 기사를 통합 검색할 수 있는 장점이 있다. 카인즈 서비스에서 검색되는 사설은 연구자가 검색어만 지정할 뿐 카인즈에 저장된 데이터베이스에서 무작위로 추출된다. 또한 카인즈 서비스에서 기사가 제공되는 일간지도 해당 서비스에서 선택한 것이다. 따라서 자료 수집에서 연구자의 선입관(bias)이 개입될 가능성이

없다. 또한 카인즈 서비스에서 제공하는 일간지도 '조선일보', '중앙일보' 등 몇 개 일간지를 제외하곤 대부분의 국내 주요 일간지가 포함되어 있다. 이는 본 사례연구에서 사용한 코퍼스가 국내 일간지 사설이라는 장르에 대하여 균형과 대표성을 갖추고 있다는 의미로 해석할 수 있다(Biber 1993:243-244).

(2) 카인즈 서비스에서 검색 범위를 사설모음으로 한정한 후 검색창에 '외국인 노동자', '이주 노동자', '다문화', '결혼 이민자', '결혼 이주자', '이주 여성' 등을 차례로 입력해서 해당 검색어가 포함된 사설을 검색했다.

(3) 검색 기간은 2003년 3월 1일부터 2013년 6월 30일까지 약 10년 3개월이다.

〈그림 3-1〉 카인즈 서비스 홈페이지

(4) 검색된 사설 대부분을 코퍼스에 포함시켰으나 검색어가 특정인을 지칭한다든지 사설의 주 내용이 본 연구의 목적과 상관관계가 없다고 판단되는 일부 사설은 제외하였다.

(5) 검색된 사설은 개별적으로 복사–붙여넣기의 간단한 작업을 통해 하나의 문서로 통합하였다.

(6) 통합 문서 안에 사설마다 신문사명, 발행일자, 발행지면 등의 간단한 서지 정보를 〈〉의 태그 안에 삽입하였으며, 제목과 본문도 태그로 나눠 표시하였다.

(7) 이렇게 구축된 자료는 최종적으로 유니코드로 인코딩된 텍스트(확장자 txt)로 저장하였다.

이와 같은 과정을 통해 구축한 국내 일간지 사설 코퍼스의 구성을 살펴보면 〈표 3-1〉과 같다. 이를 보면 코퍼스에 포함된 일간지는 총 여덟 개이며 총 사설 건수는 249개이다. 그중 진보적 성격을 가진 것으로 평가받는 한겨레신문의 사설 건수가 54개로 전체 대비 21.7%로 가장 높은 비율을 차지하였다. 이에 비하여 보수적 성격을 가진 것으로 평가받는 동아일보는 16건으로 전체 대비 7.2%로 가장 낮은

〈표 3-1〉 국내 일간지 사설 코퍼스 구성

총 사설 건수	249
일간지 별 사설 건수	국민일보: 43, 동아일보: 16, 서울신문: 31, 한국일보: 28, 한겨레: 54, 세계일보: 19, 경향신문: 39, 문화일보: 19
총 어절 수	55,223

비율을 나타냈다.

키워드 분석에 사용된 참조 코퍼스(reference corpus)는 한글 국가코퍼스인 세종 코퍼스 내에서 신문 기사(사설 포함)를 추출하여 구성하였다. 참조 코퍼스에 포함된 자료들을 담은 신문은 1998년에서 2005년 사이에 발행되었으며 코퍼스의 크기는 총 1,833,912어절이다. 키워드 분석은 참조 코퍼스와 분석 코퍼스의 내용을 상호 비교하는 것이 아니라 참조 코퍼스를 기준으로 놓고 봤을 때 분석 코퍼스에서 특징적으로 빈도가 높은 어휘를 찾아내는 것이 목적이다. 이런 의미에서 참조 코퍼스는 해당 장르의 다양한 언어 사용과 관심을 포함시키는 것이 일반적이며, 그런 의미에서 본 연구도 참조 코퍼스를 세종 코퍼스 내의 모든 종류의 신문 기사를 포함하는 범 장르적 코퍼스로 구성하였다. 다만 분석 코퍼스와 참조 코퍼스에 포함된 샘플들의 생성 연도가 정확하게 일치하지 않는 것이 문제가 될 수 있다. 그러나 두 코퍼스가 2년 정도 겹치는 부분이 있기 때문에 두 코퍼스가 완전히 다른 시대에 생성된 것이라고 보기는 어렵다. 따라서 양 코퍼스에는 어느 정도 동시대적 관심과 담화 특성이 포함되어 있을 것이라고 가정하였다.

3.3. 키워드와 연어 분석 기법

2.2.4절에서 약술하였듯이 키워드와 연어 분석은 코퍼스를 이용한 비평담화분석에서 가장 많이 사용하는 분석 기법이다.

키워드는 분석하고자 하는 코퍼스의 주제나 주 관심사를 보여 주는 핵심 단어를 의미한다. 키워드는 분석 코퍼스와 참조 코퍼스 간의 상대적 어휘 발생 빈도를 비교하여 분석 코퍼스에서 특징적으로 많이 발생하는 어휘를 찾아내는 방식으로 도출된다. 따라서 키워드는 분석 코퍼스의 '어휘적 특징(lexical saliency)'을 알아볼 유용한 분석 기법이다(Baker 2010:26).

키워드 도출은 분석 코퍼스와 참조 코퍼스 간에 특정 어휘의 발생 빈도의 차이를 통계적으로 계산하여 차이가 큰 순서대로 나열하는 방식을 사용하였다. 예를 들어, 본 사례연구에서 사용될 분석 코퍼스에서 '외국인'이란 단어는 659번 발생하였다. 그리고 참조 코퍼스에서는 380번 등장하였다. 이를 전체 어절 수에서 차지하는 비율로 계산해 보면 분석 코퍼스에선 '외국인'이 1.1%의 비율을 차지하는 데 반하여 참조 코퍼스에선 0.0%를 차지하였다. 따라서 비율적으로 볼 때 '외국인'이란 어휘가 코퍼스에서 차지하는 비중이 분석 코퍼스에서 월등히 높은 것을 알 수 있다. 이러한 차이는 다시 통계적으로 카이스퀘어나 로그-라이클리후드 검정기법을 통해 통계수치로 환산된다.

〈표 3-2〉에 나온 두 코퍼스 간의 '외국인' 발생 빈도 차이에 대하여 로그-라이클리후드 검정을 실시하면 G2=1092.4, df=1, p=0이란 결과가 나온다. G2는 로그-라이클리후드 검정값으로 이 수치가 클수록 p값이 적어진다. p값이 적다는 것은 통계적 유의성이 높다는 것을 의미한다. 분석 코퍼스 내의 모든 어휘에 대하여 이와 같은 통계검정을 실시한 후 G2값이 큰 순서대로 나열을 하면 그것이 키워드 목록이 된다. 즉 G2값이 클수록 참조 코퍼스와 차이가 나는 특징적 어휘가 된다. 위에서 '외국인'이란 어절의 G2값인 1092.4는 나중에 분석 결과를 제시하겠지만 매우 큰 수치로 분석 코퍼스 키워드 목

〈표 3-2〉 분석 코퍼스 vs 참조 분석 코퍼스 '외국인' 어휘 수 비교

	'외국인' 어휘 수	'외국인'을 제외한 어절 수
분석 코퍼스	609(1.1%)	54,614(98.9%)
참조 코퍼스	380(0.0%)	1,833,532(100%)

록에서 1위를 차지하는 수치이다. 앞에서는 예시를 위하여 '외국인'이란 어절 하나에 대하여 통계검정을 실시했지만 분석 코퍼스에 있는 모든 어절에 수작업으로 이와 같은 통계작업을 한다는 것은 사실상 불가능한 일이다. 따라서 실제 분석에서는 이런 작업을 자동적으로 수행해 주는 코퍼스 분석프로그램을 사용하였다.

본 사례연구에서 사용할 두 번째 분석기법은 연어 관계 분석이다. 연어 관계 분석은 코퍼스 기반 텍스트 분석에서 가장 많이 활용되는 분석기법이다(cf. Baker 2006). 앞서 소개하였듯이 연어 관계란 어휘 간에 자주 어울려 발생하는 관계를 뜻한다(Baker 2010:24). 이런 연어 관계서 중심이 되는 단어는 '중심어(node word)'라고 부르며, 이와 쌍을 이루는 단어들은 '연어(collocate)'라고 부른다. 중심어와 어울려 발생하는 연어를 조사하는 가장 간단한 방법은 중심어를 기준으로 좌우 일정 단어의 범위(span) 내에서 (가령, 좌우 세 단어) 가장 많이 발생하는 단어를 찾는 것이다. 그런데 이와 같은 방식으로 연어를 조사하면 가장 높은 빈도를 보이는 단어들은 영어의 the, a, an, is, are와 같은 기능어들이다. 이런 단어들은 중심어와 같이 쓰일 때도 있지만 그렇지 않을 때도 많다. 즉 중심어하고만 특별한 연어 관계를 형성하는 어휘가 아니다. 따라서 연어 관계 분석에서는 중심어와 같이 쓰일 때와 안 쓰일 때의 빈도를 비교하여 중심어와 특별하게 같이 쓰이는 단어만 찾아내는 통계 기법을 사용하였다(Baker 2010:24).

연어 분석에 사용되는 통계 기법은 상호상관지수(Mutual Information: MI), 다이스 상관지수(Dice Coefficient), T 지수(t-score), F 지수(f-score), Z 지수(z-score), 로그-라이클리후드(log-likelihood), 피셔의 정확검정(Fisher's exact test) 등 매우 다양하다. 이들 통계 기법들은 모두 중심어와 연어 간의 실제 발생 빈도와 두 단어 간에 상관관계가 없다고 가정했을 때의 예상 빈도수 간의 차이를 계산하는 방식으로 중심어와 연어 간 상관관계의 강도를 분석하였다. 가령 연어 관계 분석에서 그 동안 가장 많이 사용되었던 MI는 다음과 같은 공식에 의하여 지수가 계산된다(Stubbs 1995:9).

$$I(n,c) = \log 2 \ O/E$$

여기서 n은 node word, c는 collocate을 의미하며 대문자 O는 실발생 빈도(observed frequency) E는 예상 빈도(expected frequency)를 뜻한다. 실발생 빈도와 예상 빈도는 각각 다음 공식에 의하여 구해진다.

$$(O)=f(n,c)/N$$

$$(E)=f(n)/N \times f(c)/N=f(n)f(c)/N^2$$

여기서 f(n,c)는 중심어와 연어가 같이 어울려 발생한 빈도, f(n), f(c)는 각각 독립적으로 발생한 빈도, N은 전체 어휘 수이다. 그런데 MI는 방향성이 없다는 문제(즉 중심어와 연어가 뒤바뀌어도 같은 값이 나온다는 문제) 및 총 어휘 수가 증가할수록 MI지수가 줄어드는 등 신뢰도와 관련된 여러 문제가 지적되었다. 따라서 최근에는 다이스 상관계수, 로그-라이클리후드, 피셔의 정확검정 같은 보다 정밀한 통계 기법이 주목을 받고 있다. 이들 각 통계 기법은 나름대로의 공식이 있는데 이들 공식에 대한 기술적 설명은 본 연구의 범위를 넘어서는 문제라 생략하기로 하였다. 실제 연어 분석에서 통계 계산은 코퍼스 분석 프로그램이 자동적으로 해 주기 때문에 연구자가 일일이 수작업으로 계산하는 일은 없다.

3.4. 코퍼스 분석 프로그램

본 연구에서는 코퍼스 분석 프로그램으로 워드스미스(WordSmith Tools) 버전 6(Scott 2014)을 사용하였다. 워드스미스는 코퍼스 분석을 위하여 가장 많이 사용되고 있는 상용 프로그램이다.

워드스미스는 기본적으로 〈그림 3-2〉에서 보듯이 콘코드(Concord), 키워즈(Keywords), 워드리스트(Wordlist) 등 세 가지 하위 도구로 구성된다. 콘코드는 앞서 소개한 바 있지만 검색어를 중심으로 좌우에 텍스

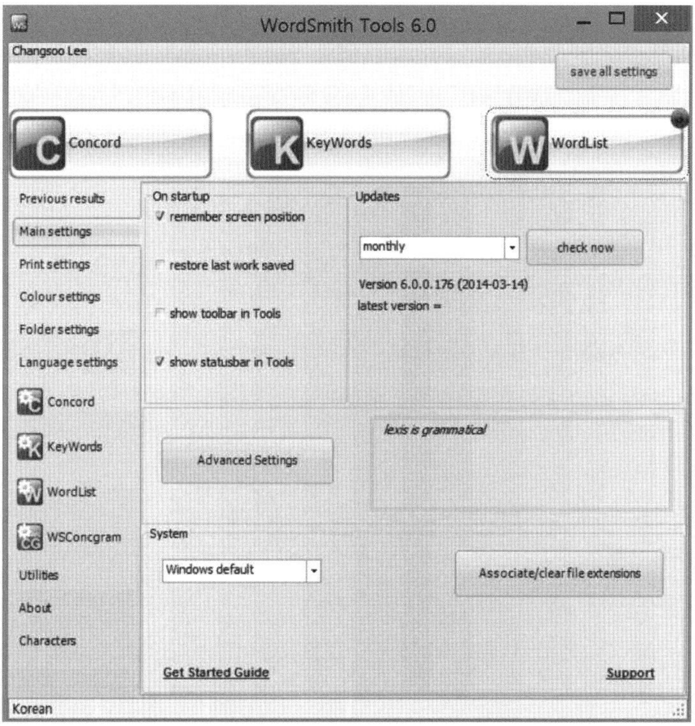

〈그림 3-2〉 워드스미스 메인 화면

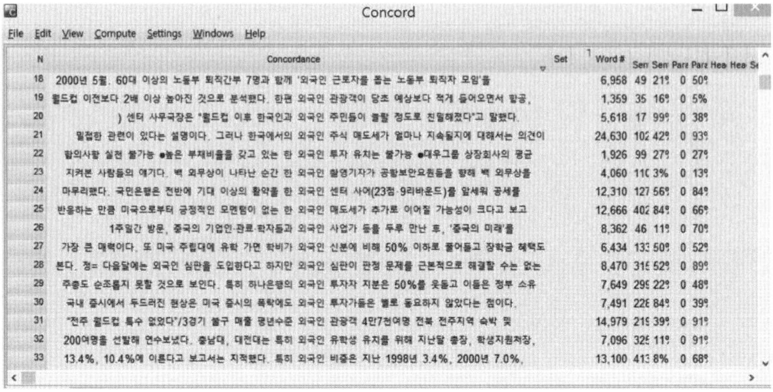

〈그림 3-3〉 워드스미스 콘코드 실행 화면

트를 보여 주는 콘코던스 생성 프로그램이다(〈그림 3-3〉). 키워즈는 앞 절에서 소개한 방식으로 키워드 목록을 생성해 주는 도구이며, 워드리스트는 말 그대로 해당 코퍼스에 포함된 어휘를 발생 빈도별로 찾아 목록을 생성하는 도구이다. 본 사례연구에서 분석할 키워드 분석은 키워즈 도구를 사용할 것이며 연어 관계 분석은 워드 리스트나 키워드 목록에서 나타난 핵심 단어를 콘코드에 연동시켜 분석하는 방식으로 진행될 것이다. 자세한 절차는 각 사례 분석별로 설명하기로 한다.

3.5. 데이터 분석 (1)—키워드 분석

본 절에서는 앞서 설명한 일간지 사설 코퍼스를 분석 코퍼스로 사용하여 해당 코퍼스의 키워드를 분석해 본다. 키워드를 분석하는 목적은 두 가지이다. 첫째 사설에서 '외국인'이란 분석 핵심어와 관련하여 어떤 문제를 가장 중요하게 다루는지를 분석해 보는 것이다. 둘째는 키워드 중 인종차별적 요소가 있다고 생각되는 어휘를 선별하여 집중 분석하는 것이다.

워드스미스를 사용하여 키워드를 분석하는 방법은 다음의 2단계 과정을 거친다.

(1) 워드스미스의 워드리스트 기능을 사용하여 분석 코퍼스와 참조 코퍼스의 어휘 목록을 각각 생성한다.

(2) 1단계에서 생성한 양 코퍼스의 어휘 목록을 키워즈 기능에 탑재하여 키워드를 생성한다.

이와 같은 과정을 거쳐서 생성한 분석 코퍼스의 상위 30개 키워드 목록은 〈그림 3-4〉와 같다. 이 목록의 키워드 순위는 그림 맨 오른쪽에 있는 키값(Keyness)이 가장 높은 순서대로 정해진다. 워드스미스에서는 3.3절에서 설명한 방식대로 분석 코퍼스와 참조 코퍼스 간의 발생 빈도를 비교하여 통계치를 계산하는데 카이스퀘어와 로그-라이클리후드 검정 중 하나를 선택할 수 있다. 〈그림 3-4〉의 키워드 목록은 후자 통계검정을 사용하였다. 여기서 키값은 앞서 설명하였듯이 로그-라이클리후드 통계에서 계산되는 G2값을 의미한다(Scott 2014:228).

〈그림 3-4〉의 키워드 목록은 신문이란 장르를 대표하는 참조 코퍼스와 비교하여 분석 코퍼스에서 특징적으로 많이 발생하는 어휘(어절)로 구성되어 있다. 이 목록을 살펴보면 우선 사설을 검색할 때 사용하였던 '외국인', '이주노동자', '다문화'와 같은 검색어들이 포함되어 있다. 이런 어휘들이 키워드로 등장한 것은 너무 당연하므로 특별히 주목할 것이 못 된다.

이들 어휘를 제외하면 다음으로 '국제결혼(이)', '고용허가제(를/가)',

N	Key word	freq. in	%	Texts	freq. in 세종	RC. %	Keyness	P
1	외국인	609	1.07	1	380	0.02	3,057.08	0.0000000000
2	다문화	153	0.27	1	0		1,092.45	0.0000000000
3	한다	489	0.86	1	3,913	0.20	645.81	0.0000000000
4	이주노동자	89	0.16	1	5		596.60	0.0000000000
5	국제결혼	75	0.13	1	2		516.98	0.0000000000
6	불법체류	80	0.14	1	10		508.90	0.0000000000
7	고용허가제	66	0.12	1	0		471.15	0.0000000000
8	이주	75	0.13	1	16		451.70	0.0000000000
9	인권	73	0.13	1	32		393.84	0.0000000000
10	체류	70	0.12	1	27		386.53	0.0000000000
11	불법체류자	54	0.09	1	0		385.48	0.0000000000
12	베트남	84	0.15	1	87		367.64	0.0000000000
13	노동자	76	0.13	1	61		357.76	0.0000000000
14	미등록	50	0.09	1	0		356.92	0.0000000000
15	불법	89	0.16	1	155		324.05	0.0000000000
16	사회의	84	0.15	1	137		313.96	0.0000000000
17	우리	232	0.41	1	1,988	0.10	283.31	0.0000000000
18	다문화가정	33	0.06	1	0		235.56	0.0000000000
19	결혼	56	0.10	1	71		229.53	0.0000000000
20	대한	318	0.56	1	4,148	0.21	214.40	0.0000000000
21	고용허가제가	29	0.05	1	0		207.00	0.0000000000
22	고용허가제를	30	0.05	1	1		205.36	0.0000000000
23	산업연수생	33	0.06	1	7		198.86	0.0000000000
24	사회적	67	0.12	1	194		192.05	0.0000000000
25	일이다	80	0.14	1	337	0.02	182.63	0.0000000000
26	근로자	40	0.07	1	37		181.02	0.0000000000
27	단속	40	0.07	1	41		175.60	0.0000000000
28	것이다	270	0.47	1	3,598	0.18	175.16	0.0000000000
29	국제결혼이	24	0.04	1	0		171.31	0.0000000000
30	외국인에	31	0.05	1	12		171.05	0.0000000000

〈그림 3-4〉 워드스미스를 사용한 키워드 목록 생성 화면

'베트남', '산업연수생' 등 제도, 국가, 그룹 명칭이 눈에 띈다. 이들은 '외국인', '이주노동자', '다문화'와 같은 검색어와 관련하여 국내 일간지 사설들이 상대적으로 어떤 주제의 문제를 많이 다뤘는가를 시사하는 어휘이다. 크게 보면 두 가지 주제로 나눌 수 있다. 첫째는 베트남 같은 동남아 여성들과 국내 남성들 간의 국제결혼 및 이를 통한

다문화가정 형성 문제이다. 둘째는 해외 노동자의 국내 취업 문제이다.

이 두 문제는 한국 사회의 인구 및 취업구조와 관련이 있다. 국제결혼은 농어촌에 미혼 여성들이 부족하여 농어촌 거주 미혼 한국인 남성들이 결혼할 여성 상대를 구하지 못하는 인구학적 문제와 관련 있다. 이런 상황에서 농어촌 미혼 남성들의 결혼 상대로 동남아 여성들이 부각되었다. 동아일보 2011년 5월 11일자(14면) '농어촌 총각 작년 3명 중 1명 국제결혼'이란 제목의 기사에서 보듯이 이제는 농어촌에서 국제결혼은 일상적이 일이 되었다. 그러나 이와 같은 국제결혼의 급증은 여러 사회 문제를 야기했다. 결혼 후 결혼이민여성들이 한국 생활에 적응하지 못하고 가출하거나 이혼하는 사례가 빈번해졌다. 경상남도가 2012년에 과거 3년간의 결혼이민여성들의 실태를 조사한 결과 14%가 가출하거나 이혼한 것으로 나타났다.[1] 또한 이들 여성과 한국인 남성이 형성한 소위 '다문화가정' 출신 학생들이 급증하면서 이들이 학교에서 겪는 왕따, 차별, 폭력 등의 사회문제가 불거졌다.[2] 분석 코퍼스에서 '국제결혼'이란 용어가 키워드로 등장한 것은 이와 같은 사회 문제에 대한 신문사의 관심 표명을 반영하는 것이라고 할 수 있다.

둘째, '고용허가제'와 '산업연수생'이 키워드로 등장한 것은 국내 노동인력 공급 구조와 관련 있다. 90년대 초 소위 3D 일자리에 대한 기피 현상으로 노동력 확보에 애를 먹던 국내 생산 현장의 문제 해결을 위하여 '산업연수생'이란 제도를 도입하였다. 정확히는 1993년 염색·도금·열처리·기계 분야에서 산업연수생이란 명목으로 1만 명의 동남아 해외 노동자를 '수입'한 것이 그 시초이다.[3] 여러 폐단 때문에

1) 경향신문 2012년 1월 20일, '경남 결혼이민여성 14% 이혼, 가출'.
2) 재민일보 2012년 3월 19일, '다문화가정 학생 교육지원 시스템 시급'.

이 제도가 2004년 8월 '고용허가제'로 바뀌게 되었는데 새로운 제도의 도입과 관련하여 사회적으로 많은 논쟁이 벌어졌다. 분석 코퍼스에서 '고용허가제', '산업연수생'이란 제도와 관련된 용어가 키워드로 등장한 것은 이와 같은 사회구조 및 논쟁을 반영한 것이라고 할 수 있다.

다음으로 '미등록', '불법체류자', '불법', '단속' 등의 키워드가 있다. 이를 보면 사설 코퍼스에서 외국인 노동자의 불법 체류 및 이에 대한 정부의 단속을 중요한 이슈로 다루고 있음을 알 수 있다. 이투데이 인터넷 뉴스신문의 2013년 6월 10일자 "국내 체류 외국인 150만 명 돌파"란 제목의 기사를 보면 법무부와 출입국외국인정책본부의 집계를 인용하여 외국인 불법체류자의 수를 179,516명으로 보도하고 있다. 국내 체류 외국인 중 10% 이상이 불법 신분으로 체류하고 있다는 뜻이다. 따라서 국내 일간지 사설에서 이런 문제에 관심을 보이는 것은 당연해 보인다. 이 중 '불법'이란 키워드의 의미에 대해서는 다음 절의 연어 관계 분석에서 좀 더 언급하기로 한다.

키워드 목록에서 마지막으로 눈에 띄는 것은 17번의 '우리'란 단어이다. '우리'는 사설의 저자(또는 신문사 구성원)를 포함한 특정 집단을 가리키는 지시어이다. '우리'란 지시어와 관련하여 앞서 인종차별의 가장 핵심적인 요소 중의 하나로 생물학적 특징을 기준으로 사회 구성원을 '우리'와 '그들'로 양분하는 것이라는 반 데이크(Van Dijk 2002: 147)의 설명을 인용한 바 있다. 따라서 사설에서 사용되는 '우리'란 지시어가 무의식중에 한국 사회의 구성원을 토종 한국인과 타인종 한국인을 구별하는 용어로 사용되고 있지 않은지를 분석할 필요가 있다(〈그림 3-5〉).

'외국인' 및 '다문화가정' 문제를 다룬 사설에서 '우리'란 지시어가

3) 국민일보 2014년 3월 31일, '외국인정책 변천사… 90년대 외국인 노동력 수입, 불법체류 문제 대두'.

〈그림 3-5〉 사설 코퍼스 '우리' 콘코던스 생성 화면

가리키는 집단은 두 가지로 상정해 볼 수 있다. 첫째는 인종적 배경을 염두에 두지 않고 이주 노동자와 다문화가정 등을 포함하여 한국사회를 구성하고 있는 사람 모두를 지칭할 때이다. 이 때는 '포함적 우리'에 해당한다. 둘째는 외국 국적 출신의 한국민을 제외한 소위 토종 한국인으로만 구성된 집단을 지칭할 때이다. 이 때는 '배타적 우리'가 된다(Fairclough 2001:133). 그렇다면 실제 사설에서 가리키는 '우리'는 포함적으로 쓰였을까 아니면 배타적으로 쓰였을까?

이 의문점을 캐 보기 위하여 '우리*'를 검색어로 하여 사설 코퍼스에서 콘코던스를 생성해 보았다. 여기서 와일드카드라고 불리는 '*' 문자는 '우리'뿐만 아니라 '우리가', '우리의', '우리는' 등 각종 조사가 붙은 것까지 모두 검색하기 위한 용도이다. 검색 결과 '우리*'는 〈그림 3-6〉에서 보듯 총 487번 발생하였다. 콘코던스 화면에서 검색어

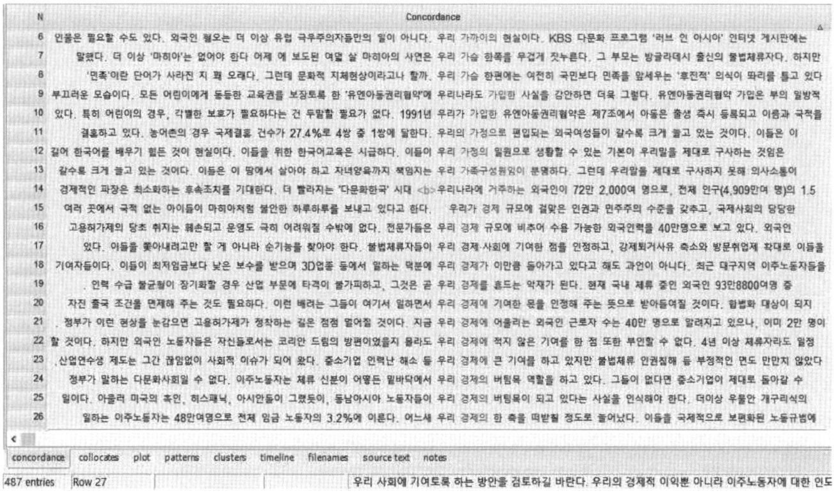

〈그림 3-6〉 사설 코퍼스 '우리*' 콘코던스 생성 화면

를 중심으로 좌우의 코텍스트를 살펴보면 '우리'란 지시어가 포함적으로 쓰인 것과 배타적으로 쓰인 것이 다 존재함을 알 수 있다. 먼저 포함적 의미로 쓰인 것을 살펴보자. 〈그림 3-7〉에서 13번째가 여기에 해당한다.

예문 (23)

> 이 땅에서 살아야 하고 자녀양육까지 책임지는 <u>우리</u> 가족구성원임이 분명하다.

예문 (23)을 보면 어떤 대상을 '우리' 구성원으로 인정하는 내용을 담고 있다. 이 문장만으로는 주어가 생략되어 있어 그 대상이 누구인지 알 수 없다. 따라서 원래 사설의 앞뒤 문장을 확인할 필요가 있다.

이 때 워드스미스에서는 해당 콘코던스 라인을 두 번 클릭하면 원래 텍스트(source tex)를 불러들일 수 있다. 이와 같은 방식으로 불러 낸 예문 (24)을 검토해 보자.

예문 (24)

> **우리**의 가정으로 편입되는 외국여성들이 갈수록 크게 늘고 있는 것이다. 이들은 이 땅에서 살아야 하고 자녀양육까지 책임지는 **우리** 가족구성원임이 분명하다. 그런데 **우리**말을 제대로 구사하지 못해 의사소통이 원활치 못하다면 이들이 겪는 어려움과 고초는 클 것이다.

(경향신문 2006-03-28 31면, "이주여성 한국어 교육 대책 시급하다")

예문 (24)에서 '우리'란 지시어는 세 번 등장한다. 첫 번째는 '외국 여성'이 '우리의 가정'으로 편입되고 있다고 해서 '우리'와 우리 안으로 들어오는 '외국 여성'이 나뉘어 있다. 즉, 이 때 '우리'는 배타적이다. 그러나 다음 문장에서 이들을 '우리 구성원'으로 정의하면서 '외국 여성'을 포함적으로 지시하고 있다. 그 다음 문장에 나오는 '우리말'에서 우리는 '외국 여성'이 '우리' 일원으로 제대로 구사할 줄 알아야 하는 언어를 지시하므로 역시 포함적 의미를 띠고 있다. 따라서 처음에는 '우리'가 배타적으로 쓰였지만 이 사설은 기본적으로 이주 외국 여성을 '우리'란 집단 안에 포함한 포함적 시각에서 쓰인 것을 알 수 있다.

예문 (25)

> 그런데 문화적 지체현상이라고나 할까. **우리** 가슴 한편에는 여전

히 국민보다 민족을 앞세우는 '후진적' 의식이 똬리를 틀고 있다.

이번에는 '우리'를 배타적 의미로 쓴 사례를 살펴보자. 〈그림 3-6〉에서 8번이 여기에 해당한다. 예문 (25)를 보면 이 문장에서 '우리'는 '국민' 및 '민족'과 동일시되고 있다. '우리'가 '민족'이란 의식에 사로잡혀 있다는 표현을 볼 때 여기서 말하는 '민족'은 소위 '단일 민족'의 혈통을 이어 받은 토종 한국인을 지시하는 것이 분명하다. 따라서 이 문장에서 '우리'는 이주 외국인을 제외하는 배타적 의미를 띠고 있다. 이를 좀 더 명확히 확인하기 위하여 해당 문장을 중심으로 코텍스트를 확장시켜 살펴보자.

예문 (26)[4]

<u>우리</u>는 외국인 이민자가 경찰관으로 임용되고, 귀화 외국인이 공기업 사장이 되고, 이주 여성이 국회의원이 되는 변화한 시대에 살고 있다. (…) **<u>우리</u>** 가슴 한편에는 여전히 국민보다 민족을 앞세우는 '후진적' 의식이 똬리를 틀고 있다.

(서울신문 사설 2012-04-16 31면, "외국인 혐오 무차별 확산 경계해야")

예문 (26)을 보면 '우리'란 지시어가 두 번 등장한다. 첫 번째 '우리'가 발생하는 문장을 읽어 보면 '우리'가 살고 있는 시대는 '외국인 이민자'와 '귀화 외국인'이 사회에서 주요한 역할을 맡고 있는 시대라는 명제를 담고 있다. 즉 '우리'라는 집단이 있는데 그 안에 외국인 이민자와 귀화 외국인이 들어와 있다는 뜻이다. 따라서 여기에서 '우

4) 인용된 신문 기사의 저작권 보호를 위하여 원문 인용을 최소화하고 부분 생략하였다.

리'는 이들 외국 국적 출신을 받아들이는 입장에 있는 토종 한국인을 지칭하는 것으로 분석된다. 따라서 그 의미는 배타적이다. 두 번째 '우리'는 콘코던스에서 검색된 것으로 '우리'가 민족을 내세우니까 인종적으로 '단일 민족'에 포함되지 않는 외국 출신 국민은 제외된 것이 분명하다. 그 다음 문장은 '우리'라는 집단 안에 '이주 외국인'에 대해 피해 의식이 있는 부류가 있다는 명제를 담고 있다. 즉 '우리'로 지시된 토종 한국인 집단 중에 그런 태도를 가지고 있는 부류가 있다는 뜻이다. 따라서 이 사설은 토종 한국인과 외국 출신 한국인을 양분하여 '우리' 대 '그들'이란 관점에서 써진 것임을 알 수 있다.

검색된 487건의 '우리*'에 대하여 위와 같이 사용 맥락을 일일이 조사하여 '우리'의 의미를 가려내는 것이 물리적으로 힘들기 때문에 검색 순위로 50건을 선별하여 '우리'의 의미를 분석해 보았다. 이는 전체 발생 건수의 10%에 해당한다. 분석에선 '유엔 아동권리협약에 우리도 가입했다'와 같이 '우리'가 국내 거주 외국인 또는 이주 외국인과 관련하여 사용되지 않은 경우와 판단이 애매한 경우를 제외한 31건을 표본으로 조사하였다. 그 결과 '우리'가 배타적으로 사용된 사례가 27건, 비율로는 87%에 달했다. 이는 이주 외국인이나 다문화 구성원을 언급하는 우리나라 일간지 사설의 대부분이 이들을 '그들'로 보는 배타적 '우리'의 관점에서 써진 것임을 보여 준다.

예문 (27)

> 그러나 단일민족 국가라는 자부심에 차 있는 **우리** 국민의 정서로 볼 때 다문화 사회가 쉽게 받아들여지지 않는 것이 사실이다.

(서울신문 사설 2011-10-15 27면, "다문화사회 외치며 피부색 차별은 또 뭔가")

'우리'가 배타적으로 사용된 예를 좀 더 들어보자. 예문 (27)에서는 '우리 국민'을 '단일민족'과 연결함으로써 여기서 지칭하는 '우리'의 범위에는 이주 외국인이 제외됨을 알 수 있다.

예문 (28)

우리 국토 안에도 100만 명에 이르는 외국인이 우리 국민과 어울려 살아간다.

(동아일보 사설 2012-04-16 31면, "'이자스민 때리기' 부끄러운 짓이다")

예문 (28)에서는 '외국인'과 '우리 국민'이 어울려 살고 있다고 해서 '우리'는 '외국인'을 제외하는 배타적 의미로 쓰였다. 이런 이분법 구도 하에서 다음 문장에서 '코리안'에 의하여 배척당하는 '외국계 한국인'을 언급하고 있어서 이들 외국계 한국인은 '우리 국민'과 분리된 집단으로 보고 있다.

예문 (29)

'한국정부에 드리는 공동건의문'에서 이들은 먼저 "(…)"고 건의했다. 이주민들에게도 우리 국민과 똑같이 보편적 권리를 인정해야 함을 강조한 것이다.

(한겨레 사설 2007-11-07, "오죽하면 재독 동포들이 나섰을까")

예문 (29)는 재독 동포들의 건의문을 인용하면서 '이주민'과 '우리 국민'을 대비함으로써 '우리'는 이주 외국인을 제외하는 지시어로 쓰였음을 알 수 있다.

예문 (30)

> 서유럽이나 미주 사회에 사는 <u>우리</u> 동포들이 현지에서 피부색이나 불안한 신분 등으로 차별받는 사례가 소개될 때마다 흥분하면서도, 우리 곁의 이주노동자들에 대해선 제대로 역지사지의 태도를 갖지 못하는 경우가 많다.

(한겨레 사설 2013-05-10, "더 이상 '마히아'는 없어야 한다")

예문 (30)에서는 '이주 노동자'들이 '우리' 곁에 있다고 언급하였다. 여기에서 말하는 '이주 노동자'들 중에는 한국 국적을 취득한 사람들도 포함되었을 것이므로 이들과 대비하는 의미로 사용된 '우리'는 토종 한국인만을 지칭하는 배타적 의미로 읽힌다.

지금까지의 분석 결과를 정리하면 국내 일간지 사설에서 사용되는 '우리'라는 지시어는 대부분 한국 국적을 가진 외국계 한국인을 포함한 국내 거주 외국인과 인종적으로 대비되는 토종 한국인을 일컫는 배타적 의미로 사용되고 있음을 알 수 있다. 즉 국내 일간지 사설은 토종 한국인의 시각에서 '우리'를 설정하고 있으며, 이런 관점에서 외국인은 '그들'로 규정된다. 이런 구도를 확대해석하면 국내 일간지는 자신들의 독자층에서 외국계 한국인을 배제하고 있다고도 볼 수 있다. 다시 말하면 국내 일간지 사설을 작성하는 언론인이 글을 쓸 때 떠올리는 대상 독자는 자신과 인종적으로 일치하는 토종 한국인이며 무의식중에 자신과 이런 토종 한국인 독자를 '우리'로 묶어 외국인인 '그들'과 분리하고 있다.

이와 같은 발견이 놀라운 것은 '우리'를 배타적 의미로 사용하는 사설들이 내용 면에선 대부분 국내 거주 외국인의 인권 보호와 그들에 대한 차별 철폐를 주장하고 있다는 점이다. 내용 면에선 인종차별

반대를 외치지만 글의 밑바탕에는 인종적으로 토종 한국인과 비토종 한국인을 분리하는 무의식이 존재하며, 그런 무의식이 배타적 의미로 사용된 '우리'란 지시어를 통해 담화에 표출되고 있다.

사설 속의 배타적 '우리'의 의미를 한국 국적을 가진 외국계 한국인의 시각에서 바라보자. 그는 한국 신문에서 배타적 '우리'를 접할 때마다 자신이 그 집단 안에 속하지 않음을 느낄 것이다. 언론에서 '우리 사회'라고 할 때 이 외국계 한국인은 자신이 그 사회에 속하지 않음을 느낄 것이다. 언론에서 사용하는 배타적 '우리'는 외국계 한국인들로 하여금 소외감을 느끼고 토종 한국인들이 세워 놓은 한국 사회의 높은 울타리의 존재를 다시금 실감할 것이다. 다수 인종이 그들이 사용하는 언어에 의하여 소수 인종이 이와 같은 소외감과 좌절감을 느낄 때 그런 언어 사용을 인종차별적 담화라고 한다.

앞서 반 데이크(Van Dijk 2002:150; 2004:351-132)가 인종차별적 담화의 발전 과정을 세 가지 단계로 나눈 것을 설명한 바 있다. 첫째 단계는 사회 구성원을 '우리'와 '그들'로 이분하는 담화 주제의 선택이며, 둘째는 좀 더 적극적으로 '그들'의 행위를 '우리'가 세워 놓은 기준과 맞지 않는 이탈적인 것으로 규정하는 것이며, 마지막은 '그들'을 '우리'에 대한 위협으로 묘사하는 것이다. 국내 일간지가 배타적 의미의 '우리'를 사용하는 것은 첫 단계의 인종차별적 담화에 해당한다.

첫째 단계라고 해서 심각한 문제가 아니라는 뜻은 아니다. 언론은 대중의 가치와 태도 형성에 막강한 영향력을 행사한다. 이와 같은 미디어 권력을 페어클러프(Fairclough 1989:54)는 다음과 같이 설명하였다.

> The hidden power of media discourse and the capacity of the capitalist class and other power-holders to exercise this power depend

> on systematic tendencies in news reporting and other media activities. A single text on its own is quite insignificant: the effects of media power are cumulative, working through the repetition of particular ways of handling causality and agency, particular ways of positioning the reader, and so forth. Thus through the way it positions readers, for instance, media discourse is able to exercise a pervasive and powerful influence in social reproduction because of the very scale of the modern mass media and the extremely high level of exposure of whole populations to a relatively homogeneous output.

즉 개별 텍스트(즉, 기사나 사설)에서의 인종차별적 언어 사용은 중요하지 않을 수 있지만 미디어 권력의 효과는 축적된다는 것이다. 배타적 '우리'를 반복적으로 사용하듯이, 독자들로 하여금 특정한 시각이나 관점에서 문제를 보도록 유도하는 언어 사용을 반복할 때 사회 구성원의 의식에 미치는 영향은 막대하다는 말이다. 이와 같은 관점에서 볼 때 한국 신문 사설에서 배타적 '우리'를 반복적으로 사용하는 것은 '우리'라는 내집단(in-group)에 속한 토종 한국인 독자들로 하여금 국내 거주 외국인을 무의식적으로 '우리'와 다른 '그들'로 인식케 하는 영향을 끼칠 수 있다.

국내 일간지에서 '우리 사회', '우리 국민', '우리 경제'와 같이 한국이란 집단을 '우리'로 부르는 것은 매우 오래된 담화 관습이다. 이와 같은 언어 사용이 한국 사회에 외국 이주민이 거의 없던 과거에는 큰 문제가 되지 않았다. 그 당시 한국 사회에는 '우리'로 묶인 토종 한국인이 사회 구성원의 거의 전부였다. 따라서 우리'라고 했을 때 여기서 배제되는 사람은 극소수였기 때문에 배타적 의미가 매우 희박했다. 그러나 국내 거주 외국인의 수가 150만 명에 달하는 오늘의 한국 사회구조에서 토종 한국인을 지칭하는 '우리'는 이들을 제외하는 분명한 배타적 의미를 띤다. 그럼에도 불구하고 언론에서 인종 분리의 의미가 있는 배타적 '우리'를 계속 사용하는 것은 언론 의식이 시대 변화를 따라가지 못하고 있음을 보여 준다.

3.6. 데이터 분석 (2)—'외국인' 관련 연어 관계 분석

본 절에서는 사설 코퍼스에서 '외국인'에 초점을 맞춰 이와 가장 빈번하게 어울려 발생하는 연어를 분석해 보기로 한다.

〈그림 3-7〉은 워드스미스에서 '외국인*'을 중심어로 연어 목록을 생성한 화면으로 상위 빈도수 30개 연어가 나열되어 있다. 연어 관계 분석은 중심어(우리의 경우는 '외국인*')를 기준으로 보통 좌우 3~5단어 범위 안에서 발생하는 단어 또는 어절들의 발생 빈도로 분석하였다. 〈그림 3-7〉에서 Center가 '외국인' 중심어가 위치한 자리이고 양 옆으로 5어절 구간 내에서 발생하는 어절들이 맨 왼쪽 열에 관계지수(Relational) 및 발생 빈도수(Total)와 함께 나열되어 있다. 연어 관계 분석에선 3.3절에서 설명한 대로 로그—라이클리후드란 통계에서 얻어진 관계지수값을 중심으로 순위를 매기는 것이 보통이다. 관계지수가 높다는 것은 연어가 중심어와 배타적인 연어 관계를 형성하는 강도가 그만큼 크다는 의미이다.[5)]

〈그림 3-7〉의 연어 목록에 나온 단어들은 표제화(lemmatization)된 결과이다. 표제화란 기본 단어에 조사(접미사)가 붙거나 시제나 수에

5) 그러나 상기 목록에서 관계지수 대신 일반적인 발생빈도를 위주로 수위를 매겼다. 그 이유는 한국어 특유의 조사와 띄어쓰기 문제 때문에 모든 단어에 대한 신뢰할 관계지수를 얻기 어렵기 때문이다.

N	Word	With	Relation	Texts	Total	Total L	Total R	L5	L4	L3	L2	L1	Centre	R1
1	외국인	(외국인*)	7,367.9	1	894	47	51	16	13	11	7		796	1
2	노동자	(외국인*)	290.338	1	178	13	165	4	2	3	2	2		150
3	근로자	(외국인*)	331.768	1	123	7	116	3	1		3			110
4	한다	(외국인*)	444.160	1	101	81	20	13	13	17	13	25		
5	대한	(외국인*)	479.608	1	93	17	76	7	3	5	2			35
6	고용허가제	(외국인*)	210.759	1	85	30	55	5	3	11	6	5		38
7	있다	(외국인*)	277.181	1	79	60	19	12	13	8	12	15		
8	국내	(외국인*)	378.517	1	58	35	23	2	2	2	25	4		5
9	것이다	(외국인*)	249.122	1	57	50	7	2	11	9	17	11		
10	인권	(외국인*)	63.683	1	53	9	44	3	3	2	1			9
11	불법체류	(외국인*)	293.566	1	44	36	8	1	2		1	32		2
12	체류	(외국인*)	280.871	1	41	33	8	2	1		6	24		
13	수	(외국인*)	104.641	1	38	23	15	7	4	5	7			
14	등	(외국인*)	120.933	1	33	13	20	3	2	3		5		1
15	우리	(외국인*)	110.306	1	32	18	14	6	3	2	7			3
16	할	(외국인*)	126.495	1	31	24	7	4	4	8	8			1
17	중	(외국인*)	173.660	1	31	13	18			7	5	1		1
18	범죄	(외국인*)	106.626	1	31	7	24	2	2	1	1	1		19
19	있는	(외국인*)	82.460	1	27	17	10	2	1	3	5	6		
20	이	(외국인*)	80.076	1	26	20	6	4	5	2	9			
21	없다	(외국인*)	86.822	1	25	21	4	2	3	3	2	11		
22	것은	(외국인*)	77.029	1	25	17	8	6	4	1	2	4		
23	더	(외국인*)	106.382	1	25	10	15	4	3	2	1			3
24	불법	(외국인*)	123.751	1	25	15	10	1	2	2	9	1		2
25	현재	(외국인*)	155.736	1	24	17	7		4	3	3	7		
26	가운데	(외국인*)	112.954	1	21	9	12			2	3	4		1
27	한	(외국인*)	65.927	1	20	12	8	3	2	1	4	2		
28	제도	(외국인*)	5.196	1	20	9	11	2	1	2	3	1		
29	정부가	(외국인*)	94.164	1	20	14	6	2	1	7	2	2		1
30	다문화	(외국인*)	50.992	1	17	9	8	2	1	4	2			1

〈그림 3-7〉 '외국인' 관련 상위 30개 연어

따라 형태가 변화하여 실제는 동일 단어인데 텍스트에서는 여러 형태로 나타날 때 이들 발생 빈도를 기본 표제어로 묶어 계산하는 방식을 뜻한다. 즉 〈그림 3-7〉의 연어 목록에서 '근로자'는 실제로 '근로자'란 단어가 독립적으로 쓰인 것뿐만 아니라, '근로자가', '근로자들을', '근로자에게'와 같이 각종 조사가 붙은 형태의 발생 빈도를 모두 포함한다. 워드스미스에서 표제화는 표제어 목록(lemma list)을 만들어 탑재하면 된다. 그런데 이 목록에 모든 단어를 포함해야 하므로 매우 방대하다. 영어에는 워드스미스에서 표제어 목록을 제공하지만, 한국어에는 기존에 만들어진 표제어 목록이 존재하지 않는다. 이를 수작업으로 만든다는 것은 불가능한 일이므로 본 연구에선 사설에 나오는 핵심 및 주요 단어에 대해서만 표제어 목록을 작성하여 워드스미스에 탑재하였다. 단어에 붙는 조사 외에 한국어에서 신뢰할 수 있는 연어 순위를 얻는 데 걸림돌이 되는 것은 띄어쓰기이다. 우리말에서는 복합 명사의 경우 "인권 조례", "인권조례"와 같이 명사를 붙여 쓰기도 하고 띄어쓰기도 한다. 후자처럼 붙여 쓰면 표제어 목록을 사용한다고 해도 '인권'이란 단어는 검색되지 않는다. 이런 문제를 해결하기 위해선 한국어 텍스트를 형태소에 따라 분류하고 여기서 형태소 태그를 검색에서 제거하는 등 복잡한 작업이 필요하다. 또한 형태소 분류는 단어 위주의 분석이 아니기 때문에 이를 활용하는 데도 한계가 있다. 이와 같은 이유 때문에 실제 단어 발생 빈도에 기초하여 계산되는 관계 지수는 한국어 텍스트에선 순위 매김의 기준으로 사용하기 어렵다. 따라서 1, 2, 3위의 등급별 순위보다는 발생 빈도를 기준으로 상위 30개의 연어를 선택하여 분석해 보기로 하였다.

〈그림 3-7〉의 연어 목록을 보면 '노동자', '근로자', '고용허가제', '신부' 등의 단어들이 주요 연어로 포진되어 있다. 이는 '외국인'이란 중심어가 이런 단어들과 특징적으로 어울려 발생한다는 의미이다. 이들 연어가 '외국인'과 어울려 나타난다는 것은 그리 놀라운 사실이 아니다. 왜냐하면 대부분 '외국인 노동자', '외국인 근로자', '외국인 고용허가제', '외국인 신부'처럼 중심어의 왼쪽에 붙어 마치 한 단어처럼 복합어를 구성하는 단어들이기 때문이다. 따라서 이들 연어는 연구적 관점에서 특별한 의미가 없기 때문에 분석에서 제외하였다.

'국내(에)', '내국인', '거주', '체류'와 같은 단어들도 '외국인'과 어울려 사용되었을 때 특별히 부정적이거나 긍적적인 의미를 부여하지 않는 중립적 어휘들이다. 또한 '한다', '할', '있는', '없다'와 같은 보조동사, '것은', '대한', '중', '가운데', '더', '현재', '수'와 같은 부사어나 의존명사들은 기능어로서 '외국인'과 빈번한 연어 관계를 형성한다고 해서 특별한 의미를 띄지 않는다. 따라서 이런 어휘들도 분석 대상에서 제외하였다.

이렇게 되면 '인권', '불법(체류)', '우리', '범죄'란 네 단어가 남는다. 이 중 '우리'는 앞서 키워드 분석에서 그 의미를 자세하게 분석하였다. 따라서 본 절에서는 '불법', '인권', '범죄' 등 세 가지 연어의 의미를 분석해 보기로 한다.

먼저 '인권'이란 연어를 살펴보자. '외국인' 중심어에 대한 연어로서 '인권'의 발생빈도는 53건이다. 〈그림 3-8〉에서 보듯이 '외국인'과 '인권' 간의 연어 관계는 대부분 '외국인', '외국인 근로자', '외국인 노동자'의 인권과 관련하여 인권 유린 실태를 비판하거나 인권 보호의 중요성을 강조하는 내용이다. 이는 국내 일간지 사설이 그만큼 외국인의 인권에 관심을 보이고 있다는 것으로 긍정적으로 평가할 내용이다.

그러나 각 콘코던스 라인과 그 맥락을 분석해 보면 외국인 인권

N	Concordance
1	것이 현실이다. 그 결과 유엔 인권이사회를 비롯한 국제 인권기구에서 한국내 외국인노동자와 결혼이주자의 인권 문제는 단골 메뉴로 등장해 비판받아 왔다. 그런
2	위험할 수 있는 비인간적인 폭력이다. 속히 폐기해야 할 산업연수생 제도 합법적인 외국인 고용으로 인권침해와 불법체류 등의 문제를 해소하려고 도입된 고용허가제가
3	아무것도 기대할 수 없다. 안산시의 '외국인 인권조례' 주목한다 경기 안산시가 외국인의 권리를 적극 보호하는 대신 의무도 함께 요구하는 조례를 마련하고 있다.
4	국적 동포들에 대한 방문 취업제 도입, 외국인 여성 인권침해 예방 대책, 불법체류 외국인들의 권리를 보호하는 방안, 불법체류 외국인 자녀의 학습권 보호 등이 그렇다.
5	되레 그 숫자를 늘리는 데 기여하고 있는 셈이다. 그렇다고 고용허가제 도입 후 외국인 근로자 인권이 크게 향상된 것도 아니다. 정부가 기업을 상대로 설문조사한
6	또한 송출국 정부가 불필요한 절차를 개선할 수 있도록 협의를 해나갈 필요가 있다. 외국인 근로자 인권이 개선됐다지만 아직 근로조건 등에서는 열악하다.
7	. 법무부 여수출입국사무소 화재로 외국인 수용자들이 불타 숨진 사건에서 보듯이 외국인 근로자 인권 보호와 처우 개선도 시급하다. 혼혈아에 대한 차별은 우리
8	이들의 노동3권을 보장하는 '고용허가제'를 도입했다. '값싼 노동력 활용'과 '외국인 근로자 인권보호' 가운데 후자에 무게를 두기로 한 것이다. 이런 상황에서
9	불안감 속에 버려져 있다. 최소한의 인권조차 제대로 보호받지 못하는 다수 외국인 근로자도 마찬가지다. 국민소득이 아무리 높아져도 이들을 포용하지 못하고는
10	올챙이 적을 잊어버렸단 말인가. 조금 잘살게 됐다고 해서 가난한 나라에서 온 외국인 근로자들을 차별하고 인권을 경시해서는 선진 국민이 되기 어렵다.
11	외국인력를 풀이기 위해 도입된 외국인 고용허가제가 1년을 맞았다. 무엇보다 외국인 근로자들의 인권이 다소나마 개선된 것은 평가할만하다. 외국인력의 체계적
12	. 정부가 기업을 상대로 설문조사한 내용을 보면 인권이 나아진 것으로 나오지만 외국인 근로자들의 체감지수는 사뭇 다르다. 근로계약 위반과 임금체불, 사업장 내
13	똑같이 산재보험,최저임금은 물론 노동관계법의 적용을 받게 한 것이다.그동안 외국인 근로자에 대한 인권경시와 저임금 문제로 국제적 비난을 받아오던 터여서
14	가슴 아픈 일도 있었다.그러나 단속이 흐지부지되어서는 안 된다. 섣부른 동정론은 외국인 근로자에 대한 인권문제를 근본적으로 해결하는 데 결코 도움이 되지 않는다.
15	해소와 권익 침해 방지에도 적극 나서야 한다. 단지 고용허가제를 시행한다고 해서 외국인 근로자에 대한 인권 침해 문제가 모두 해결되는 것은 아니다. 우리에게도
16	세계 앞에 코리아를 부끄럽게 했다. 이번 사고는 우리 사회 전반에 퍼져 있는 외국인 근로자의 인권을 경시하는 태도와 무관하지 않다. 출입국관리사무소 직원들은

〈그림 3-8〉 중심어 '외국인'에 대한 연어 '인권' 콘코던스

보호의 중요성을 강조하는 이면에는 보편적 인본 가치로서의 인권에 대한 순수한 관심보다는 선진국으로 진입 목표나 국가 이미지에 미칠 악영향을 걱정하는 등 자기중심적, 민족주의적 동기가 엿보인다(Kim S. H. 2012:670). 〈그림 3-8〉의 10번 콘코던스 라인을 보면 '외국인 근로자를 차별하고 인권을 경시해서는 선진 국민이 되기 어렵다'는 문장이 있다. 이 말에서 한국 사회의 궁극적 목표는 선진 국민이 되는 것이고 근로자의 차별과 인권 경시는 이와 같은 목표를 이루는 데 걸림돌이 되는 것으로 제시되고 있다. 또 9번 라인도 코텍스를 확대해 보면 예문 (31)과 같은 맥락이 나타난다. 10번 라인과 마찬가지로 궁극적 관심은 '진정한 문명국', '반듯한 선진국'이 되는 것이고 이와 같은 목표를 이루기 위하여 외국인 근로자의 인권을 보호해야 한다는 논리가 드러난다. 즉 외국인 인권보호는 국가적 목표를 이루는 전제 조건으로 표현되고 있다. 게다가 외국인 근로자를 '이들'로 지칭하고 토종 한국인인 우리가 '포용'해야 하는 대상으로 표현함으로써 '우리'와 '그들'을 분리하는 민족 중심적 관점을 드러내고 있다.

예문 (31)

> (…) 다수 외국인 근로자도 마찬가지다. 국민소득이 아무리 높아져도 이들을 포용하지 못하고는 <u>진정한 문명국, 반듯한 선진국이 될 수 없다.</u>

(동아일보 사설 2008-10-04 27면, "단일민족을 넘어 다문화사회를 생각하는 개천절")

국가 이미지를 훼손하기 때문에 외국인 인권을 보호해야 한다는 논리도 자주 언급된다. 가령 예문 (32)를 보면 이주 노동자들에 대한 부당한 대우를 비판하는 내용이지만 그 비판의 근저에는 국익, 국가 이미지, 한국인 이미지에 대한 피해를 걱정하는 민족주의적 사고가 깔려 있다.

예문 (32)

> 한국인들의 이러한 추한 모습은 결국 부메랑이 되어 이미 우리 국익과 국가 이미지에 엄청난 피해와 상처를 입히고 있다. 한국인 관광객이 급증하고 있는 베트남·몽골 등 일부 국가에서는 추한 한국인 이미지가 한류 붐에 부정적 영향을 미치고 있다.

(경향신문 2005-11-23 31면, "'추한 한국인' 언제쯤 없어지려나")

예문 (33)에서도 외국인 노동자 착취는 인권 문제일 뿐만 아니라 국가 이미지를 훼손하는 문제이기도 하다는 논리를 폄으로써 국가 이미지 훼손에 대한 우려를 외국인 인권 보호의 핵심 동기로 명시화하고 있다. 더구나 '한국 관광객의 안전'까지 위협할 수 있다는 위기의식을 드러내고 있는데 여기서 '한국 관광객'은 인종적으로 토종 한국인임이 분명하다. 따라서 '외국인' 대 '토종 한국인'의 인종 분리적 사고와 토종 한국인의 안전을 위해 외국인 노동자를 착취하지 말아야 한다는 자기중심적이며 민족주의적인 사고가 깔려 있다.

예문 (33)

> 외국인 노동자 착취는 인권 문제일 뿐 아니라 국가 이미지를 훼손하고 한국 관광객의 안위까지도 위협할 수 있는 비인간적인 폭력이다.

(국민일보 2005-08-11, "할아버지의 나라는 너무 비정했다")

국가 이미지 훼손에 대한 걱정과 유사한 차원에서 국제적 비난을 외국인 인권 보호의 중요한 동기로 제시하는 사례도 마찬가지이다. 〈그림 3-8〉의 13번 콘코던스 라인의 코텍스트를 확대하면 예문 (34)와 같다. 이 예문을 보면 외국인 근로자에 대한 인권 유린 및 부당한 처우에 대한 국제적 비난을 그와 같은 문제를 해결해야 하는 핵심 이유로 거론하고 있다. 더구나 국제적 비난 때문에 "이들에게 법적지위와 권리를 부여하는 일을 더 이상 거부할 상황이 아니었다"라고 하여 국제적 비난에 밀려 마지못해 인권 보호 조치를 취했다는 시각까지 드러내고 있다. 이에 덧붙여 위에서 언급했던 '선진국의 위상'을 달성하기 위한 목적도 인권 보호 조치의 중요한 동기로 제시하고 있다. 즉 동 사설은 인종과 상관없이 보장되어야 하는 인간 기본권을 강조하는 대신 인권을 국제적 비난을 피하고 선진국 위상을 달성하기 위한 수단으로 보고 있다.

예문 (34)

> 그동안 외국인 근로자에 대한 인권경시와 저임금 문제로 국제적 비난을 받아오던 터여서 이들에게 법적지위와 권리를 부여하는 일을 더 이상 거부할 상황이 아니었다. 따라서 국회가 올가을 중소기업의 인력대란을 피할 수 있게 했다는 점과 아울러 인권선진국으로서의 위상을 확실히 하는 데 기여한 것은 잘한 일이다.

(서울신문 2003-08-01 14면, "민생법안 자유투표 폭 넓혀야")

예문 (35)도 마찬가지다. 정부에 국제결혼의 문제 해결을 촉구하면서 국제적 비난을 사는 일을 방지하는 것을 중요한 이유로 거론하고 있다.

예문 (35)

> 국제결혼 때문에 비극이 이어지고 한국이 국제적 비난을 사는 일이 일어나지 않도록 정부 차원의 대책이 필요하다.

(국민일보 사설 2010-07-12 27면, "베트남 신부의 비극, 누가 연출했나")

국내 일간지 사설에서 외국인 인권 보호를 강조할 때 마다 자기중심적이고 민족주의적인 동기를 공공연히 제시하는 것은 인권 보호를 강조하는 동기의 순수함을 의심케 한다. 겉으로는 외국인 인권 보호를 강조하지만 그 의식의 밑바닥에는 외국인과 인종적으로 분리된 토종 한국인들로 구성된 민족과 사회라는 집단의 이미지와 이익을 중심에 놓고 생각하는 민족 중심적이고 인종차별적인 관점이 있다.

다음에는 '불법(체류)'과 '범죄' 연어의 의미를 분석해 보자. 이 두 연어의 공통점은 둘 다 부정적인 가치가 있다. 어떻게 보면 '불법'과 '범죄'는 의미적으로도 매우 긴밀한 상호연관성이 있어 보인다. 불법적인 것이 범죄이고 범죄가 불법이란 등식이 성립하기 때문이다. 먼저 '불법(체류)' 연어의 특성을 살펴보면 '불법체류'란 연어는 분석 코퍼스에서 총 44번 발생하는데 그중 대부분인 32건이 '외국인'의 바로 왼쪽에 붙어 나타난다. 이 때 중심어인 '외국인'과 '불벌체류'란 연어는 '불법체류 외국인'이란 복합 명사구를 형성한다. 이는 거의 고유명사처럼 사용되는 단어이다. 이와 같은 연어 형태가 코퍼스에서 특징적으로 많이 등장한다는 것은 '불법체류 외국인'의 문제를 사설 코퍼스에서 중요한 주제로 다루고 있다는 것을 보여 준다.

이번엔 '불법'이란 연어를 보자. '불법'은 분석 코퍼스에서 총 25번 발생하는데 좌우 5어절 자리 모두에서 발생하였다. 이 중 '외국인'의 왼쪽 두 번째 자리에서 아홉 번으로 가장 많이 등장하였다. 이 때는 〈그림 3-8〉에서 보듯이 '불법 체류 외국인'이란 명사구의 형태이다. 이것은 '불법체류 외국인'과 띄어쓰기만 다른 동일한 어구이다. 이외에도 '불법'은 〈그림 3-9〉에서 보듯이 전부 '체류(자)'란 단어와 어울려 사용된다. 즉 '불법'이나 '불법체류'이나 '외국인'과 연어 관계를 형성할 때는 '불법 체류 외국인'의 의미로 사용된다는 뜻이다. 이는 앞서 키워드 분석에서 '미등록', '불법체류자', '불법' 등이 키워드로 등장한 것과 같은 맥락에서 이해된다. 즉 분석 코퍼스 내의 사설들은 불법 체류 외국인을 중요한 문제로 다루고 있다는 뜻이다.

국내 일간지 사설이 사회적으로 문제가 되는 이슈에 대해 언급하는 것은 당연한 일이다. 앞서 설명하였듯이 국내 외국인 노동자가 유입 된 것은 1990년대 산업연수생 제도가 실시된 이후이고, 2004년에 외국인 고용허가제로 바뀌게 된 계기로 상당수 외국인 노동자들이 연수기간이 끝나고도 출국하지 않아 불법 체류자가 많이 발생하게 되었다. 이 과정에서 불법 체류자 문제가 사회정치적으로 이슈가 되었

1	침해 사범 등 내국인들도 형사 입건 후 엄중 처벌한다는 것이다. 다음 달 17일부터	외국인 고용허가제가 시행되는데 최근 오히려 불법 체류자는 늘어나고 있어 이 제도의
2	명이 늘어난 110만 명의 외국인이 국내 체류 중이라는 행정안전부 조사결과와, 2050년	외국인이 인구 10명 중 1명이 될 것이라는 국토연구원의 최근 예측은 개방화 추세가
3	축소할 수 없다고 반발하고 있다는 것이다.그런가 하면 불법 체류로 분류된 20여만명의	외국인 근로자의 강제 출국을 둘러 싸고 노동부와 법무부가 다투고 있다.법무부는
4	이번 사태는 우리에게 적잖은 시사점을 안겨준다. 불법 체류자를 포함해 42만명의	외국인 노동자가 3D 업종에서 땀을 쏟으면서도 심한 차별대우에 시달리고 있기
5	증가한 것이다. 여기에 고용허가제,산업연수생,취업관리제 등으로 올해 7만9000명의	외국인이 합법적으로 들어오게 되면 국내 체류 외국인력은 50만명에 육박하게 된다.
6	정착돼야 국내 인력을 구하지 못한 기업에 적정 규모의 외국인 근로자를 고용시켜주는	외국인 고용허가제가 오늘부터 본격 시행된다. 불법 체류 노동자 출국 조치와 재입국
7	내국인을 고용할 경우 인건비를 보조하는 방안도 검토해야 한다. 고용허가제가	외국인 입국을 늘려 불법 체류자가 증가하는 부작용을 초래하지 않도록 출입국관리와
8	남을 수 있어 중소기업 인력대란의 우려도 모면하게 됐다.고용허가제의 도입은 그동안	외국인 불법 체류자를 양산해온 산업연수생제와는 달리 외국인 근로자를 합법적으로
9	1만4524건으로 2.36배 증가했다. 같은 기간 외국인 노동자 수는 1.52배 늘었다.	외국인이 국내 체류 중 범죄를 저지를 가능성도 더욱 높아지고 있다. 형사정책연구원
10	불법 체류자들에게 뚫린다면 법치국가로서의 체면은 물론이요,불법 체류자 단속이나	외국인 고용허가제는 물건너가고 말게 될 것이다. 오는 8월 하순에는 외국인
11	.고용허가제의 도입은 그동안 외국인 불법 체류자를 양산해온 산업연수생제와는 달리	외국인 근로자를 합법적으로 고용하게 됐다는 데 가장 큰 의미가 있다. 불법 체류자의
12	넘쳐나고 중소기업 사장들은 요즘 죽을 맛이다. 체류 기한 만료로 한국을 떠나는	외국인 근로자가 늘지만 빈자리를 메울 방도가 없어서다. 고용센터 앞에 텐트를 치고
13	침해받는 경우가 생기지 않도록 보살피는 배려가 필요함은 물론이다. 툭하면 뚫리는	외국인보호소 화성 외국인보호소에 수용돼 있던 불법 체류 외국인 23명이 집단 탈주했다
14	것은 이미 오래 전이다. 5월 1일 현재 지난해보다 21만 명이 늘어난 110만 명의	외국인이 국내 체류 중이라는 행정안전부 조사결과와, 2050년 외국인이 인구 10명 중
15	납득할 수 있도록 프로그램을 운영하는 것이 바람직할 것이다. 그런 한편으로 불법	외국인 관리 문제는 법에 따라 엄정하게 집행되어야 한다. 보호소가 툭하면 맨손의 불법
16	수 있다고 본다.영세업체들은 임금이 싸다는 이유로 불법 체류 여부를 가리지 않고	외국인 노동자들을 고용하는 것이 아니라 일손이 부족하기 때문에 단속의 위험을
17	의문이려니와 당장 불법 체류자 문제를 해결할 원칙도 혼선을 빚을 수밖에 없다.	외국인 노동자들 가운데 89%가 불법 체류자인 사실은, 그리고 그 노동자들에 대한
18	말 기준 국내 체류 외국인은 126만여명으로 전체 인구의 2%를 넘는다. 체류 유형도	외국인 근로자, 외국국적 동포, 국제결혼이민자, 유학생 등으로 다양화하는 추세다.
19	넓혀야 한다. 대통령 한 마디에 춤추는 이주자 정책 법무부가 농업분야에서 일하는	외국인 노동자에 대해서는 불법 체류 단속을 '탄력적으로' 시행하겠다고 밝혔다. 말이
20	타격이 불가피하고, 그것은 곧 우리 경제를 흔드는 악재가 된다. 현재 국내 체류 중인	외국인 93만8800여명 중 40여만명이 이주노동자로 분류되고 있다. 이들은 어떤

〈그림 3-9〉 중심어 '외국인'에 대한 연어 '불법' 콘코던스

기 때문에 일간지 사설이 이 문제에 관심을 가진 것은 놀랄 일이 아니다. 따라서 사설 코퍼스에서 '외국인'이 '불법(체류자)'와 연어 관계를 형성하는 것은 지극히 당연한 것으로 보인다. 그러나 '불법 체류자'와 '범죄'란 연어가 상호 같이 쓰일 때는 불법 체류자에 대하여 부정적 편견을 불러일으킨다는 점에서 문제가 된다.

〈그림 3-7〉을 보면 '범죄' 연어의 발생 빈도는 총 31건이다. 그러나 목록을 더 내려가면 '범행'이란 연어도 2번 발생하였다. '범죄'와 '범행'은 동의어이므로 '외국인'과 연어 관계에 있는 '범죄'의 실발생 건수는 33건이라고 할 수 있다. 이 중 대다수에 해당하는 19건이 '외국인'의 첫 번째 오른쪽 자리에서 나타나는데, 이것은 두 단어가 '외국인 범죄'란 복합 명사를 형성할 때이다. 이는 국내 사설이 외국인 범죄에 관심이 있으며 이를 쟁점화하고 있다는 것을 뜻한다. 이와 같이 사설에서 '범죄'란 단어가 '외국인'과 중요한 연어 관계를 형성하며 자주 등장하는 것은 해당 신문의 토종 한국인 독자들에게 '외국인'에 대한 부정적 관점을 부추길 잠재적 가능성이 있다.

그렇다면 구체적으로 국내 일간지들은 '외국인 범죄'에 대하여 어떤 시각을 가지고 있을까? 이 문제에 대한 답을 구하기 위하여 워드스미스의 콘코드에서 '외국인*'을 중심어로 하는 연어 '범죄'에 대한 콘코던스를 생성해 보았다. 그리고 각 콘코던스 라인의 코텍스트를 확인하여 '범죄'가 '외국인'을 부정적으로 평가하는 의미로 사용된 사례와 그렇지 않은 사례를 조사하였다. 그리고 각 사례를 〈그림 3-10〉과 〈그림 3-11〉에서 볼 수 있듯이 콘코던스 라인 오른편에 P(부정적이지 않은 것), N(부정적인 것)으로 분류 표기하였다. 또한 '범행' 연어의 두 건도 별도로 조사하였다. 그 결과 총 33건 중 절대 다수인 30(90%)건이 외국인의 범죄를 문제시하는 내용이었다.

No.	Left context	Right context	
1	보도된 한국형사정책연구원 보고서에 의하면 10만명을 기준으로 할 때 국내체류	외국인 범죄건수에서 선진국 출신이 개발도상국 출신보다 많은 것으로 나타났다.	P
2	삼는 꼴이다. 이주노동자들에 대한 단속은 더 심하다. 지난 5월부터는 경찰의	외국인 범죄 일제단속이, 6월에는 법무부의 미등록 이주노동자 단속이 시작됐다.	P
3	근거가 약하며 부당하게 범죄의 피해자가 되는 경우가 더 많다. 실제로 국내 거주	외국인의 범죄 발생 비율은 내국인의 범죄 발생 비율보다 낮다. 범죄 건수와 증가율의	P

〈그림 3-10〉 중심어 '외국인'에 대한 연어 '범죄' 콘코던스–부정적 맥락이 아닌 경우

No.	Left context	Right context	
15	다잡아야 CCTV에 잡힌 외국인의 범행 장면이 일반에 방영되는 사례가 늘고 있다.	외국인 범죄 증가에 따른 현상이지만 범죄와 무관한 국내 외국인에 대한 이미지에도	P
16	근거가 약하며 부당하게 범죄의 피해자가 되는 경우가 더 많다. 실제로 국내 거주	외국인의 범죄 발생 비율은 내국인의 범죄 발생 비율보다 낮다. 범죄 건수와 증가율의	P
17	목전의 이익이 될지 모르지만 사회 전체로 볼 때는 결코 이득이 아니다. 경찰의	외국인 범죄에 대한 대응에도 문제가 있다. 우선 외사조정관은 전국적으로 서울	N
18	보도). 국내 체류 외국인은 2007년 8월에 이미 100만명을 돌파했다. 이에 따라	외국인 범죄가 늘어나는 것은 당연한 추세일 수도 있다. 최근에 나타나는 특징적인	N
19	노임 착취를 예방하는 것은 물론 장기 체류에 따른 범죄를 줄이는 효과도 기대된다.	외국인 근로자에게 정당한 대우를 보장해줌으로써 반한(反韓)감정을 줄이고 인권	N
20	절대 다수다. 범죄율도 내국인보다 2배나 높다. 특히 살인 강도 등 강력 범죄가 다른	외국인 노동자들보다 많다. 그들이 저지르는 범죄의 이면에는 우리사회 곳곳에서	N
21	한다. 방지할 단계를 넘어선 만큼 문제의 근원을 차단할 특단의 대책이 요구된다.	외국인에 대한 관리부실이 외국인 범죄를 부추겼다는 전문가들의 지적에 귀 기울여야	N
22	입국 때 지문날인하는 제도를 폐지한 것은 대표적 사례다. 하지만 이 조치가	외국인 관리에 구멍으로 작용하면서 외국인 범죄 예방과 해결에 장애가 되고 있다.	N
23	1만4524건으로 2.36배 증가했다. 같은 기간 외국인 노동자 수는 1.52배 늘었다.	외국인이 국내 체류 중 범죄를 저지를 가능성도 더욱 높아지고 있다. 형사정책연구원	N
24	다문화시대, 우리의 마음을 더 열기로 다짐하는 날이 됐으면 한다. 날로 증가하는	외국인 범죄 다잡아야 CCTV에 잡힌 외국인의 범행 장면이 일반에 방영되는 사례가	N
25	폭행과 흉기난동이 끊이질 않아 밤에 외출하기가 두렵다고 한다. 실제 2010년	외국인 범죄 피의자 수를 보면 조선족이 포함된 중국인이 전체 56%(5,103명)로	N
26	되려면 경제력만으로 부족하다. 우리 국민의 눈과 마음이 달라져야 한다. <국민>	외국인 범죄 급증, 대응책 서둘러야 빠르게 증가하는 외국인 범죄에 대해 경각심을	N
27	만큼 문제의 근원을 차단할 특단의 대책이 요구된다. 외국인에 대한 관리부실이	외국인 범죄를 부추겼다는 전문가들의 지적에 귀 기울여야 한다. 외국인 인권에만	N
28	폐지한 것은 대표적 사례다. 하지만 이 조치가 외국인 관리에 구멍으로 작용하면서	외국인 범죄 예방과 해결에 장애가 되고 있다. 거주지나 지문 등 인적 정보의 관리가	N
29	데 주목해야 한다. 민생치안과 직결된 문제여서 대책이 시급하다. 경찰청이 밝힌	외국인 범죄 건수는 2003년 6144건에서 2007년 1만4524건으로 2.36배 증가했다.	N
30	말아야 한다. 산업 현장에서의 출신 국가 차별은 국격을 떨어뜨리는 주 요인이 된다.	외국인 범죄 더 이상 손을 놓아선 안된다 외국인의 강력범죄가 급격히 늘고 있다.	N

〈그림 3-11〉 중심어 '외국인'에 대한 연어 '범죄' 콘코던스–부정적 맥락인 경우

먼저 외국인 범죄를 문제시하지 않는 맥락에서 '범죄'가 사용된 세 건을 살펴보자. 〈그림 3-10〉을 보면 1번은 외국인 범죄 자체를 문제시하기보다 개도국 출신과 선진국 출신의 국내 거주 외국인을 비교하여 일반적 시각과 달리 후자의 범죄가 더 많다는 점을 지적하고 있다. 2번은 외국인 범죄 단속을 주제로 하는데 맥락은 G20이란 국가 행사를 앞두고 노점상, 노숙인, 이주 노동자에 대한 경찰의 단속이 심해지는 것을 문제 삼는 것이다. 3번은 국내 거주 외국인의 범죄 발생률이 내국인 발생률보다 높다는 점을 들어 외국인 범죄를 지나치게 부각하는 점을 경계하는 내용이다. 이와 같이 외국인 범죄를 문제시하는 내용이 아닌 사례도 있지만 그러나 국내 일간지 사설에서 '범죄'가 '외국인'과 어울려 사용될 때는 〈그림 3-11〉에서 보듯이 90% 이상에서 이를 경계하고 대책을 요구하는 맥락에서 발생하였다.

그 내용을 분석해 보면 (1) 외국인 범죄 건수가 급증하는 것을 우려

하는 것, (2) 외국인 범죄의 질이 악화되는 것을 걱정하는 것, (3) 외국인 범죄 예방과 대책을 촉구하는 것, (4) 외국인 범죄를 한국 사회에 대한 위협으로 보는 것 등으로 내용을 범주화할 수 있다.

예문 (36)

> <u>외국인의 강력범죄</u>가 급격히 늘고 있다. 작년 살인사건 10건 중 1건 가까이가 <u>외국인</u>에 의해 <u>저질러졌</u>다고 한다. (…) 우려한 대로 <u>외국인 범죄</u>는 단순 골칫거리를 넘어 이제 사회의 <u>안전을 위협</u>하는 단계까지 됐다. 경기 안산이나 서울 가리봉동 등 <u>외국인</u>이 집단 거주하는 곳에서는 벌건 대낮에도 <u>칼부림이 횡행한다</u>고 한다. (…) <u>이 지경에 이르렀다니</u> 안타까울 따름이다.

(서울신문 사설 2012-05-18 31면, "외국인 범죄 더 이상 손을 놓아선 안 된다")

예문 (36)의 사설을 예로 들어보자. 이 사설의 내용은 외국인 범죄에 대한 경각심을 불러일으키고 정부에 외국인 범죄를 막을 특별 조치를 촉구하는 내용이다. 이미 "외국인 범죄 더 이상 손을 놓아선 안 된다"라는 제목에서부터 외국인 범죄를 문제시하는 시각이 명백히 드러나고 있다. '더 이상 손을 놓지 말라'는 표현은 정부에 대책을 촉구하는 내용이지만 그 맥락에는 더 이상 방치할 수 없을 정도로 외국인 범죄가 창궐하고 심각하다는 경고의 메시지가 담겨 있다.

본문에서는 먼저 외국인 강력범죄가 급증하고 있는 점을 강조하였다. 그리곤 외국인 범죄를 한국 사회에 대한 위협으로 규정하였다. 그리곤 외국인의 범죄를 묘사하면서 '벌건 대낮에도', '저질러지다', '칼부림이 횡행한다'와 같은 자극적인 부정적 표현을 사용하여 위기감을 더욱 부채질하고 있다. 마지막으로 이와 같은 상황을 '이 지경'이라고 지칭하여 그 심각성을 한 번 더 강조하며 정부에 '특단의 대책'을 요구하였다. 사설의 내용은 한마디로 '비외국인', 즉 토종 한국인 독자들에게 공포심까지 불러일으킬 정도로 온통 위기 담화로 차 있다.

이와 같은 내용의 사설이 문제가 되는 것은 그 내용의 진위를 떠나서 독자들로 하여금 모든 외국인에 대해 경계심을 갖고 색안경을 끼고 보게 만드는 효과가 있다는 점이다. 즉 외국인에 대한 편견을 생성하고 악화시킬 가능성이 있다. 더구나 앞서 언급한 언론의 축적효과 때문에 '외국인'을 '범죄'와 연결하는 내용의 사설이 일간지에 반복적으로 게재되면 외국인에 대한 부정적 편견을 야기하는 효과는 더욱 커지게 된다. 이와 같이 '외국인'을 다수 인종이 주도한 사회 규범에서 이탈된 문제 집단으로 인식하게끔 유도하는 담화는 반 데이크(Van Dijk 2002:150; 2004:351-132)가 언급한 3단계 인종차별적 담화에서 2단계에 해당한다. 그리고 거기서 더 나아가 '외국인'을 주류 사회에 대한 위협으로 인식하도록 하는 사설 내용은 3단계 인종차별 담화에 해당한다.

3.7. 사례연구 분석 결론

본 장의 사례 분석에서는 국내 일간지 사설 코퍼스를 대상으로 하여 먼저 '외국인' 및 '다문화'와 관련된 키워드를 분석하였으며, 다음으로 '외국인'을 중심으로 한 연어 관계를 분석하였다. 키워드 분석에서는 '우리'란 키워드에 초점을 맞춰 사설에서 해당 지시어가 외국인을 포함하는 포함적 의미로 쓰였는지 아니면 외국인을 제외한 토종 한국인만을 지시하는 배타적 의미로 사용되었는지를 분석하였다. 그 결과 사설 코퍼스에서 발생하는 '우리'는 거의 대부분 배타적 의미로 쓰인 것으로 확인되었다. 이와 같이 국내 주요 일간지 사설에서 '외국인' 및 '다문화'와 관련하여 '우리'를 배타적으로 사용하는 것은 내용적으로 외국인의 인권 보호와 다문화에 대한 이해를 강조하지만 논조의 근저에는 국내 거주 외국인, 특히 한국 국적을 소유하고 있는 외국 출신 한국인을 '우리'로 받아들이지 않는 민족주의적이고 인종 분리적인 사고가 자리 잡고 있음을 보여준다고 해석할 수 있다. 이와 같이 한 사회 구성원을 인종에 따라 '우리'와 '그들'로 나누는 언어 행위는 인종차별적 담화 관습에 해당한다.

'외국인'을 중심어로 한 연어 분석에선 '인권'과 '범죄'가 중요한 주제로 등장하였다. 사설 코퍼스에선 '외국인'과 관련하여 '인권'이란 연어가 높은 빈도로 등장하는 것은 이들 인권에 대한 관심을 반영한 것으로 볼 수 있다. 그러나 사설에서 외국인의 인권 보호를 주장하는 동기는 국제적 비난을 피하기 위해서, 국가 이미지를 제고하기 위해서, 더 나아가 선진국이 되기 위해서라는 자기중심적이며 민족주의적인 목적들이 빈번히 제시되었다. 이와 같은 동기는 외국인 인권 보호를 국가적 목적을 이루기 위한 도구로 보고 외국인을 객체화하는 차별적 요소를 담고 있다.

또한 '외국인'과 관련하여선 분석 사설에서 '범죄'도 중요한 연어로 등장하였다. 연어가 발생하는 맥락을 분석하였더니 거의 대부분이 외국인 범죄 급증과 외국인 범죄의 강력범죄화를 경계시하며 외국인 범죄를 한국 사회에 대한 위협으로 규정하고 정부의 강력한 대처를 촉구하는 내용이었다. 국내 일간지 사설에서 '외국인'을 '범죄'와 연결시키는 내용의 사설이 많다는 것은 국내 거주 일반 외국인 전체에 대한 부정적 편견을 생산하고 강화할 수 있다는 점에서 인종차별적 담화 관행이라고 할 수 있다.

제4장

사례연구 2

-언론(신문, 방송) 뉴스 기사 분석, 담화 역할을 중심으로

제4장 사례연구 2 —언론(신문, 방송) 뉴스 기사 분석, 담화 역할을 중심으로

4.1. 사례연구 목적

본 사례연구의 목적은 '외국인' 및 '다문화'에 관한 국내 언론(신문, 방송) 보도의 내용을 검토하여 외국인 및 다문화 구성원이 어떤 담화 역할을 수행하는 것으로 표현되었는지를 연구하는 것이다, 분석 자료는 보도문 및 기사의 제목과 리드(보도문의 서두에서 핵심 내용을 전달하는 부분)이며, 분석 지표는 2.3.2절에서 소개한 핼러데이(Halliday & Matthiessen 2004)의 동사성 이론이다.

4.2. 연구 데이터

본 사례연구에서 사용할 분석 코퍼스는 국내 방송 보도문 및 신문 기사로 구성하였다. 자료 수집은 다음과 같은 절차로 진행되었다.

(1) 자료 수집은 앞서 사설 코퍼스 구축에서와 마찬가지로 한국언론진흥재단에서 제공하는 카인즈(KINDS) 서비스(http://www.kinds.or.kr)

를 활용하였다.

(2) 카인즈 검색서비스에서 검색 항목을 '뉴스 기사'로 제한하고 '외국인'과 '다문화'를 검색어로 사용하여 각 경우에 검색된 기사를 별도의 문서에 통합 수집하였다.

(3) 카인즈에서 제공하는 검색 기사에는 전국 일간지뿐만 아니라 인터넷 신문 기사 및 KBS, SBS 등 방송보도를 녹취한 보도문도 포함되어 있는데 이를 전부 데이터로 활용하였다.

(4) 검색된 기사에는 사건에 대한 사실 보도를 위주로 하는 하드뉴스 기사와 사건의 배경을 설명한 배경 기사, 그리고 사건의 내용을 이야기체로 서술한 심층 취재 기사 등 다양한 형태의 기사가 포함되어 있었다. 이 중 사실보도 중심의 하드뉴스 기사만 데이터로 선택하였다.

(5) 검색된 기사 전체를 데이터로 사용하는 대신 제목과 '리드'라고 불리는 기사 앞부분만을 발췌 사용하였다. 분석데이터를 이와 같이 선택한 데는 두 가지 이유가 있다.

첫째는 뉴스 전달에서 기사의 제목과 리드가 가지는 중요성이다. 영어권의 하드뉴스 기사는 독립 장르로서 특정한 구조를 가지고 있다. 그중 하나가 제목과 리드로 구성된 '요약 카테고리'라는 부분이다 (Van Dijk 1988a:15). 리드란 뉴스의 핵심 내용을 요약해 주는 부분으로 기사의 맨 앞에 위치한다. 반 데이크는 뉴스 기사의 형태적 구조를 초형태적 구조(superstructure)라고 칭하면서 기사의 제목과 리드는 이런 형태구조의 상단 부분을 차지한다고 하였다(Van Dijk 1988a:14). 리드는 보통 한 문장으로 구성되지만 두 문장 내지 세 문장으로까지 늘어나는 경우도 있다. 국내 하드뉴스 언론 보도도 일반적으로 이와 같은 기사 작성 구조를 따른다.

기사의 첫 문장에는 핵심 내용이 요약되어 있기 때문에 독자 입장에서는 제목과 리드만 읽어도 해당 뉴스의 핵심 내용을 파악할 수 있다. 그리고 기사 내용에 관심이 없다면 다른 뉴스 기사로 넘어간다. 이와 같은 신문 읽기에서 제목과 리드에 어떤 내용이 담겨 있는가는 독자의 인식에 큰 영향을 끼칠 수밖에 없다. 따라서 기사의 제목과 리드 부분을 분석하는 것은 기사에 어떤 내용인가를 쉽게 파악할 수 있다는 점, 그리고 독자에게 가장 큰 영향을 끼치는 기사 부분을 분석한다는 점에서 의미가 있다.

기사 분석을 제목과 리드로 제한한 둘째 이유는 전체 기사를 분석하면 기사의 크기가 저마다 달라 전체 데이터에서 차지하는 비중에서 큰 편차가 발생할 수 있기 때문이다. 이렇게 되면 상대적으로 길이가 긴 뉴스 기사의 내용이 전체 데이터의 내용에 과도한 영향을 끼쳐 데이터의 대표성에 문제가 발생할 수 있다. 분석 기사를 제목과 리드로 제한한 것은 이와 같은 문제를 방지하여 분석데이터 내에서 모든 기사가 최대한 균등한 대표성을 갖도록 하기 위함이다.

인종차별담화와 관련하여 신문 기사 제목을 분석한 연구로는 반 데이크(Van Dijk 1988b:222)가 있다. 반 데이크에 따르면 기사 제목은 기사에서 가장 눈의 띄는 요소이며 기사의 내용을 주관적으로 정의하는 역할을 한다. 또한 독자들이 기사 내용은 읽지 않더라도 제목은 읽고 기억할 수 있다. 이런 관점에서 반 데이크는 인종 문제를 다룬 기사 1,500개가량의 신문 제목을 분석하였는데 분석 결과 내용을 담은 기사 제목은 하나도 없었다(Van Dijk 2002:152). 반 데이크의 연구 외에도 비평담화분석 틀 안에서 신문 기사 제목 분석은 뉴스담화를 분석하는 데 중요한 연구 방식으로 자리 잡았다(cf. Montgomery 1995; Trew 1979; Thetela 2001).

(6) 분석 데이터의 검색 기간은 무작위로 2012년 6월을 기준점으로 잡았으며 250개 이상의 기사를 수집하는 것을 목표로 하였다. '다문화'는 기사 건수가 많아서 6월 한 달(2012.06.01~30) 검색 기간의 기사만으로 320개를 수집할 수 있었다. 이에 반하여 '외국인'은 상대적으로 기사 발생 건수가 적어서 검색 기간을 6개월(2012.01.01~06.30)로 늘려 267개의 기사를 수집하였다.

(7) 기사 검색에서 나타난 특이점은 동일 사건이 여러 신문이나 방송에 동시에 보도 될 수 있기 때문에 사건에 따라 뉴스에 노출되는 양에서 차이가 난다는 점이다. 데이터 수집에서는 이와 같은 차이를 무시하고 동일 사건이 여러 매체에 보도되더라도 해당 기사를 모두 포함하였다. 상대적으로 보다 많은 매체에 동시에 보도된 사건은 언론에서 해당 사건을 그만큼 중요하게 보았다는 것으로 해석할 수 있다. 따라서 동일 사건이라도 보도된 매체가 다르다면 이를 모두 데이터에 포함하는 것이 현실을 공정하게 반영하는 것으로 판단하였다.

이 같은 과정을 거쳐 구축한 국내 언론 뉴스 기사 코퍼스의 구성은 〈표 4-1〉과 같다.

〈표 4-1〉 뉴스 기사 코퍼스 출처

	기사 건수	매체별 기사 건수
'다문화'	320	MBC(2), KBS(4), SBS(4), 강원도민일보(15), 강원일보(16), 경기일보(7), 경남도민일보(18), 경남신문(9), 경상일보(1), 경인일보(10), 광주일보(4), 국민일보(11), 대전일보(17), 동아일보(6), 매일경제(5), 매일신문(7), 무등일보(2), 문화일보(1), 부산일보(7), 새전북신문(6), 서울경제(5), 서울신문(4), 세계일보(13), 영남일보(11), 이데일리(2), 이투데이(5), 인천일보(5), 전북도민일보(15), 전북일보(16), 제민일보(3), 중도일보(13), 중부매일(14), 충북일보(9), 충청투데이(15), 파이낸셜뉴스(16), 프라임경제(4), 한국경제(5), 한라일보(2), 헤럴드경제(10)
'외국인'	267	KBS(10), SBS(5), MBC(8), KNN(2), 강원도민일보(2), 강원일보(5), 경기일보(7), 경남도민일보(12), 경남신문(9), 경상일보(3), 경인일보(10), 경남신문(9), 경상일보(3), 경향신문(1), 광주일보(5), 국민일보(8), 국제신문(7), 김포뉴스(3). 대전일보(12), 매일경제(11), 무등일보(3), 문화일보(6), 부산일보(6), 새전북신문(2), 서울경제(4), 서울신문(4), 세계일보(6), 영남일보(6), 옥천신문(1), 이데일리(3), 이투데이(6), 인천일보(6), 전남일보(2), 전북도민일보(3), 전북일보(2), 제민일보(6), 중도일보(9), 중부매일(4), 충북일보(8), 충청투데이(15), 파이낸셜 뉴스(13), 프라임경제(3), 한겨레(3), 한국경제(3), 한국일보(4), 한라일보(3), 헤럴드경제(11), 홍성신문(1)

4.3. 키워드와 담화 역할 분석 기법

본 사례연구에서 사용할 키워드 분석은 이미 3.3절에서 상세하게 설명하였다. 키워드 분석은 분석 코퍼스의 발생 빈도별 어휘 목록과 참조 코퍼스의 어휘 목록을 통계적으로 비교하여 참조 코퍼스에 비하여 분석 코퍼스에서 특징적으로 나타나는 어휘를 키값에 따라 배열한 목록이라고 설명하였다. 앞선 사례연구에서처럼 본 사례연구에서도 참조 코퍼스는 세종 코퍼스에서 추출한 신문 기사를 사용하기로 하였다.

본 사례연구에서 시도할 담화 역할 분석연구는 2.3.2절에서 상술한 핼러데이의 동사성 이론을 사용할 것이다. 동 이론에 따라 키워드 분석에서 특이한 것으로 드러나는 프로세스의 종류에 따라 해당 프로세스에 참여하는 개체들의 담화 역할을 조사하여 '외국인' 및 '다문화' 구성원이 언론 뉴스에서 어떤 형태로 표현되고 있는지를 분석하였다.

4.4. 코퍼스 분석 프로그램

본 사례연구에서도 앞 장의 사례연구와 같이 코퍼스 분석 프로그램으로 워드스미스(WordSmith Tools) 버전 6(Scott 2014)을 사용하였다.

4.5. '다문화' 뉴스 기사 분석

4.5.1. '다문화' 뉴스 키워드 분석

먼저 '다문화'를 중심으로 한 뉴스 기사 코퍼스의 키워드를 분석해 보기로 하였다. 키워드 분석에 사용된 참조 코퍼스는 2013년 2월부터 12월까지 전국 중앙 일간지의 경제, 사회, 문화, 지역 기사로 구성하였다. 참조 코퍼스의 뉴스 기사는 앞서 소개한 카인즈 뉴스 서비스를 활용하여 수집하였다. 뉴스 검색에선 장르를 뉴스 기사로 한정하고 주제 분야를 경제, 사회, 문화, 지역으로 제한하였다. 또한 뉴스 기사로 검색되었더라도 분석이나 해설기사, 인터뷰 기사 등은 제외하고 사람이나 기관이 중심이 된 사실성 뉴스 기사만 선택하였다. 이는 '다문화'나 '외국인'과 관련하여 수집한 뉴스 기사들과 장르 면에서 균형을 맞추기 위한 조치이다. 이와 같은 절차를 거쳐 구축한 참조 코퍼스의 크기는 총 160,435어절에 달하였다.

〈그림 4-1〉은 위와 같이 구성된 참조 코퍼스를 사용하여 생성한

N	Key word	Freq.	Keyness
1	다문화	320	1,719.09
2	다문화가정	248	1,341.00
3	다문화가족	140	757.20
4	가정	76	380.22
5	대상으로	71	215.49
6	가족	47	160.64
7	외국인	43	159.81
8	지원	49	156.20
9	다문화가정의	25	137.11
10	가졌다	31	134.66
11	가정을	22	107.15
12	서장	19	104.20
13	다문화가정에	19	104.20
14	함께	68	101.24
15	위한	68	99.81
16	및	73	99.08
17	센터장	18	98.71
18	교육	28	98.02
19	결혼이주여성	17	93.23
20	일환으로	22	92.36
21	전달	18	91.01
22	베트남	18	91.01
23	여름방학	19	87.07
24	#	1,028	85.91
25	멘토링	15	82.26
26	함께하는	17	80.71
27	자녀	24	79.92
28	정착	14	76.77
29	사랑의	17	73.31
30	무료	21	71.67
31	관내	16	71.57
32	외갓집	13	71.29
33	다문화가족과	13	71.29
34	모국방문	13	71.29
35	행복한	20	70.82
36	거주하는	17	70.31
37	결혼	19	70.23
38	개최했다	15	70.21
39	운영	24	68.28
40	결혼이민자	12	65.80
41	다문화가정과	12	65.80
42	전달했다	18	65.54
43	행사를	20	65.48
44	거주	13	64.22
45	초청	16	62.76
46	저소득	14	61.33
47	친정나들이	11	60.32
48	다문화가족지원센터	11	60.32
49	행사는	17	58.97
50	지난	75	58.71

〈그림 4-1〉 뉴스 기사 '다문화' 키워드 목록

'다문화' 키워드 목록이다. 워드스미스가 생성한 실제 키워드 목록은 이보다 훨씬 많지만 효율적 분석을 위해서 발생빈도순으로 상위 50개까지만 분석 대상으로 삼도록 하였다.[1)]

'다문화' 키워드 목록에서 상위를 차지하는 어휘는 '다문화', '다문

---

1) 분석 대상 키워드를 상위 50개로 잡은 것은 임의적인 결정이다. 연구 목적에 따라 상위 10개를 분석 대상으로 삼을 수도 있고 100개를 분석 대상으로 삼을 수도 있다. 한국어는 단어에 조사가 붙어 어절을 형성하고 워드스미스는 어절을 하나의 단어로 취급하기 때문에 키워드 목록에 실제는 동일한 단어인데 반복적으로 나타나는 경우가 많다. 동시에 키워드가 너무 많으면 분석이 어려워지는 문제가 있다. 따라서 한국어 특징을 고려하여 어느 정도 효율적 분석이 가능한 수준에서 키워드 목록 범위를 최대한 넓게 잡았다.

43	'2013 여름방학 다문화 어울림 캠프'는 여름방학을 맞이해	다문화 가정	초등학생... 대전 동부다문화교육센터, 방학맞아 기초과목
44	...평생교육원(원장 박연기)은 오는 30일부터 8월 8일까지	다문화 가정	초등학생과 일반 초등학생을 대상으로 '2013 여...방학
45	...평생교육원(원장 박연기)은 오는 30일부터 8월 8일까지	다문화 가정	초등학생과 일반 초등학생을 대상으로 '2013 여...방학
46	농촌 문화 체험 프로그램과 연계해 서울 거주 저소득 및	다문화 가정	초등학생들과 그 가족 40여명과 함께 진행됐다. ...밀항
47	않았다. 그는 미국인 흑인 아버지와 한국인 어머니를 둔	다문화 가정	출신이었다. 피부색은 다른 출연자들과 달랐지만, ...도 미
48	... 통계청의 집계 다. 국제결혼으로 피해를 본 남성들은 "다문화	가정	파괴 요인으로 문화적 차이도 있지만 이혼으로 잃을...
49	교육 -충주교육지원청(교육장 김덕진)학생학부모지원센터는	다문화 가정	학부모의 자녀 교육 역량 강화 및 교육 서비스 만족도 제.
50	세경고, 다문화가정 직업체험교육 파주 세경고등학교가	다문화 가정	학생들을 대상으로 직업체험 교육을 실시했다고 23일 밝혔
51	급격히 증... 도 다문화가정 자녀 말하기 대회 도내	다문화 가정	학생들이 올바른 정체성을 확립하고 한국어 능력 향상을
52	대회 ,금산] 금산교육지원청은 지난 16일 회의실에서	다문화 가정	학생을 대상으로 이중언어 말하기 대회를 실시했다. 이
53	대상으로 이중언어 말하기 대회를 실시했다. 이 대회는	다문화 가정	학생의 언어 재능을 조기에 발굴 꿈과 끼를 살리도록 하여
54	지속적으로 진행할 계획"이라고 말했다.?한편, 동양매직은	다문화 가정,	한부모 가정 등 다양한 대상에게 무료 쿠킹클래스를
55	지속적으로 진행할 계획"이라고 말했다. 한편 동양매직은	다문화 가정,	한부모 가정 등 다양한 대상에 무료 쿠킹클래스를... 다문
56	지속적으로 진행할 계획"이라고 말했다. 한편, 동양매직은	다문화 가정,	한부모 가정 등 다양한 대상에게 무료 쿠킹클래스를

〈그림 4-2〉 뉴스 기사 '가정' 콘코던스

화가정', '다문화가족' 등이다. 또한 이들 어휘 속에 포함된 '가정', '가족'같은 어휘도 상위를 차지하고 있다. '가정'이란 단어에 대해 콘코던스를 생성하여 살펴보면 〈그림 4-2〉와 같이 거의 전부 '다문화' 오른쪽 옆에 위치하여 '다문화 가정'이란 용어를 구성하고 있다. 즉 여기서 '가정'과 '가족'은 '다문화'와 연어 관계를 갖는 어휘란 뜻으로 띄어쓰기로 인해서 두 어휘가 분리되어 있을 뿐 실제로는 '다문화가정' 및 '다문화가족'과 동일한 어휘임을 알 수 있다. 분석 뉴스 기사를 '다문화'를 검색어로 해서 추출한 것이기 때문에 '다문화가정'이나 '다문화가족'이 최상위 키워드로 나타나는 것은 당연하다.

다음으로 '대상으로', '함께', '일환으로'와 같은 부사와 영어 전치사 for에 해당하는 '위한'이란 관형어가 눈에 띈다. 이는 분석 뉴스 기사 코퍼스는 어떤 목적이나 사람이나 집단을 대상으로 하거나 그들을 위한 어떤 사건이 벌어지는 내용을 특별히 많이 담고 있음을 시사한다. 그렇다면 누구를/무엇을 대상으로 하거나 또는 누구를/무엇을 위하는 것일까? 이를 알아보기 위하여 〈그림 4-3〉과 같이 '위한'에 대한 콘코던스를 생성해 보았다. 그 결과 '사회악', '자긍심'과 같은 추상적인

No.	좌측 콘텍스트	키워드	우측 콘텍스트
17	'경찰서 공감나들이 체험 행사'를 가졌다. 이번 체험 행사는... 경남 외국인	위한	한국생활 가이드북 발간 ...는 도내 외국인주민 지원기관과 단체, 전국
18	등 참석 내빈들과 기념촬영을 하며 환하게 웃고 있다. 경남 외국인	위한	한국생활 가이드북 발간 ...했으며, 중앙부처에서 발간한 한국생활
19	이날 오전 다문화 북카페에서 이주여성과 만남의 장을 통해 범죄 예방을	위한	교육과 함께 결혼이주여성들의... 다문화가정과 함께 하는 워킹투어 ,쿠키
20	일자리 창출 협약 성남시는 게임업체인 엔씨소프트 측과 다문화 가정 여성들을	위한	일자리 창출 협약식을 맺었습니다. 이번 협약에 따라 엔씨...사건물 1층과
21	자격증을 취득한 이민자에 한해 지원금을 1인 1회에... 서울시, 결혼이민 여성	위한	취업?창업 프로그램 운영 ...을 대상으로 다양한 취?창업 지원 프로그램을
22	수강생 모집 ,서산]서부평생학습관은 오는 19일까지 다문화가정 어린이를	위한	'신나는 여름학교' 참가자 45명을 모집한다고 10일 밝혔다. 신나는
23	신설한 프로그램이며, 초등학생을 대상으로 방문특강 및 다문화가족 어린이를	위한	연구체험프로그램 등이 운영된다. 이... 심폐소생술에
24	열린 MOU로 대구가톨릭대 다문화연구소는 '대구시 글로벌 리더 양성을	위한	발전방안' 연구를 진행하게 된다. "경북 1만1천여 결혼이민여성의 든든한
25	말까지 다문화가정 포괄적 건강서비스 대상 가구를 선정해 건강생활 실천을	위한	영양, 운동, 금연, 절주 등 4개 영역을 주제로 관리를 한다. 이번
26	다문화가정 5세대에게 20만 원씩의 도서구입비를 전달했다. 행복한 동행을	위한	다문화 누리 행사 고창군다문화가족지원센터(센터장 강연화)는 지난 12일
27	보호를 필요로 하는 미혼모가정과 다문화가정의 신생아 양육 부담을 덜어주기	위한	지원을 약속했다. 우선 25일 공주시 옥룡동에 거주하고 있는 안00(
28	보호를 필요로 하는 미혼모가정과 다문화가정의 신생아 양육 부담을 덜어주기	위한	지원을 합의 했다. 양 기관은 우선 첫번째 사업으로 25 공주시 옥룡동에.
29	세종공장이 손잡고 미혼모가정과 다문화가정의 아이 양육 부담을 덜어주기	위한	지원에 나섰다. 공주경찰서와 남양유업 세종공장은 25일 공주시 옥룡동
30	돌잔치이... 오늘 다문화가족 운동회 【횡성】 횡성 공근지역 다문화가족을	위한	운동회가 열린다. 공근면체육회(회장:김영식)는 20일 공근면 도곡리
31	... 행사는 (사)이태양에서 사업비를 지원하고 권홍사진관에서 다문화가족을	위한	좋은 뜻의 사업취지를 알고 최소 재료비용만을... 다문화가족 위한
32	...음위원회(위원장 이재경)는 공주 한옥마을에서 숙박을 하며 다문화가족을	위한	깜짝 바비큐파티를 준비해 숯불보다 뜨거운 열... 김천 결혼이주여성들
33	위한 좋은 뜻의 사업취지를 알고 최소 재료비용만을... 다문화가족	위한	통?번역 서비스 확대 윤주형 기자 서귀포시와 서귀포시
34	속였다는 것이다. 국제의료복지협회는 의료.복지 분야 교육사업과 다문화가정을	위한	복지사업 등을 위해 설립된 사단법인으로 미국 워싱턴과 전북 익산에
35	...주군 구이면 구이중앙교회(목사 최병석)가 최근 지역 내의 다문화가정을	위한	작지만 의미있는 행사를 마련해 큰 호응을 얻...중앙교회 교제위원회가

〈그림 4-3〉 뉴스 기사 '위한' 콘코던스

대상과 연계되어 사용되기도 하였지만 대부분 '위한'은 '외국인', '결혼이주여성', '다문화 가정/가족'과 연계되어 사용되고 있음을 알 수 있다. 그리고 좌우 코텍스트를 살펴보면 이들을 위한 교육, 보건, 생활 지원 및 행사를 기술한 내용이 대부분이다. 즉 '위한'이란 키워드는 다문화 구성원을 위한 교육, 지원, 행사와 관련하여 사용된 키워드이다.

'대상으로'도 마찬가지이다. 〈그림 4-4〉에서 보듯이 거의 대부분 다문화가족/가정 구성원을 대상으로 하는 정보 지원, 교육, 대출 지원, 주택 수리 지원, 친정 나들이, 탬플스테이, 이중언어 말하기 대회와 같은 행사나 프로그램을 소개하는 내용이다.

그 외에 키워드 목록상 8번의 '지원', 18번의 '교육', 25번의 '멘토링', 30번의 '무료', 42번의 '전달했다', 43번, 49번의 행사(를/는)'과 같은 어휘들은 위에서 분석한 '위한', '위해', '대상으로'와 같은 부사어와 짝을 이뤄서 'X를 대상으로/위한 교육, 멘토링, 무료 ~을 전달하다/지원하다'와 같은 명제를 표현하는 어휘들이다. 이들 어휘는 의

16	다문화 가족 지원 활동 앞장 한국소비자원 대전지원은 대전지역 다문화 가족을	대상으로	한국에서의 성공적인 정착과 합리적인 소비생활에 필요한 정보를 지원.
17	, 대전서구다문화가족지원센터와 함께 대전지역의 다문화 가족을	대상으로	한국에서의 성공적인 정착과 합리적인 소비생활에 필요한 정보를
18	다문화 가족 지원 활동 앞장 한국소비자원 대전지원은 대전지역 다문화 가족을	대상으로	한국에서의 성공적인 정착과 합리적인 소비생활에 필요한 정보를 지원.
19	구리시 교문동에 위치한 '구리 참사랑 다문화 센터'에서 관내 결혼이주여성들을	대상으로	범죄예방 교육... 서장은 "구리시에는 2천100여 명의 외국인과 720여
20	사진촬영 재능기부 합천경찰서(서장 윤창수)의 류해상 경사가 다문화가정을	대상으로	사진촬영 재능을 기부했다. 류 경사는 지난 7일 대장경천년테마파크 내
21	가졌다. 제2회 다문화 이중언어말하기 대회 충북도내 다문화가정학생을	대상으로	제2회 다문화 이중언어말하기 대회가 열린다. 충북도교육청은 16일
22	첫번째)이 6월 29일 안산시 초지동 다문화가족지원센터에서 다문화가족들을	대상으로	전세자금 등 소액대출 및 채무조정 상담을 직접 해주고 있다. 오
23	가정생활을 꾸려가면서도 오랫동안 친정을 방문하지 못한 다문화가족들을	대상으로	'2013 다문화가족 고국방문사업'을 실시한다고 11일 밝혔다.
24	가정생활을 꾸려가면서도 오랫동안 친정을 방문하지 못한 다문화가족들을	대상으로	'2013 다문화가족 고국방문사업'을 실시한다고 11일 밝혔...
25	정읍서(서장 김동봉)는 24일 정읍여성문화회관 에서 결혼이주여성 다문화강사를	대상으로	범죄예방교실을 실시했다. 이번 범죄예방교실은 성폭력, 가정폭력,
26	호응을 얻고 있다. 탈선 청소년, 외국인 근로자, 다문화·저소득가정 등을	대상으로	하는 이 사업은 템플스테이 전문 인력을 배치해 108배와 발우공양
27	어려운 농촌의 다문화가정, 독거노인, 생활보호대상자 및 소녀소년가장 등을	대상으로	하여 주택 수리, 지붕개량, 보일러 점검 및 교체, ... 조선족 상대
28	일환으로 다문화부부 21쌍과 함께 뜻깊은 시간을 가졌다. 부부들을	대상으로	'행복한 부부'라는 주제... 완주군 다문화 가정 부부 대상 행복한 교실
29	가족 18명이 참여... 다문화가정 부부 무료 검진 【원주】 다문화가정 부부를	대상으로	하는 무료 건강검진이 실시된다. 시다문화가족지원센터는 23일부터
30	전국의 다문화가정 중 경제적 여건 등으로 결혼식을 올리지 못한 부부를	대상으로	하는 '농어촌 다문화가정 합동결혼식'을 지난해에 이어 올해도 개최할
31	신숙철)의 도움으로 친정 나들이에 나섰다. 시와 여...성들을	대상으로	고향의 부모'형제 등을 만날 수 있도록 '다문화가정 친정나들이
32	...보] 한국소비자원 대전지원은 11일 오후 1시 배재대에서 다문화 이주 여성을	대상으로	소비자의 권리, 피해 예방법 및 ...육을 실시한다. 이날 교육은
33	교육 한국소비자원 대전지원은 11일 오후 1시 배재대에서 다문화 이주 여성을	대상으로	소비자의 권리, 피해 예방법 및 ...육을 실시한다. 이날 교육은
34	유학생과 범죄예방 활동 ...한 바 있다. 동부경찰서는 앞으로도 외국인 유학생을	대상으로	자율방범대를 활성화해 공동치안활동을 통해 사회적 약자인 다문화가정
35	결혼이주여성 47명(베트남 29명, 중국 14명, 필리핀 3명, 태국 1명)을	대상으로	학과시험관련 강의를 진행한다. 농협생명, 소외 계층 어린이들과 농촌

〈그림 4-4〉 뉴스 기사 '대상으로' 콘코던스

미적으로 상호 연관성이 있기 때문에 뉴스 기사의 어휘적 응결성(lexical cohesion)(Halliday & Matthiessen 2004:50)을 형성한다. 그리고 이와 같은 어휘적 응결성은 내용적으로는 '베풀기'나 '도와주기'라는 공통된 주제에 수렴된다. 더 나아가 이와 같은 주제의 뉴스 기사가 코퍼스의 대부분을 차지한다는 점은 '다문화'에 관한 언론 보도의 성격이 시혜적 행사 보도에 치중되어 있음 보여 준다.

4.5.2. 담화 역할 분석

이번에는 〈그림 4-1〉의 '다문화' 키워드의 내용을 담화 역할 측면에서 분석해 보기로 한다. 이 목록에 나타나는 어휘는 크게 (1) 어떤 행동이나 행위를 지시하는 어휘, (2) 그와 같은 행동/행위의 주체 또는 대상이 되는 사람, 집단을 일컫는 어휘, (3) 이와 같은 사건의 상황적 맥락을 나타내는 어휘로 구분해 볼 수 있다. 핼러데이의 동사성 요소와 연결해 보면 (1)번 어휘는 프로세스, (2)번 어휘는 참여자, (3)번 어휘는 상황에 해당한다.

먼저 프로세스는 키워드 목록에서 동사 의미를 갖는 어휘를 찾아 보기로 한다. '지원(하다)', '가졌다', '교육(하다)', '전달(했다)', '정착(하다)', '(모국)방문(하다)', '거주(하다)', '개최했다', '운영(하다)', '전달했다', '초청(하다)', '친정나들이(하다)' 등이 여기에 해당한다. 다음에 참여자는 '다문화(가정, 가족)', '가정', '가족', '외국인', '서장', '센터장', '결혼이주여성', '자녀', '결혼이민자', '다문화지원센터' 등을 들 수 있다. 즉 이들 개인이나 기관은 프로세스에 참여하는 참여자들이다. 마지막으로 '대상으로', '함께', '일환으로', '지난'과 같은 부사어는 참여자와 프로세스로 구성된 사건의 전개 방식, 목적, 양상, 시간 등의 상황을 표현하는 어휘들이다.[2)]

프로세스를 좀 더 자세히 보면 그 내용에 따라 먼저 누가 무엇을 준다는 의미의 프로세스가 있다. '지원(하다)'와 '전달(하다)'가 여기에 해당한다. 이런 부류의 프로세스를 영어로 'GIVING 프로세스'라고 부르기로 하자. 다음으로 어떤 이벤트의 운영과 관련된 프로세스가 있다. '가졌다', '개최했다', '운영(하다)' 등이 여기에 해당한다. 이들은 'ORGANIZING 프로세스'라고 부르기로 한다. 다음으로 움직임과 관련된 프로세스들이 있는데 '나들이(하다)', '방문(하다)', '거주(하다)', '정착(하다)' 등이 여기에 해당한다. 이들은 MOVING 프로세스라고 부르기로 하자. 이 세 종류의 프로세스를 각각 조사하여 행동/행위의 참여자를 검토해 보면 누가 어떤 행위에서 어떤 담화 역할을 수행하

---

2) 참고로 〈그림 4-1〉의 목록에서 24번에 #로 표시된 어휘는 텍스트 내에 발생하는 아라비아 숫자를 의미한다. 숫자는 어휘는 아니지만 모든 숫자의 빈도를 합친 값이 키워드 목록에 포함되어 있다.

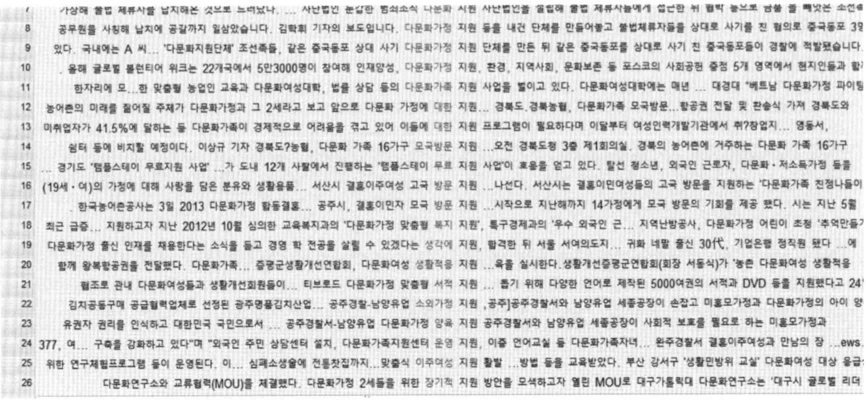

〈그림 4-5〉 뉴스 기사 '지원(하다)' 콘코던스

는지를 분석해 낼 수 있다.

먼저 GIVING 프로세스 중에 '지원(하다)'부터 살펴보면 〈그림 4-5〉에 볼 수 있듯이 대부분 기사 제목에서 나타난다. 가령 23번 콘코던스 라인을 보면 '공주경찰, 남양유업 다문화가정 양육 지원'이란 제목에서 '지원'이란 단어가 포함되어 있다. 한국 신문 기사에서 제목의 동사에서 '하다'는 동사어미를 생략하는 것이 일반적이므로 여기서 '지원'은 실제로는 '지원하다'는 프로세스이다. '지원'이란 명사로 쓰였다고 해도 이 자체는 어떤 행동을 묘사하는 것으로 여전히 프로세스의 의미가 있다. 분석 코퍼스에서 '지원'이란 프로세스가 포함된 기사의 제목을 보면 'X가 Y를 지원하다'는 명제를 표현하는 구조이다. 여기서 '지원하다'는 프로세스 종류 중 물질 프로세스에 해당하고 X는 프로세스의 행동자(Actor), Y는 프로세의 목표(Goal)에 해당한다. 콘코던스를 조사해보면 X 행동자 역할을 수행하는 주체는 '창녕군', '서산시', '공주시'와 같은 지자체, '증편군생활개선연합회', '농협', '한국소지바보호원', '공주경찰'과 같은 기관이나 단체가 대부분이다. 그리고

2	가족사진 무료촬영 행사를 가졌다. 이번 행사는 합천경... 사랑의 리퀘스트	후원금 전달	초록우산어린이재단 강원지역본부(본부장:최기원)는 10일
3	앞으로 다문화 가정에 대한 지원... 경북도.경북농협, 다문화가족 모국방문...	항공권 전달	및 환송식 가져 경북도와 경북농협이 다문화가족 모국방문 항공권 전달 및
4	전달 및 환송식 가져 경북도와 경북농협이 다문화가족 모국방문	항공권 전달	및 환송식 행사를 가졌다.9일 도 등...장을 견학했다.?도는 이번 다문화가족
5	힘든 결혼이민여성들에게 모국 방문의 기회를 제공하는 다문화가족 모국방문	항공권 전달	및 환송식이 열렸다. 선정된 25가정의 다문화가족들이 김관용 경상북도지사,
6	세종시 다문화가족 지원프로그램의 ... 광명시, 다문화가정 여성들에 모국	항공권 전달	광명시가 다문화 가족 여성들의 진정에 대한 향수를 달래주는 특별한 기회를
7	부산진구청(구청장 하계열)에 기탁했다. 농협은행 원주원일로지점 다문화가정	항공권 전달	농협은행 원주원일로지점(지점장 정병훈)은 18일 은행에서 원주시 소초면에
8	근절 위한 경찰활동 소개,성?가정폭력... 군산 나운1동, 다문화가정	'사랑의 책' 전달	...(동장 오국선)와 주민자치위원회(위원장 김영숙)가 저소득 다문화가정에 50만원
9	일자리를 제공하게 되며, 다문화가족지원센터는 ... 삼척시 다문화 신혼부부에	지원금 전달	3가구에 500만원씩 하반기도 신청 접수. 김대수 삼척시장은 18일 시장실에서
10	광명에는 1천888세대의 다문화가정이 정착해 생활하고 있다. 다문화가정	정착지원금 전달	삼척시는 18일 시장실에서 다문화가정 신혼부부 3가정에 가정당 500만원씩
11	위한 다문화가족과 멘토?멘티 협약식을 개최했다. 다음누리, 다문화 아동	장학금 전달	...영성)는 지난 16일 성남교육지원청에서 어려운 생활환경의 다문화가정
12	25일 공주시 옥룡동 가정폭력 피해자 안모(19?여)씨 가정에 분유와	생활용품을 전달	했다... 공주경찰서-남양유업 세종공장 사회적약자 지원활동 ...공주경찰서(서장
13	삶의 터전인 농촌을 함께 지키는 것이 꿈... 순창군, 소외계층 60세대	김치 등 전달	... 나눔장터 운영 수익금으로 마련했다. 김영주 소장은 "매년 율?면을
14	금융교육강사 1명과 외국인근로자지원팀장 2명... 다문화 가정	도서구입비 전달	부산 동래구 수민동새마을문고(회장 김지연)는 지난 8일 동주민센터에서 자녀를
15	한강변, 뚝섬유원지, 광진교를 둘러보는 코스로 진행됩니다. 다문화가정에	도서 전달	대한적십자사 강원도지사(회장:최승익)는 3일 희망풍차와 결연한 도내 21개
16	21개 다문화가정에 도서 21질 942권을 전달했다. 적십자사 도지사 다문화가정	도서 전달	대한적십자사 강원도지사는 3일 도내 다문화가정 21가구에 도서 942권을
17	성공적인 농촌정착을 지원하고 다문화가족... 완주 이서면 다문화가정에	가족앨범 전달	완주군 이서면(면장 김영숙)은 8일 면사무소에서 관내 다문화가정이 참석한

〈그림 4-6〉 뉴스 기사 '전달(하다)' 콘코던스

Y 목표는 거의 항상 '다문화가정(가족/여성)'으로 담화 역할이 고정되어 있다.

다음에는 GIVING 프로세스 중 '전달(하다)'란 프로세스를 살펴보자. 이 역시 〈그림 4-6〉에서 보듯이 '삼척시 다문화 신혼부부에 지원금 전달'처럼 주로 제목에 많이 등장한다. 이 프로세스는 'X가 Y에게 Z를 전달하다'는 명제를 표현한다. 이 때 '전달(한다)'는 물질 프로세스이고 X는 행동자(Actor), 그리고 Y는 수령인(Recipient), Z는 목표(Goal)가 된다. 콘코던스를 조사해 보면 X 행동자 자리는 '지원(하다)'와 마찬가지로 지자체나 기관, 단체가 차지한다. 그리고 수령인 Y 역할은 고정적으로 다문화 가정(가족/아동/신혼부부)에게 돌아간다. 목표 Z는 지원하는 물품이나 물건으로 '후원금', '항공권', '책/도서', '지원금', '장학금', '생활용품', '김치', '도서 구입비', '가족 앨범' 등이 등장한다.

다음은 ORGANIZING 프로세스의 담화 역할을 분석해 보자. 먼저 '가졌다'는 프로세스를 콘코던스로 조사해 보면 〈그림 4-7〉에서 볼 수 있듯이 대부분 기사의 리드 부분에서 발견되고 어떤 행사를 열었다는 뜻으로 사용되었다.

11	김종철(전주시 제7선거구)의원과 함께 진안군다문화가족지원센터에서 도서 기증식을	가졌다.	이날 기증된 도...다운 정서함양에 많은 도움이 됐으면 좋겠다"며 "앞으로도
12	내 천년관에서 가야면 거주 다문화가정 10가구를 대상으로 가족사진 무료촬영 행사를	가졌다.	이번 행사는 합천경... 사랑의 리퀘스트 후원금 전달 초록우산어린이재단
13	공동으로 관내 결혼이민자 20명을 초청해 '경찰서 공감나들이 체험 행사'를	가졌다.	이번 체험 행사는... 경남 외국인 위한 한국생활 가이드북 발간 ...는 도내 외국인
14	공동 주관으로 관내 결혼이민자 20명을 초청해 '경찰서 공감나들이 체험 행사'를	가졌다.	이번 체험 행사는 자칫 사회적 소외감을 느낄 수 있는 결혼이민자를 경찰서로 초청
15	정착지원을 위해 다문화 가정을 위한 전·의경어머니회의 다문화 가정 멘토링 결연식을	가졌다.	이번 멘토링은 낯선 문화와 언어소통 및 생활의 어려움으로 고통받는 다문화가정을
16	한드미마을에서 다문화가족 35명이 참여한 가운데 가족캠프 '자연속의 힐링데이' 행사를	가졌다.	이번 캠프는 힐링체험 프로그램을 통해 가족 구성원 간의 소통과 가족 사랑을 다지
17	서울 정동 경향아트힐에서 다문화가정 청소년들을 지원하는 '씨티-JA 히어로 프로그램'의...	가졌다.	이번 성과발표회에는 멘토링 프로그램에 참여했던 다문 완주군다문화가족센터, 행복
18	지원하고자 엄마순찰대와 결혼이주여성 22명이 함께 다문화가족과 멘토·멘티 협약식을	가졌다.	인천시 부평구 외국인 1만3882명 거주 ... 활용하고, 각종 지원정책 수립에도 사용
19	다문화 가정과 결혼이주여성 범죄피해 예방 및 맞춤형 정착 지원을 위한 '1:1멘토링 결연식'을	가졌다.	제2회 다문화 이중언어말하기 대회 충북도내 다문화가정학생을 대상으로 제2회 다
20	주최, 다문화꾸러미 체험학습에 참여해 다문화에 대한 이해를 갖는 시간을	가졌다.	철원/진교원 티브로드, 결혼 이민자 한국 생활 적응 돕기 나선다 ... 대구, 전주,
21	3층 다목적프로그램실에서 다문화가족 20여 명이 참여한 가운데 삼계탕 만들기 행사를	가졌다.	충주 새터민?다문화가정 오는 20일 4쌍 합동결혼식 충주지역 새터민과 다문화가정
22	학군단RCY는 지난달 29일 대학 백산관 강당에서 '다문화 가족 희망풍차 멘토링' 발대식을	가졌다....	충주칠금?금릉동 다문화가정 간담회 충주시 칠금·금릉동은 다문화가정의 어려움
23	강당에서 다문화가족 100여명이 참석한 가운데 '한국전통 도자기 만들기 문화체험' 행사를	가졌다.	"한국말 잘하는데 무슨 다문화?"... 편견?차별에 우는 中동포 "중국동포는
24	이해와 한국 생활 적응을 위해 '다문화가정 학생 및 중도입국 학생 희망풍차 멘토링' 발대식을	가졌다.	함안군 다문화가정 10쌍 합동결혼식 함안군 다문화가족지원센터는 28일 새마을
25	오는 11월 완공 예정인 부항댐을 견학시키고, 송편 만들기 등 전통문화를 체험하는 기회도	가졌다.	합천경찰서 류해상 경사, 다문화가정 사진촬영 재능기부 합천경찰서(서장 윤창수)의
26	대전 서부경찰서는 17일 대회의실에서 다문화가족과 엄마순찰대를 연결하는 멘토링 협약식을	가졌다.	현재 엄마순찰대로 활동 ...서장은 "앞으로 멘토링 지원뿐 만아니라 다양한 분야에서

〈그림 4-7〉 뉴스 기사 '가지다' 콘코던스

예문 (37)

> 단양군 다문화가족지원센터는 최근 가곡면 한드미마을에서 다문화가족 35명이 참여한 가운데 가족캠프 '자연속의 힐링데이' 행사를 가졌다.

예문 (37)을 보면 '가지다'는 프로세스는 무엇을 갖고 있다는 소유의 의미보다는 어떤 행사를 '열었다', '개최하였다'는 동작의 의미로 사용되었다. 따라서 '가졌다'는 물질프로세스로 분류된다. 이 문장구조는 'X는 Y를 가졌다'가 되는데, 이때 X는 행동자(Actor), Y는 범위(Scope)에 해당한다.[3] 여기서 행동자 X는 '다문화가족지원센터'와 같

---

3) 물질 프로레스의 참여자 중 문법적 목적어 자리에 오는 어휘는 크게 두 가지 역할로 나뉜다. 첫째는 X support Y(X가 Y를 지원하다)와 같이 목적어 자리에 있는 Y가 프로세스 행위를 받는 것으로 이 때 Y는 '목표'(Goal)로 분류한다. 그러나 목적어 자리에 오는 어휘가 프로세스와 함께 행위를 구성하는 요소로 작용할 때가 있다. 가령, X cook dinner(X가 저녁을 요리하다)에서 dinner는 cook의 행위를 받는다기보다는 cook dinner가 함께 어떤 요리를 하는 행위를 구성한다. 즉 dinner는 cook이란 행위로 인해 어떤 영향을 받는 존재가 아니라 프로세스의 연장선상에 있다고 할 수 있다. 이런 경우 dinner처럼 목적어 자리에 있는 참여자는 '범위

은 지자체, 단체, 기관 등이며 범위 Y는 행사/이벤트이다. 이 구도에서 다문화 구성원은 프로세스에 참여자가 될 수 없다. 대신에 '다문화가족 35명이 참가한 가운데'와 같이 프로세스의 상황을 구성하는 정보의 일부를 구성할 뿐이다.

예문 (38)도 마찬가지이다. 행사를 가지는 프로세스의 행동자는 '영동경찰서'란 권력 기관이고 프로세스의 범위는 '체험 행사'이다. 다문화 구성원에 해당하는 '관내 결혼이민자'는 '가졌다'는 절과 분리된 선행 절에서 '초청하다'는 물질 프로세스의 목표로 등장한다.

예문 (38)

영동경찰서는 10일 영동군다문화가족지원센터와 공동 주관으로 관내 결혼이민자 20명을 초청해 '경찰서 공감나들이 체험 행사'를 가졌다.

예문 (39)

대전시교육청 서부다문화교육센터와 대한적십자사 대전·세종·충남지사 소속 배재대 학군단RCY는 지난달 29일 대학 백산관 강당에서 '다문화 가족 희망풍차 멘토링' 발대식을 가졌다.

(Scope)'라고 부른다. Take a nap(낮잠 자다)이란 구문을 보면 범위란 개념을 좀 더 명확히 알 수 있다. 이 경우엔 프로세스의 실제적 의미는 take가 아니라 nap이란 목적어에 담겨 있다. nap이 take의 행위를 받는 것이 아니라 전체가 하나의 행위를 형성한다. 어떤 '행사를 갖다/열다/개최하다'에서 '행사'도 범위에 해당한다. 행사란 참여자가 프로세스와 함께 하나의 행위를 구성하기 때문이다.

1	10일에 2013년 다문화가정 친정보내주기 사업에 선정된 8가족을 초청해 간담회를	개최했다	"고 밝혔다. 이날 간담회에는 결혼이민자 8가족이 모두 참석했다. 이주여성
2	17일 결혼이주여성의 안정적 정착을 지원하기 위한 다문화가족과 멘토?멘티 협약식을	개최했다	. 다음누리, 다문화 아동 장학금 전달 ...영성)는 지난 16일
3	어려움을 해소하고 잠재적 욕구 파악을 위해 지난달 28일 다문화가정 간담회를	개최했다	. 무주군 다문화가족 화합한마당 제14회 무주군 다문화가족 화합한마당 행
4	대상으로 강원도 홍천군 비발디파크에서 '다문화 2세들과 함께 떠나는 아리랑캠프'를	개최했다	... 사람들-서산시, 다문화가족에 '진정 나들이'선물 ...나선다. 서산시는
5	고국방문 환송식 인천시 동구는 16일 구청 상황실에서 '다문화가족 고국방문 환송식'을	개최했다	. 이날 환송식에는 조택상 동구청장, 여운봉 동구의회 의장, 구의원,
6	부평구에 사는 다문화 가족 30여명을 대상으로 '다문화 가족 119 안전체험마당'을	개최했다	. 이날 행사에서는 다문화 가족이 낯선 문화적 환경에 잘 적응하고, 안전한
7	위원 11명이 참석한 가운데 고성군 외국인 주민과 다문화가족 지원협의회 회의를	개최했다	. 이날 회의는 최근 급증... 지원하고자 지난 2012년 10월 심의한
8	, 군다문화가족지원센터, 동향?안천면 다문화가족 등 60여명이 함께한 힐링 간담회를	개최했다	. 이날 간담회는 보안협력위원회(위원장 정봉운)와 다문화가족과 공감하고 .
9	다문화가정 학생 및 학부모, 다문화 담당교사, 이중언어강사 등...val'을	개최했다	. 이번 행사는 이중언어 말하기대회, 다문화 노래부르기, 다문화
10	외국인노동자와 결혼이주여성, 다문화가족 등 300명이 참여하는 한국바다체험 행사를	개최했다	... 일하는 외국인노동자와 고향을 떠나 시집온 결혼이주여성과 다문화가족
11	명이 참석한 가운데 제5회 함양 다문화가족 노래자랑과 춤 경연대회를 성황리에	개최했다	. ... 철원 문혜초 다문화 꾸러미 체험학습 원군 문혜초등학교(교장 최동열)
12	다문화가족통합교육의 일환으로 완주관내 다문화가정 부부 초청 '행복한 부부교실'을	개최했다	. '행복한 부부'를 주제로 열... 홍주초 다문화 토요교실 호응 ... 학교 참여

〈그림 4-8〉 '개최하다' 콘코던스

예문 (39)에서도 '가졌다'는 프로세스의 행동자는 교육청, 교육센터, 대한적십자사, 학군단 RCY 등 다양한 기관과 집단이다. 프로세스의 범위는 '발대식'이다. 여기서 '다문화 가족'은 발대식의 명칭으로 거론될 뿐이다.

'개최했다'도 '가졌다'와 거의 똑같은 담화 역할 구조이다. 〈그림 4-8〉의 콘코던스에서 볼 수 있듯이 '개최하다'는 프로세스의 행동자는 '남원시', '고성군'과 같은 지자체가 대부분이며 '대전 서부경찰서', '적십자봉사회'와 같은 기관이 될 때도 있다. 그리고 프로세스의 범위는 '간담회', '협약식', '캠프', '환송식', '체험행사', '부부교실' 등 다양하다, 여기서 다문화구성원은 행사의 대상이거나, 초청받고, 함께하는 피동적 간접 참여자의 역할로 제한되어 있다.

'운영(하다)'는 프로세스도 '가졌다', '개최했다'와 유사한 동사성 구조이다. 〈그림 4-9〉에서 보듯이 '운영(하다)'는 프로세스의 행동자는 지차체나 기관이다. '운영(하다)'의 프로세스 범위는 '다문화 어울림 캠프', '다문화가족 디딤돌 교실', '다문화 체험의 날', '다문화 민원해결 우체통' 등 각종 제도나 프로그램이다. 이와 같은 프로세스 구조에서 다문화 구성원은 행사명의 일부로 언급되는 것 외에는 어떤 참여자의 역할도 맡을 수 없다.

대상으로 '행복한 부부'라는 주제... 완주군 다문화 가정 부부 대상 행복한 교실 운영 완주군 다문화 가족지원센터(센터장 김기현)는 최근 센터교육장에서 다문화 부부
...있는 결혼 이주여성과 이주노동자들의 안정된 국내생활을 위해 매년 2회 씩 교실을 운영 중이다. 경찰은 올해 '행복한 다문화 가족 연합회' 등과의 결연을 통해 운영한 결과
농촌을 함께 지키는 것이 꿈... 순창군, 소외계층 60세대 김치 등 전달 ... 나눔장터 운영 수익금으로 마련했다. 김영주 소장은 "매년 읍?면을 순회하면서 기관과
377, 여... 구축을 강화하고 있다"며 "외국인 주민 상담센터 설치, 다문화가족지원센터 운영 지원, 이중 언어교실 등 다문화가족자녀... 완주경찰서 결혼이주여성과 만남의 장
동 생활요리를 배우는 다문화가족 디딤돌교실을 운영했다. 동해 다문화가족 디딤돌교실 운영 동해시새마을부녀회(회장 송경란)는 4~5일 농업기술센터에서 여성결혼이민자,
교육지원 시책 등을 포함하는 다문화교육 진흥... 다문화가정 학생 지원 '특별학급' 설치?운영 ...육위 관련 조례안 가결 도의회 정례회 강원도내 학교에서 다문화가정 출신
다문 완주군다문화가족센터, 행복한 부부교실 개최 우석대학교(총장 강철규)에서 운영?위탁하고 있는 완주군다문화가족지원센터(센터장 김기현)는 18일 센터교육장에서
전통춤, ... 다문화가정 부부 초청 '행복한 부부교실' 열어 우석대학교(총장 강철규)에서 운영?위탁하고 있는 완주군다문화가족지원센터(센터장 김기현)는 18일 오후 센터
완주군 다문화가족지원센터, 다문화 부부 교육 우석대학교산학협력단(단장 이경근)에서 운영?위탁하고 있는 완주군 다문화가족지원센터(센터장 김기현)에서는 지난 18일
기회를 제공하고 지역 주민과의 화합을 다지기 위... 다문화가정 민원 해결 우체통 운영 광명지역 다문화 가정의 각종 고충 등 민원을 해결해 주기 위해 '행복우체통'이
다문화가정 자녀 학교 적응 돕고 차별은 없애고 ...수정 가결 특별학급?친화학교 지정 운영 앞으로 일반학교에 다문화가정 학생을 위한 특별학급과 다문화교육 친화학교가
필리핀어, 캄보디아어 통역서비스를 추가 운영하기 . 전주시, 다문화 체험의날 운영 전주시평생교육원은 찾아가는 다문화가족 멘토링과 다문화 체험의날을 운영한다고
체험학습'을 벌여 호응을 얻었다. 충남평생교육원, 2013 여름방학 다문화 어울림 캠프 운영 ...평생교육원(원장 박연기)은 오는 30일부터 8월 8일까지 다문화 가정 초등학생과

〈그림 4-9〉 뉴스 기사 '운영(하다)' 콘코던스

1	in 홍천'콘서트가 6일 홍천 양덕중학교 실내체육관에서... 다문화가정 정착?4대악 근절 총력 ,논산]논산경찰서가 다문화가정의 안정과 4대악 근절에
2	올바른 정체성 확립과 이중언어(부모모국어 및 한국... 결혼이주여성 지역 정착 돕는다 ...산경찰서 (서장 신현욱)는 16일 대전월평종합사회복지관에서
3	, 대전서구다문화가족지원센터와 함께 진행되며 다문화 가족의 성공적인 정착... 서산경찰서, 다문화가정 정착 총력 서산경찰서(서장 백광천)는
4	다문화가정 효부상을 수상했다. 돌을 갓 지난 아들 준식이를 보... 다문화 정착 지도자 교육 참석 최영조 경산시장은 23일 경산시 여성회관에서 개최된
5	교육 참석 ◦최영조 경산시장은 23일 오전 경산시 여성회관에서 열린 '다문화 정착 지도자 교육'에 참석, 이 행사를 주관한 새마을회와 어려운 환경 속에서도
6	교육 참석 최영조 경산시장은 23일 경산시 여성회관에서 개최된 '다문화 정착 지도자 교육'에 참석, 행사를 주관한 새마을회와 어려운 환경 속에서도
7	여름바다를 찾아 그간의 스트레스도 풀고 한국에 ... 최영조 경산시장, 다문화 정착 지도자 교육 참석 ◦최영조 경산시장은 23일 오전 경산시 여성회관에서
8	지원센터의 한국어교실 수강생 결혼이주 여성을 상대로 한국사회 조기 정착 지원을...받았다. 서부경찰서 외사계장은 "이번 필기시험에 합격한 다문화
9	월평종합사회복지관에서 다문화 가정과 결혼이주여성 범죄피해 예방 및 맞춤형 정착 지원을 위한 '1:1멘토링 결연식'을 가졌다. 제2회 다문화 이중언어말하기
10	다문화가족 고국방문사업'을 실시한다고 11일 밝혔... 서산경찰서, 다문화가정 정착 총력 서산경찰서(서장 백광천)는 다문화가정의 정착과 4대악 근절 위해
11	함께 진행되며 다문화 가족의 성공적인 정착... 서산경찰서, 다문화가정 정착 총력 서산경찰서(서장 백광천)는 다문화가정의 정착과 4대악 근절 위해
12	, 대전서구다문화가족지원센터와 함께 진행되며 다문화 가족의 성공적인 정착... 한화투자증권, "저금통에 사랑을 채워요" ...증권은 11일 전국 영업점

〈그림 4-10〉 뉴스 기사 '정착(하다)' 콘코던스

마지막으로 MOVING 프로세스를 살펴보자. 먼저 '정착(하다)'는 〈그림 4-10〉의 '다문화 정착', '다문화가정 정착', '다문화 가족의 성공적 정착'같은 예에서 보듯이 명사구의 일부로 사용되었다. 이 때 '정착'은 문법적으로 명사이지만 그러나 실제 의미는 프로세스로서 프로세스가 명사로 탈바꿈한 명사화의 예이다. 이와 같이 실제는 프로세스로 표현되어야 할 의미가 명사화되는 것을 문법적 은유(grammatical metaphor)(Halliday 1994:341)라고 한다. '다문화가정 정착' 같은 명사화된 프로세스는 다시 '다문화가정이 정착하다'는 절로 풀어 쓸 수 있으며 이 때 '다문화가정'은 '정착하다'는 프로세스의 행동자가 된다.

'거주하다'도 마찬가지이다. 분석 코퍼스에선 〈그림 4-11〉의 콘코

1	산모관리사를 무료로 파견하는 서비스를 제공한다고 밝혔습니다. 동작구 내에	거주하는	결혼이주여성으로 임신 중이거나 출산 1개월 이내면 산모관리사 파견
2	전달 농협은행 원주원일로지점(지점장 정병홀)은 18일 은행에서 원주시 소초면에	거주하는	'누엔티김느안' 씨에게 베트남항공권을 증정했다. 이번 증정행사는 최근
3	시?수필 낭송회를 개최해 결혼...화합하는 시간을 가졌다. 이날 행사는 음성지역에	거주하는	다문화 가족이 750가구 이상 되는 현실에서 문화예술의 공감대... 충주
4	가족 16가구 모국방문 지원 ...오전 경북도청 3층 제1회의실. 경북의 농어촌에	거주하는	다문화 가족 16가구 40여명이 한자리에 모였다. 경북도와 농...하다"며
5	축제 함양군 수동면 적십자봉사회는 지난 21일 수동초등학교 연화관에서 함양군에	거주하는	다문화 가족과 신성범 국회의원, 임창호 군수, 기관단체장 등 300여 명
6	시?수필 낭송회를 개최해 결혼...화합하는 시간을 가졌다. 이날 행사는 음성지역에	거주하는	다문화 가족이 750가구 이상 되는 현실에서 문화예술의 공감대...
7	오는 20~21일 1박 2일 동안 단양군 다문화가족지원센터와 협력해 지역 내	거주하는	다문화가족 40명을 대상으로 한드미 마을에서 국립공원 생태나누리 5차
8	다문화가족 초청 '다정다감 캠프' ...세종열병합건설소(소장 전재순)가 24일 세종시에	거주하는	다문화가족을 초청해 '다정다감 가족캠프'를 개최한다. 이날 ... 예정이다
9	3시간씩 다문화가족 25명을 대상으로 미술아카데미를 운영한다. 수강생들은 관내에	거주하는	다문화가족을 중심... 농어촌공사, 다문화 가정 합동결혼식 대상자 선발
10	... 대경대 "베트남 다문화가정 파이팅!" ...체육관광부와 손을 잡고 대구?경북 지역에	거주하는	베트남 다문화 가정을 격려하기 위한 문화 축제를 열었다. 대경대.
11	위한 문화 축제를 열었다. 대경대...수성아트피아 용지홀에서 대구?경북 지역에	거주하는	베트남 다문화 가정과 근로자 등을 초청해 '2013 베트남문화관광 축...
12	전년대비 8% 증가...다문화가정도 4천960가구 13.3% 늘어 광주시에	거주하는	장기체류 외국인?귀화자?외국인주민 자녀(이하 '외국인주민')가 모두 2만
13	원주 저소득 다문화가정 방문이유가... ...구단 100여 명은 지난 29일 원주시에	거주하는	저소득 다문화 가정을 직접 방문해 도배지 및 장판 교환, 화장실 보수.
14	, 다문화가정 주거환경개선 봉사활동 ...구단 100여명은 지난달 29일 원주시에	거주하는	저소득 다문화 가정을 직접 방문해 도배지 및 장판 교환, 화장실 보수..
15	가정에 사랑의 리퀘스트 후원금 전달 ...부장:최기원)는 10일 평창군을 방문, 군내	거주하는	한 다문화가정에 사랑의 리퀘스트 후원금 480만원을 전달했다. 이...정

〈그림 4-11〉 뉴스 기사 '거주하다' 콘코던스

1	다문화가족지원센터 담당자의 무심한 말투에 상처를 받았다. 다문화 가족에	'친정나들이'	선물 ...나선다. 서산시는 결혼이민여성들의 고국 방문을 지
2	임용식을 갖고 임명장을 수여했다. 이날 임용된 다문... 다문화 가족	'친정나들이'	지원 부산시가 경제적 사정 등으로 오랫동안 친정을 방문하
3	5세대를 선정해 10일 '사랑의 책'을 전달했다. ... 부산시 결혼이민자	'친정나들이'	지원 ...민자 가족들의 '친정나들이' 지원에 나섰다. 부산시는
4	위해 추진됐다. '사랑 나눔 저금통'에 모아진 금액... 부산시, 결혼이민자	'친정나들이'	지원 다문화가족 고국방문사업부산시가 저소득 결혼이민자
5	선물 ...나선다. 서산시는 결혼이민여성들의 고국 방문을 지원하는 '다문화가족	친정나들이	지원사업' 대상으로 중국 출신 왈리제(4...은 "다문화가족
6	지원 ...나선다. 서산시는 결혼이민여성들의 고국 방문을 지원하는 '다문화가족	친정나들이	지원사업'대상으로 중국 출신 왈리제(47... 그동안 못다 한
7	...나선다. 서산시는 결혼이민여성들의 고국 방문을 지원하는 '다문화가족	친정나들이	지원사업'대상으로 중국 출신 왈리제(47...은 "다문화가족
8	지원 다문화가족 고국방문사업부산시가 저소득 결혼이민자 가족들의	'친정나들이'	지원에 나섰다. 부산시는 모범적인 가정생활을 꾸려가면서도
9	책'을 전달했다. ... 부산시 결혼이민자 '친정나들이' 지원 ...민자 가족들의	'친정나들이'	지원에 나섰다. 부산시는 모범적인 가정생활을 꾸려가면서도
10	시와 여...성들을 대상으로 고향의 부모'형제 등을 만날 수 있도록 '다문화가정	친정나들이	환송행사'를 마련하고 지원금을 전달했다.... 광동제약,

〈그림 4-12〉 뉴스 기사 '친정나들이' 콘코던스

던스에서 보듯이 '거주하는'의 형태로 '다문화가정(가족)'을 앞에서 수식하는 수실절의 프로세스로 나타난다. 구체적으론 'Y에 거주하는 다문화'의 형태를 띠고 있다. 여기서 Y는 '동작구'나 '지역', '관내'와 같은 지역으로 위치 정보를 나타내는 상황(Circumstance)이며 다문화가정은 이런 지역에 '거주하다'는 프로세스의 행동자 역할을 맡는다.

'친정나들이', '모국방문'에 등장하는 '나들이'나 '방문'도 실제로는 〈그림 4-12〉에서 보듯이 '나들이가다'와 '방문하다'는 프로세스가 명사화된 문법적 은유의 형태이다. 분석 코퍼스에서 '나들이'와 '방문'은 'X(의) 나들이/방문'과 같은 형태의 명사구에서 나타난다. 여기서 X는 다문화가족/가정이다. 따라서 명사구를 절로 풀어보면 다문화가족/

가정은 '나들이가다', '방문하다'는 프로세스의 행동자가 된다.

위에서 살펴본 바와 같이 MOVING 프로세스에선 다문화 구성원이 프로세스를 실행하는 행동자의 역할을 맡는다. 그러나 같은 행동자의 역할이라고 해도 앞서 분석에서 나왔던 지자체/집단/기관이 행동자의 역할을 맡을 때와 차이가 있다. 지자체/집단/기관은 항상 목표(Goal)나 범위(Scope)가 있는 절에서 프로세스의 행동자로 나타난다. 그리고 그 목표나 범위는 다문화가정이나 행사나 물건 등 사물이다. 즉 지자체, 집단이나 기관이 수행하는 행동은 외부 세상에게 영향을 주는 매우 역동적인 프로세스로 표현된다. 핼러데이는 이와 같은 물질프로세스를 '행동'프로세스('doing'process)로 분류하였다. 이에 반하여 바로 앞에서 살펴본 MOVING 프로세스는 목표가 없다. 즉 행위자의 행동은 자신에게 국한되며 외부에는 어떤 영향도 끼치지 않는다. 이런 물질프로세스는 '발생'프로세스('happening' process)라고 한다(Halliday & Matthiessen 2004:180). 같은 행동자 역할이라고 해도 행동프로세스의 행동자가 발생프로세스 행동자보다 역동적 의미가 훨씬 강하다. 즉 분석 코퍼스에서 다문화 구성원은 어떤 행동을 수행하는 행동자의 역할을 맡을 때에도 역동적 힘이 결여된 모습으로 그려진다.

이상의 담화역할 분석 내용을 정리해 보면 한국 언론의 뉴스 기사에서 다문화 구성원은 항상 온갖 종류의 지원이나 도움, 행사 등의 혜택을 받는 수혜자의 역할로 고정되어 나타난다. 그리고 이와 같은 의미의 프로세스 주체인 행동자는 정부기관, 지자체, 단체 등 토종 한국인이 주류를 이루는 집단이다. 다문화 구성원이 행동자의 역할을 할 때는 외부에 어떤 영향도 끼치지 못하고 어디로 가거나 머무는 움직임의 프로세스로 국한된다. 즉 한국 언론의 다문화 관련 뉴스 기사에서 역동적 담화 역할을 수행하는 주체는 토종 한국인 집단이며 따라서 다문화 구성원이 등장하더라도 기사의 주인공은 이들 집단이다. 이런 뉴스 기사에서 다문화 구성원은 행동을 직접 수행하는 역할이 아닌 타인의 행동의 영향을 받는 피동적인 역할로 표현되고 있다. 이와 같은 미디어 담화 관습은 독자들로 하여금 다문화가정을 지원과 수혜의 대상으로만 보는 편협한 시각을 갖도록 하고 다문화가정이 의타적이고 피동적이며 타인의 도움만 받고 살아가는 무력하고 나약한 집단이란 왜곡된 이미지를 형성 할 수 있다는 점에서 인종차별적이라고 할 수 있다.

4.6. '외국인' 뉴스 기사 분석[4)]

4.6.1. '외국인' 뉴스 키워드 분석

〈그림 4-13〉의 '외국인' 키워드 목록을 보면 최상위를 차지하는 어휘들은 '외국인', '근로자', '외국인근로자', '노동자', '다문화', '다문화가정' 등이다. '외국인'이나 '외국인근로자'는 검색어로 사용한 '외국인'과 직접 연결된 어휘이므로 이들이 키값이 가장 높은 키워드로 등장하는 것은 당연하다. 그리고 '근로자'와 '노동자'는 〈그림 4-14〉의 '근로자' 콘코던스에서 볼 수 있듯이 대부분 앞에 '외국인'이 위치하여 '외국인 근로자', '외국인 노동자'와 같은 복합명사를 이룬다. 즉 띄어쓰기의 차이일 뿐 '외국인근로자'와 동일 어휘임을 알 수 있다. 또한 '다문화'나 '다문화가정'은 '외국인'이란 범주 안에 포함되는 하

4) 3장에서 '외국인' 어휘 분석은 사설을 분석 코퍼스로 사용하였는데 반하여 본 절에서는 일반 뉴스보도기사를 분석한다는 점에서 차이가 있다. 또한 4장 분석의 핵심은 '다문화'와 함께 '외국인'으로 대표되는 집단의 담화 역할을 분석하는 것이 주목적이다.

N	Key word	Freq.	Keyness	N	Key word	Freq.	Keyness
1	외국인	267	1,262.2	26	외국인근로자들이	14	73.42
2	외국인근로자	192	1,009.0	27	개최했다	16	71.66
3	외국인노동자	62	325.34	28	등	165	70.25
4	다문화	62	295.76	29	위한	61	69.47
5	#	1,310	197.36	30	출신	26	69.46
6	외국인근로자를	32	167.86	31	도내	17	69.31
7	이주노동자	30	157.36	32	외국인근로자와	13	68.18
8	베트남	30	148.68	33	외국인근로자가	13	68.18
9	서장	26	136.37	34	국적	13	68.18
10	다문화가족	27	133.14	35	이주민	16	67.79
11	다문화가정	28	132.47	36	검거	16	67.79
12	대상으로	53	129.78	37	중국인	14	66.23
13	거주하는	28	119.55	38	불구속	25	63.19
14	체류	25	112.51	39	경기도	24	61.74
15	필리핀	22	107.31	40	행사를	20	60.94
16	범죄	30	106.62	41	실시했다	15	59.71
17	거주	21	102.16	42	국내에	14	58.03
18	불법체류자	18	94.40	43	외국인들이	13	56.70
19	입건했다	27	93.13	44	유학생	12	56.03
20	불법체류	17	89.16	45	국제범죄수사대는	12	56.03
21	외국인이	21	85.44	46	개최	14	54.96
22	결혼이민자	16	83.91	47	증가	16	54.57
23	근로자	25	82.32	48	지난	79	54.17
24	나타났다	36	78.52	49	대마	10	52.44
25	외국인근로자의	14	73.42	50	단속	15	52.20

〈그림 4-13〉 뉴스 기사 '외국인' 키워드 목록

위어라고 할 수 있기 때문에 '외국인'으로 검색한 뉴스 기사에서 '다문화' 어휘가 키워드로 나오는 것도 특별하지 않다. '베트남', '결혼이민자', '외국인노동자', '이주민', '중국인', '유학생'과 같은 키워드도 크게 '외국인' 범주 안에 들어간다.

다음으로 '체류', '거주(하는)' 등의 키워드는 국내에 거주하거나 체류하는 외국인을 일컫는 데 사용되는 어휘로 큰 의미는 없어 보인다. 특히 '체류'는 '불법체류', '불법체류자' 등의 복합명사에서도 나타나고 있다. 이는 국내 외국인 거주자에 관한 뉴스 기사에서 불법체류 문제를 많이 다루고 있음을 보여준다.

6	안산시가 제5회 외국인 대상 수상자 2명을 발표했습니다. 이번 외국인 대상	근로자	부문에는 인도네시아인 아궁 위다얀토씨가, 결혼이민자 부문에는 일본인
7	컨테이너 숙소에서 잠자던 외국인 근로자 9명은 긴급 대피했지만, 베트남	근로자	24살 B 씨 등 2명은 연기에 질식해 숨졌습니다. 공장 숙소 불.외국인
8	윤중섭)는 21일 음성군 대소면 소재 '중앙안전유리'를 방문해 베트남	근로자	20여명을 대상으로 국내생활에 유용한 법률을 교육하고 각종 궁금증을
9	화재 현장을 미처 빠져나오지 못하고 숨졌다. 컨테이너 숙소 불...베트남	근로자	2명 사망 오늘(3일) 오전 0시 10분쯤 경기도 화성시 정남면 한
10	제조공장에서 일하는 외국인 근로자 숙소인 컨테이너에 불이 나면서 베트남인	근로자	2명이 숨졌다. 2008년과 2012년에도 각각 화성시와 김포시의
11	등을 홍보했다. 도내 첫 외국인 자율방범대 탄생 진주경찰서,상공공단	근로자	15명-경상대 유학생 5명으로 발족 도내에서 처음으로 외국인
12	근로자 스포츠 페스티벌 체육행사에 참석해 결혼이민자가족 등 10개국 외국인	근로자	300여명을 대상으로 '4대 사회악' 척결을 위해 적극 동참할 것을
13	열처리 공장에서 인도네시아인 A(25)씨가 숨진 채 발견됐다. 20대 외국인	근로자	고장기계 고치다가 16일 오후 5시45분께 경남 김해시 생림면 기계부품
14	유정리 88고속도로 현장에서 모 기업체 소속 인도네시아 등 5개국 외국인	근로자	20여명과 공사관계자 등을 상대로 공사현장에서 쉽게 벌어질 수 있는
15	가운데 '외국인 근로자와 다문화가정 어울림 한마당' 행사를 가졌다. 외국인	근로자,	자율방범활동 펼친다 사내 협력회사에서 근무하는 외국인 근로자들이
16	, 삼천리도시가스, 단원병원이 후원한 이번 행사에는 다문화 가족, 외국인	근로자,	단원·상록경찰서 직원 등 7개 팀 80여 명이 참석해 축구경기를 하며
17	개최한다. 설맞이 한마당 행사는 도내 다문화가정 남편-아내, 가족, 외국인	근로자,	유학생 등이 참여해 윷놀이와 제기 만들고 차기, 팽이치기 등으로
18	30분까지 인제군보건소에서 '다문화가족 무료진료 페스티벌'을 갖는다. 외국인	근로자·	北이탈주민에 '사랑의 인술' 원광대학교 산본병원과 산본한방병원,
19	오후 1시 강릉문화원 3층 대강당에서 한국어교육 개강식을 개최한다. 외국인	근로자,	유학생, 결혼이민자 등 강릉을 비롯해 영동권 지역에 상주하는 모든
20	쉬운 범죄 유형과 예방책을 설명하는 범죄예방교실을 개최했다. 외국인	근로자,	도내 3D 일자리에 3년간 1만명 일했다 임금이 적고 근무여건이 좋지

〈그림 4-14〉 뉴스 기사 '근로자' 콘코던스

6	증세가 많이 호전됐다. 외국인 범죄예방 강화 인력 보강·예방활동	세종경찰서(서장	심은석)가 최근 외국인 범죄로 인한 사회 불안이
7	근로환경 점검 외국인근로자 인권침해에 대한 특별단속이 실시된다.	속초해양경찰서(서장	류춘열)는 국내에 체류하는 해·수산 종사
8	보급됩니다. 자국 결혼이주여성 성관계 몰카협박 캄보디아男 검거	아산경찰서(서장	서정권)는 캄보디아 결혼이주여성과의 성관계 장면을
9	외국인근로자 위안행사'를 열었다. 함안경찰서, 사회악 근절 캠페인	안경찰서(서장	권창만)는 지난 13일 가야읍 소재 트라이얼 마트
10	훔친 30대가 경찰에 붙잡혔다. 양산경찰서 외국인근로자 간담회	양산경찰서(서장	김주수)는 지난 17일 오후 8시 양산시 북부동 소재
11	벌인다 영동서, 다문화가정·외국인근로자 인권상담 프로그램 운영	영동경찰서(서장	전진선)는 15일 오전 영동군다문화가족지원센터
12	위문품을 전달했다. 영동署, 설 맞이 외국인근로자 범죄예방교육 실시	영동경찰서(서장	전진선)는 4일 영동군 용산면 소재 (주)와이앰
13	겪은 적이 있는 것으로 나타났다. 완주경찰서 외국인 범죄예방 나서	완주경찰서(서장	황대규)가 외국인 범죄예방에 발벗고 나섰다. 3일
14	센터 언어발달교실에서 진행된다. 찾아가는 외국인 범죄예방교실	음성경찰서(서장	윤중섭)는 7일 음성군 대소면 소재 중안안전유리에서
15	개설한다. 음성서, '외국인 범죄 예방을 위한 치안포럼' 개최	음성경찰서(서장	홍기현)는 3일 경찰서 회의실에서 관계기관, 외국인
16	가운데 범죄예방교실을 시행했다. 음성서, 외국인 범죄예방 교실 운영	음성경찰서(서장	윤중섭)는 21일 음성군 대소면 소재 '중앙안전유리'를

〈그림 4-15〉 뉴스 기사 '서장' 콘코던스

그 다음으로 키워드로 등장하는 것은 '서장'이란 단어이다. '서장'은 경찰서장을 가리키는 단어로 뉴스 기사 코퍼스에서는 〈그림 4-15〉에서처럼 지역 경찰서를 언급할 때 괄호 안에 해당 경찰서의 서장 이름을 명기하는 형태로 나타난다. 따라서 '서장'이란 어휘보다는 '경찰서'라는 어휘에 더 주목할 필요가 있다. 경찰서 앞에 '군산', '사천', '목포' 등 지역명이 붙어서 서로 다른 어휘로 나타나기 때문에 키워드 목록에는 들지 않았지만 외국인 거주자 관련 뉴스 기사에서 경찰서가 중요한 행위자로 나타난다는 것은 기사가 어떤 내용을 다루고 있는지를 가늠케 한다. 〈그림 4-15〉에서 볼 수 있듯이 뉴스 기사 코퍼스에

1	) 오후 2시 다문화가족지원센터에서 결혼 이주 여성들을 대상으로 4대악	범죄	예방 교육을 실시했다. 이번 교육은 결혼 이주 여성의 가정폭력·성폭력 예방
2	지난해 외국인 범죄 발생건수는 총 108건으로, 5대 범죄는 48건이나 된다. 5대	범죄	유형별로 보면 폭력 31건, 절도 9, 강도 6, 강간 2건이 발생했다.
3	, 우즈베키스탄 등 5개 나라에서 온 8명이 땀을 흘리고 있었다. 아산 외국인 5대	범죄	해마다 늘어 아산시에 거주하는 외국인들의 강·절도, 폭력 등 5대 범죄가 늘
4	밝혔다 "외국인근로자 범죄...회사의 관심이 곧 예방" 영천경찰서가 외국인 근로자	범죄	제로화(Zero)에 도전하고 나섰다. 영천서의 외국인근로자 범죄현황 자료에
5	10배 늘었다 지난해 20만 앰플 넘어서는 등.. 신종 마약 급증, 조직폭력 개입 등	범죄	수법 다양.. 단속 골머리외국에서 유입되는 마약류가 크게 늘고, 조직폭력배
6	방지하고자 추진됐으며 국내법에 대한 안내와 최근 증가하는 보이스피싱, 파밍 등	범죄	사례도 교육했다. 제주지역 체류외국인 늘었다 제주지역내 외국인근로자와
7	있는 반면, 외국인 범죄를 전담하는 경찰관은 크게 부족한 것으로 나타나, 사전	범죄	예방은 물론 사후 사건 처리에도 큰 어려움을 겪고 있는 것으로 드러났다.
8	관내 체류 외국인 근로자 40여명을 대상으로 문화 차이 등으로 저지르기 쉬운	범죄	유형과 예방책을 설명하는 범죄예방교실을 개최했다. 외국인 근로자, 도내 3
9	외국인들이 증가 추세인 외국인 범죄 예방을 위해 자율 방범대를 구성했다. 외국인	범죄	억제와 외국인 근로자의 인권 보호, 고민 상담 등 다양한 역할이 기대된다.
10	교육 창원중부경찰서는 최근 창원시 성산구 ㈜에스에이테크 를 방문해 외국인	범죄	예방과 선제적 치안활동으로 국민 불안감 해소 목적으로 베트남 출신 노동자
11	, 결혼이민자 부문에는 일본인 다카키 게이코씨가 선정됐습니다. 외국인	범죄	, 외국인 방범대가 막는다 부산 사하구에 체류하는 외국인들이 증가 추세인
12	2008년 1만5,236명에 비해 8,000명 가까이 늘었다. 세종시 외국인	범죄	증가세 심상치 않다 이런 세종시에 근래 외국인 범죄의 가파른 증가라는
13	295명)보다 38.6% 증가했다. 외국인 범죄에 신음하는 세종시 외국인	범죄	사례————————————— # 조선족,
14	유형의 외국인 형사 범죄자가 증가 일로에 있다는 점이다. 옛 연기군 시절 외국인	범죄	청정 지역으로 평가됐던 세종 지역에서 외국인 범죄를 접하는 것은 이제 흔
15	증가해 이에 따른 대책이 요구된다. 아산경찰서에 따르면 지난해 외국인	범죄	발생건수는 총 108건으로, 5대 범죄는 48건이나 된다. 5대 범죄 유형별로
16	, 외국인 방범대가 막는다 부산 사하구에 체류하는 외국인들이 증가 추세인 외국인	범죄	예방을 위해 자율 방범대를 구성했다. 외국인 범죄 억제와 외국인 근로자의

〈그림 4-16〉 뉴스 기사 '범죄' 콘코던스

등장하는 경찰서는 주로 범죄 단속, 예방 활동과 관련이 있다. 따라서 이는 다음에 등장하는 키워드인 '범죄'와 매우 밀접한 관계가 있다고 할 수 있다. 이 두 키워드는 분석 코퍼스에 담긴 '외국인' 관련 뉴스 기사의 일반적 뉴스 기사보다 '범죄'란 주제를 특징적으로 많이 다루고 있음을 보여 준다.

범죄 사건에는 항상 범죄를 저지른 주체와 범죄의 피해를 입는 피해자가 있다. 그렇다면 '외국인' 뉴스 기사에서 범죄의 주체와 피해자는 누구인가? 이를 알아보기 위하여 〈그림 4-16〉과 같이 '범죄'를 검색어로 한 콘코던스를 생성하고 키워드 발생 문맥을 조사하여 보았다.

그 결과 '범죄' 키워드는 대부분 '외국인'을 범죄자로 묘사하는 맥락에서 사용된 것으로 나타났다. 〈그림 4-16〉의 '범죄' 콘코던스를 보면 1번과 6번 라인은 '외국인'이 범죄를 당하는 피해자로 묘사한 문장이다. 1번은 '결혼 이주 여성을 대상으로 4대악 범죄 예방 교육을 실시했다'는 문장만 놓고 보면 이주 여성이 4대악 범죄를 저지르지 못하도록 교육을 했다는 뜻인지 아니면 4대악 범죄의 피해자가 되지 않도록 교육을 했다는 뜻인지 분명하지 않다. 그러나 바로 뒤 문장에서 4대악을 '가정폭력', '성폭력' 등으로 설명하고 있어 결혼 이주 여성을 이와 같은 범죄의 잠재적 피해자로 보고 있는 것이 문맥적으로 분명해 보인다. 6번 라인도 같은 기사에서 추출된 것으로 '보이스 피싱', '파밍' 등의 사기 범죄의 피해자가 되지 않도록 교육을 실시했다는 내용이다.

이와 같이 뉴스 기사 코퍼스에는 '외국인'이 범죄의 피해자로 묘사된 경우가 있다. 그러나 대부분 '외국인'은 범죄를 일으키는 당사자로 묘사된다. 〈그림 4-16〉의 콘코던스에서 1번과 6번을 제외한 나머지는 모두 '외국인'이 범죄자로 설정되어 있다. '외국인 범죄 발생 건수'와 같이 '외국인'과 '범죄'가 같이 붙어 복합 명사가 되는 경우가 많은데 이는 '외국인이 저지르는 범죄'를 뜻하기 때문에 '외국인'을 범죄자로 묘사하는 용어이다. '아산 외국인 5대 범죄'도 마찬가지이다. '아산에 거주하는 외국인들이 저지르는 5대 범죄'란 뜻이므로 '외국인'이 범죄의 주체이다.

7번의 '사전 범죄 예방'은 외국인이 범죄를 저지르는 것을 말하는지 아니면 피해자가 되는 것을 말하는지 불분명하다. 그러나 앞에 '외국인 범죄'란 용어가 있기 때문에 여기서 말하는 범죄도 외국인이 저지르는 범죄임을 알 수 있다. 8번도 '저지르기 쉬운 범죄'라고만 기술되어 있어 누가 저지르는지 행위 주체가 안 나타나지만, 그 앞에 '관내 체류 외국인 근로자 40명을 대상으로'라고 밝히고 있어 '외국인 근로자'가 저지르는 범죄를 뜻하는 것임을 알 수 있다.

5번의 '신종마약 급증, 조직폭력 개입 등 범죄 수법 다양…'은 예외적으로 범죄의 주체가 일반적 사람을 뜻하는 것으로 사용되었다. 그런데 문맥을 예문 (40)과 같이 전체 텍스트로 확대해 보았더니 여기서도 외국인이 범죄자로 그려져 있다.

예문 (40)

지난해 20만 앰플 넘어서는 등… 신종 마약 급증, 조직폭력 개입 등 범죄 수법 다양… 단속 골머리 외국에서 유입되는 마약류가 크게 늘고, 조직폭력배가 마약밀매에 개입하는 등 마약범죄가 조직화·글로벌화되는 것으로 조사됐다. 적발된 **마약류 사범 가운데 외국인이 차지하는 비중**도 다시 늘었다. 검찰에 따르면 2008년 928명이던 **외국인 마약류 사범 수**는 매년 줄어 2011년에는 295명까지 감소했지만 2012년에는 359명으로 38.6%가 늘었다.

예문 (40)에서 첫 번째 문장은 일반 마약사범에 관한 것이다. 그러나 두 번째 문장에서 '외국인의 비중'을 언급하고 그 다음 문장에서 다시 '외국인 마약류 사범 수'를 언급하고 있다. 이와 같이 '범죄'란 키워드는 대부분 '외국인'이 그 행위의 주체가 된 맥락에서 발생한다.

키워드 목록에서 '범죄' 아래로 더 내려가면 '입건했다', '검거', '불구속'같은 어휘들이 키워드로 등장한다. 이들 키워드는 범죄에 대한 사법적 처벌과 관련된 어휘들로 '범죄'란 키워드와 같은 맥락에서 발생하여 어휘적 응결성을 형성한다. 그렇다면 이와 같은 법적 처벌을 받는 사람들은 누구인가? 이 역시 각 키워드의 맥락을 조사하면 알 수 있다.

〈그림 4-17〉은 '검거'란 키워드의 콘코던스이다. 각 라인의 맥락을 살펴보면 7번, 9번만 '외국인'이 아니다. 7번은 불법체류자에게 신고하겠다고 협박하고 돈을 뜯은 일당을 검거했다'는 내용으로 해당 기사를 더 읽어보면 이 일당들을 'A씨', 'B씨'로 부르고 있는데 토종 한국인일 가능성이 커 보인다. 9번은 불법체류자를 고용한 안마시술소 업주 A씨를 검거했다는 내용으로 이 때도 검거된 사람은 토종 한국인으로 보인다. 이 두 사례를 제외하면 나머지는 검거된 사람들은 전

1	53살 L 씨 등 일당 5명을 구속했습니다. 메스암페타민 밀수·투약 필리핀인 12명	검거	경기지방경찰청 제2청 국제범죄수사대는 외국인 노동자들에게 필리핀에서 몰래
2	배부하고, 범죄예방교육을 실시했다. 메스암페타민 밀수·투약 필리핀인 12명	검거	경기지방경찰청 제2청 국제범죄수사대는 외국인 노동자들에게 필리핀에서 몰래
3	금지 등 국내법규 준수에 대해 설명했다. 경찰, 외국인밀집지역 집중단속 464명	검거	경찰청은 지난달 10일부터 지난 11일까지 주요 외국인 밀집지역을 중심으로 집중
4	명이 참여해 즐거운 한 때를 보냈다. 자율방범대원, 뺑소니 외국인근로자 격투끝	검거	교통사고를 내고 도망가던 외국인 근로자를 자율방범대원이 추격, 격투 끝에
5	하러 이동하고 있다. 남해경찰청, 주말 휴일 해운대해수욕장 몰카 외국인 4명	검거	남해지방해양경찰청(청장 이정근) 성범죄수사대는 지난 주말인 20~21일, 해운대
6	29일 밝혔다. 건강보험증 '빌려 쓰고, 빌려 주고' 외국인 등 45명 무더기	검거	대구지방경찰청 국제범죄수사대는 30일 건강보험증을 빌려주거나 타인 명의
7	지속적으로 펼쳐 나갈 계획"이라고 말했다. 불체자 외국인 "신고하겠다" 협박한 일당	검거	불법체류자인 외국인을 협박해 금품을 요구하고 절도 행각을 벌인 일당이 경찰에
8	위한 안전보건 자료가 보급됩니다. 자국 결혼이주여성 성관계 몰카협박 캄보디아男	검거	아산경찰서(서장 서정권)는 캄보디아 결혼이주여성과의 성관계 장면을 몰래
9	뒤 해당업체를 집중 단속할 계획이라고 밝혔다. 불법 체류자 고용 안마시술소 업주	검거	아산경찰서는 불법 체류자를 고용해 마사지업소를 운영해 온 업주 A(43)씨 등
10	, 약국 운영 등의 무료 진료를 실시한다. 해시시 제조하고 판매한 외국인 등 21명	검거	인천경찰청 국제범죄수사2대는 외국에서 밀반입한 대마 종자를 재배해 마약류인
11	북한이탈주민 무료검진을 실시했다고 13일 밝혔다. 대마 흡연한 30대 외국인노동자	검거	자신의 숙소에서 대마초를 피운 30대 외국인노동자가 마약류관리에 관한 법률
12	활용해 원어설명으로 이해를 도왔다. 전남 해남경찰, 주인집 턴 중국인 불법체류자	검거	저임금에 불만을 품고 주인집 금품을 털어 달아난 중국인 불법체류자들이 경찰에
13	근로자 A(29)씨를 구속했습니다. 취업 미끼로 결혼이주여성 성폭행한 외국인 근로자	검거	취업을 미끼로 결혼이주여성을 모텔로 유인하고 성폭행한 30대의 외국인
14	방문, 불법체류자를 단속하는 방식이었다. 전문의약품 밀반입 판매한 외국인 등 4명	검거	해외에서 밀반입한 전문의약품을 허가 없이 판매한 일당이 경찰에 붙잡혔다.

〈그림 4-17〉 뉴스 기사 '검거' 콘코던스

1	26일 타인의 주민등록증을 도용해 내국인 행세를 한 혐의로 조선족 A(49)씨를 불구속	입건했다.	A씨에게 주민등록증 도용을 알선한 혐의로 현장책임자 B(53)씨도 불구속
2	혐의(특정범죄가중처벌 등에 관한 법률 위반)로 중국인 유학생 Y(25) 씨를 불구속	입건했다.	Y 씨는 지난 4월 16일 해운대구 석대동에서 직진하던 피해 차량과 충돌한
3	따지고 든다는 것. 대구경찰청 국제범죄수사대는 27일 폭력혐의로 B씨를 불구속	입건했다.	경찰조사 결과, B씨는 불법체류 외국인 근로자가 폭행을 당해도 강제
4	판매한 혐의로 K(51) 씨와 인도네시아인 S(29·여) 씨 등 외국인 3명을 불구속	입건했다.	도내 외국인 근로자 해마다 늘어 경남지역에서 일하고 있는 외국인 근로자
5	가져 온 것을 알면서도 진료한 혐의로 의사 B(54) 씨 등 한국인 3명도 같은 혐의로	입건했다.	도로공사 울포사업단, 외국인 근로자를 위한 나눔 행사 열어 한국도로공사
6	사용한 혐의(사기)로 베트남 출신 근로자 A(여·25) 씨 등 외국인 42명을 불구속	입건했다.	또 경찰은 다른 사람의 건강보험증을 가져 온 것을 알면서도 진료한 혐의로
7	입건했다. A씨에게 주민등록증 도용을 알선한 혐의로 현장책임자 B(53)씨도 불구속	입건했다.	신분증 도용 외국인 몰미 다른 사람의 신분증을 이용해 기초안전보건교육을
8	등 일당에게 불법으로 명의를 빌려 준 행정사 박모(64)씨도 행정사법 위반 혐의로	입건했다.	여성이주노동자 10% 성폭력 피해 국내 전체 노동자의 1%에 해당하는 여성
9	교부받은 중국 국적 조선족 A(49) 씨 등 2명을 사문서 위조 등의 혐의로 불구속	입건했다.	음성경찰서 외국인 범죄예방교실 음성경찰서는 26일 대소면 소재
10	요구하거나 훔친 혐의로 A씨(35) 등 2명을 구속하고 장물업자 B씨(40)는 불구속	입건했다	이주노동자 30% "돈 없어 굶은 적도" 국내 이주노동자 10명 중 1명꼴로
11	빌려 쓴 혐의(사기)로 베트남 출신 근로자 란모(25·여)씨 등 외국인 42명을 불구속	입건했다.	이중 5명은 강제 퇴거조치했다. 건강보험 부정수급 외국인 대거 적발
12	P(40) 씨에 대해 구속영장을 신청하고, 나머지 외국인 T(22) 씨 등 3명을 불구속	입건했다.	지역난방공사, 다문화가정 아동들과 '워터파크 이벤트' 열어 한국지역난방공사
13	대해 구속영장을 신청하고 나머지 외국인 근로자 3명은 공동폭행 등의 혐의로 불구속	입건했다.	천안다문화센터 지원 프로그램 '호응' 천안시다문화가족지원센터(센터장

〈그림 4-18〉 뉴스 기사 '입건했다' 콘코던스

부 '필리핀인', '캄보디아男', '중국인'을 포함한 '외국인'이다.

'입건했다'란 키워드도 '외국인'이 입건된 경우가 대부분이다. 〈그림 4-18〉의 콘코던스를 보면 3, 5, 7, 8, 10번은 입건된 사람이 토종 한국인이다. 나머지 8건은 외국인이다.

'불구속' 키워드는 〈그림 4-19〉에서 보듯이 위에서 살펴본 '입건했다'는 키워드와 짝을 이뤄 '불구속 입건했다'는 형태로 나타난다. 따라서 '불구속'된 사람은 〈그림 4-17〉에서 분석한 입건된 사람들과 대부분 일치한다. 그렇지만 〈그림 4-17〉에는 없는 '입건했다고'와 '입건했습니다'가 포함되어 있다. 이를 다 포함하여 다시 분석하면 1, 2, 4, 11, 13, 14, 17번 라인은 토종 한국인 불구속 입건 사례이다. 나

1	마사지업소를 운영해 온 업주 A(43)씨 등 2명을 의료법 및 출입국관리법위반으로	불구속	입건하고 도주한 외국인 종업원에 대한 소재 파악에 나섰다. 3일 경찰에
2	오히려 따지고 든다는 것. 대구경찰청 국제범죄수사대는 27일 폭력혐의로 B씨를	불구속	입건했다. 경찰조사 결과, B씨는 불법체류 외국인 근로자가 폭행을 당해도
3	이수증을 교부받은 중국 국적 조선족 A(49) 씨 등 2명을 사문서 위조 등의 혐의로	불구속	입건했다. 음성경찰서 외국인 범죄예방교실 음성경찰서는 26일 대소면 소재
4	불구속 입건했다. A씨에게 주민등록증 도용을 알선한 혐의로 현장책임자 B(53)씨도	불구속	입건했다. 신분증 도용 외국인 멀미 다른 사람의 신분증을 이용해
5	판매한 혐의로 K(51) 씨와 인도네시아인 S(29˙여) 씨 등 외국인 3명을	불구속	입건했다. 도내 외국인 근로자 해마다 늘어 경남지역에서 일하고 있는 외국인
6	26일 타인의 주민등록증을 도용해 내국인 행세를 한 혐의로 조선족 A(49)씨를	불구속	입건했다. A씨에게 주민등록증 도용을 알선한 혐의로 현장책임자 B(53)씨도
7	빌려 쓴 혐의(사기)로 베트남 출신 근로자 란모(25·여)씨 등 외국인 42명을	불구속	입건했다. 이중 5명은 강제 퇴거조치했다. 건강보험 부정수급 외국인 대거
8	도망친 혐의(특정범죄가중처벌 등에 관한 법률 위반)로 중국인 유학생 Y(25) 씨를	불구속	입건했다. Y 씨는 지난 4월 16일 해운대구 석대동에서 직진하던 피해 차량과
9	P(40) 씨에 대해 구속영장을 신청하고, 나머지 외국인 T(22) 씨 등 3명을	불구속	입건했다. 지역난방공사, 다문화가정 아동들과 '워터파크 이벤트' 열어
10	) 씨에 대해 구속영장을 신청하고 나머지 외국인 근로자 3명은 공동폭행 등의 혐의로	불구속	입건했다. 천안다문화센터 지원 프로그램 '호응'
11	금품을 요구하거나 훔친 혐의로 A씨(35) 등 2명을 구속하고 장물업자 B씨(40)는	불구속	입건했다 이주노동자 30% "돈 없어 굶은 적도" 국내 이주노동자 10명 중
12	빌려서 사용한 혐의(사기)로 베트남 출신 근로자 A(여·25) 씨 등 외국인 42명을	불구속	입건했다. 또 경찰은 다른 사람의 건강보험증을 가져 온 것을 알면서도 진료한
13	미끼로 외국인 근로자들에게 돈을 받아 가로챈 손모(48)씨 등 3명을 사기 혐의로	불구속	입건했다고 밝혔다. 경찰은 돈을 받고 손씨 등 일당에게 불법으로 명의를 빌려
14	노동자를 폭행해 상처를 입힌 혐의(상해)로 대구 달성군 한 공장 간부 박모(44)씨를	불구속	입건했다고 27일 밝혔다. 경찰에 따르면 박씨는 지난 15일 오전 11시쯤
15	전문의약품을 판매한 혐의로 인도네시아인 S씨(29·여)등 외국인 3명과 김모씨(51)를	불구속	입건했다고 이날 연합뉴스가 전했다. 또한 인도네시아 국적 종업원 G씨(27)
16	외국인 노동자 A씨 등 2명을 구속하고 이들에게 대마를 얻어 피운 53살 노 모씨를	불구속	입건했습니다. 대마 재취 흡연·유통 혐의 외국인 노동자 2명 구속 서울
17	48살 A모씨 등 2명을 구속했습니다. 경찰은 또 대마 흡연 혐의로 53살 노모씨를	불구속	입건했습니다. 김포경찰서, 결혼 이주여성 범죄예방교육 실시 김포경찰서

〈그림 4-19〉 뉴스 기사 '불구속' 콘코던스

1	느끼는 치안현실과 애로점을 청취하고 외사치안정책 수립에 반영하기 위해 마련됐으며 대구에	거주하는	결혼이민여성, 외국인근로자, 유학생, 교수, 유관기관 관계자 등 50여명이 참석했다.
2	농협이 다문화식품 전용코너를 늘리고 다문화가족 전담창구를 개설키로 하는 등 농촌지역에	거주하는	다문화가정 지원을 확대하고 있다. 무면허·무보험 외국인 교통 사고, 피해자만 골탕
3	적지 않은 부담이 되고 있다. 영동지역 거주 등록 외국인 10년새 3배 증가 강릉 등 영동지역에	거주하는	등록 외국인이 지난 2000년에 비해 3배 가까이 증가하는 등 외국인 유입이 가속화
4	28일 천안 하늘중앙교회에서 열린 '제3회 외국인축제'에 다문화 가정 및 이주 근로자 등 지역에	거주하는	세계 각국의 외국인 1000여 명이 참석해 축제의 즐거움을 누렸다. '하나된 금강 가례
5	수 있도록 해 주세요" '나동연 시장님, 계속 한글 공부를 할 수 있도록 해 주십시요'경남 양산에	거주하는	외국인 근로자들이 지난 십수년간 외국인 노동자의 집으로 사용해온 사무실이 ?¡거¡
6	있다. 외국인자율방범대는 포천경찰서가 효과적인 외국인 범죄 예방을 위해 지난해 5월 포천에	거주하는	외국인 근로자들을 중심으로 발족했다. 포천경찰서 소흘파출소 외국인자율방범대 운
7	유압실린더에 맞아 현장에서 숨졌다. 市, 외국인 주민·다문화가정 정착 지원 세종시가 관내에	거주하는	외국인 주민 및 다문화 가족의 생활과 정착, 자립을 위해 다양한 사업을 전개하기로
8	안동시다문화가족지원센터(센터장 남정홍)는 지난 25일 동부동 웅부공원에서 안동에	거주하는	외국인 결혼이민자, 근로자, 유학생 등이 참가한 가운데 '안동 다문화 한마음축제'를
9	육박하는 것으로 나타났다.국제결혼으로 태어나는 아이들이 빠른 속도로 늘어나면서 국내에	거주하는	외국인 자녀의 수는 19만명을 넘어섰다. 외국인 주민수 144만5000명... 전체 인구의
10	1명은 노숙을 한 경험이 있다(13명)고 답했다. 외국인노동자 30% "돈 없어 굶어봤다" 국내에	거주하는	외국인 노동자 10명 중 3명은 돈이 없어 밥을 굶어본 경험이 있는 것으로 조사됐다.
11	, 모범 외국인 근로자 위안행사 중소기업중앙회(회장 · 김기문)는 지난 14일 설악산에서 국내에	거주하는	외국인 근로자 120명이 참석한 가운데 '모범 외국인 근로자 위안행사'를 열었다.
12	이주노동자에 대한 사회적 관심을 당부했다. 다문화 가족에 대한 사회적 배려를 충남도에	거주하는	외국인 주민은 2012년 기준 6만 4642명으로 도 전체인구의 3.2%를 차지하며
13	등 행위의 처벌에 관한 법률위반 혐의로 구속했다. "국적은 달라도 우리는 한가족" 영동지역에	거주하는	외국인들을 위한 '제6회 세계인의 날 기념행사'가 29일 오전 10시 강릉단오문화관
14	등 5개 나라에서 온 8명이 땀을 흘리고 있었다. 아산 외국인 5대 범죄 해마다 늘어 아산시에	거주하는	외국인들의 강·절도, 폭력 등 5대 범죄가 늘고 있다. 특히 문화적 차이로 인한
15	증가하고 있는 것으로 나타났다. 제주도내 거주 외국인 해마다 늘어...이유는? 제주도내에	거주하는	외국인들이 해마다 늘고 있다.제주도는 올해 1월 1일 기준 외국인 주민현황 조사결고
16	있는 것으로 나타났다. 사천 외국인 명예경찰 위촉, 범죄예방·인권보호 나서 사천지역에	거주하는	외국인들이 직접 범죄예방과 인권보호에 나선다. 사천경찰서가 지난 25일 오전 11시
17	이유는 근로제공이 36%로 가장 많았다. 충북 거주 외국인 3만9천명... 보은군 수준 충북도에	거주하는	외국인이 매년 증가하고 있는 것으로 나타났다. 사천경찰서 '피서철 외국인 도움센터'
18	가장 많았다. 국내 거주 외국인 145만명 육박...외국인 자녀수 19만명 넘어서 우리나라에	거주하는	외국인이 145만명에 육박하는 것으로 나타났다.국제결혼으로 태어나는 아이들이 빠른
19	차린 A 씨는 자수를 했으며, 서울 금천경찰서는 A 씨를 살인미수 혐의로 붙잡았다. 국내에	거주하는	외국인이 늘어나면서 흉기 등을 사용한 외국인 강력범죄도 덩달아 증가하고 있다
20	무료진료 3월 31일 실시 김포시종합사회복지관은 오는 3월 31일 복지관에서 관내에	거주하는	외국인주민(결혼이민자, 외국인근로자, 난민) 100여명을 대상으로 내과, 외과, 한방,
21	넘어섰다. 외국인 주민수 144만5000명...전체 인구의 2.8%, 중국국적자가 54% 차지 국내에	거주하는	외국인주민은 144만5000여명인 것으로 집계됐다. 조선족을 포함한 중국 국적자가

〈그림 4-20〉 뉴스 기사 '거주하는' 콘코던스

머지 10건은 '외국인'이 불구속 입건 사례이다.

이상의 분석 결과를 종합해 보면 한국 언론의 '외국인' 관련 뉴스 기사에선 '범죄'가 키워드로 등장하는데 이런 뉴스 기사에서 범죄를 저지르는 사람들은 대부분 '외국인'이다. 또한 검거되고 입건되는 사람들도 대부분 '외국인'이다. 결론적으로 국내 언론은 '외국인'에 관한 뉴스에선 외국인이 저지른 범죄에 관한 내용을 특별하게 많이 다룸을

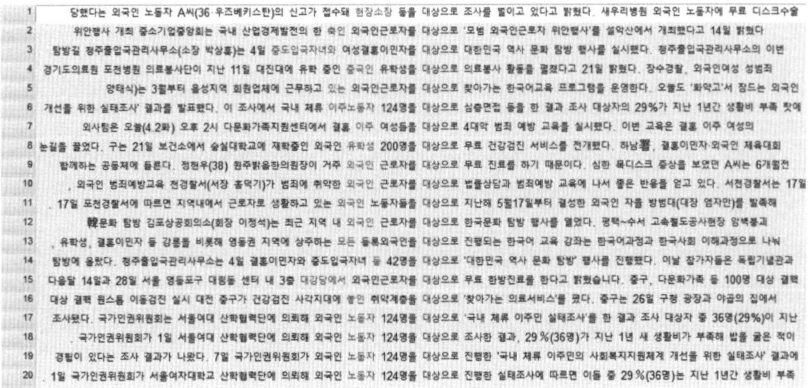

1	당했다는 외국인 노동자 A씨(36·우즈베키스탄)의 신고가 접수돼 현장소장 등을	대상으로	조사를 벌이고 있다고 밝혔다. 새우리병원 외국인 노동자에 무료 디스크수술
2	위안행사 개최 중소기업중앙회는 국내 산업경제발전의 한 축인 외국인근로자를	대상으로	'모범 외국인근로자 위안행사'를 설악산에서 개최했다고 14일 밝혔다
3	탐방길 청주출입국관리사무소(소장 박상훈)는 4일 중도입국자녀와 여성결혼이민자를	대상으로	대한민국 역사 문화 탐방 행사를 실시했다. 청주출입국관리사무소의 이번
4	경기도의료원 포천병원 의료봉사단이 지난 11일 대진대에 유학 중인 중국인 유학생을	대상으로	의료봉사 활동을 펼쳤다고 21일 밝혔다. 장수경찰, 외국인여성 성범죄
5	양태식)는 3월부터 음성지역 회원업체에 근무하고 있는 외국인근로자를	대상으로	찾아가는 한국어교육 프로그램을 운영한다. 오늘도 '화약고'서 잠드는 외국인
6	개선을 위한 실태조사' 결과를 발표했다. 이 조사에서 국내 체류 이주노동자 124명을	대상으로	심층면접 등을 한 결과 조사 대상자의 29%가 지난 1년간 생활비 부족 탓에
7	외사팀은 오늘(4.2화) 오후 2시 다문화가족지원센터에서 결혼 이주 여성들을	대상으로	4대악 범죄 예방 교육을 실시했다. 이번 교육은 결혼 이주 여성의
8	눈길을 끌었다. 구는 21일 보건소에서 숭실대학교에 재학중인 외국인 유학생 200명을	대상으로	무료 건강검진 서비스를 전개했다. 하남署, 결혼이민자·외국인 체육대회
9	함께하는 공동체에 들른다. 정현우(38) 원주밝음한의원장이 거주 외국인 근로자를	대상으로	무료 진료를 하기 때문이다. 심한 목디스크 증상을 보였던 A씨는 6개월전
10	, 외국인 범죄예방교육 천경찰서(서장 홍덕기)가 범죄에 취약한 외국인 근로자를	대상으로	법률상담과 범죄예방 교육에 나서 좋은 반응을 얻고 있다. 서천경찰서는 17일
11	. 17일 포천경찰서에 따르면 지역내에서 근로자로 생활하고 있는 외국인 노동자들을	대상으로	지난해 5월17일부터 결성한 외국인 자율 방범대(대장 엠자만)를 발족해
12	韓문화 탐방 김포상공회의소(회장 이정석)는 최근 지역 내 외국인 근로자를	대상으로	한국문화 탐방 행사를 열었다. 평택~수서 고속철도공사현장 암벽붕괴
13	, 유학생, 결혼이민자 등 강릉을 비롯해 영동권 지역에 상주하는 모든 등록외국인을	대상으로	진행되는 한국어 교육 강좌는 한국어과정과 한국사회 이해과정으로 나눠
14	탐방에 올랐다. 청주출입국관리사무소는 4일 결혼이민자와 중도입국자녀 등 42명을	대상으로	'대한민국 역사 문화 탐방' 행사를 진행했다. 이날 참가자들은 독립기념관과
15	다음달 14일과 28일 서울 영등포구 대림동 센터 내 3층 대강당에서 외국인근로자를	대상으로	무료 한방진료를 한다고 밝혔습니다. 중구, 다문화가족 등 100명 대상 결핵
16	대상 결핵 뢴스톱 이동검진 실시 대전 중구가 건강검진 사각지대에 놓인 취약계층을	대상으로	'찾아가는 의료서비스'를 폈다. 중구는 26일 구청 광장과 야곱의 집에서
17	조사됐다. 국가인권위원회는 서울여대 산학협력단에 의뢰해 외국인 노동자 124명을	대상으로	'국내 체류 이주민 실태조사'를 한 결과 조사 대상자 중 36명(29%)이 지난
18	. 국가인권위원회가 1일 서울여대 산학협력단에 의뢰해 외국인 노동자 124명을	대상으로	조사한 결과, 29%(36명)가 지난 1년 새 생활비가 부족해 밥을 굶은 적이
19	경험이 있다는 조사 결과가 나왔다. 7일 국가인권위원회가 외국인 노동자 124명을	대상으로	진행한 '국내 체류 이주민의 사회복지지원체계 개선을 위한 실태조사' 결과에
20	. 1일 국가인권위원회가 서울여자대학교 산학협력단에 의뢰해 외국인 노동자 124명을	대상으로	진행한 실태조사에 따르면 이들 중 29%(36명)는 지난 1년간 생활비 부족

〈그림 4-21〉 뉴스 기사 '대상으로' 콘코던스

알 수 있다.

범죄와 관련된 키워드 외엔 '거주하는', '대상으로', '개최했다'와 같은 키워드가 있다. '거주하는'은 〈그림 4-20〉의 콘코던스에 보듯이 100% '외국인'과 짝을 이뤄 발생한다. 즉 이 어휘는 '…에 거주하는 외국인'이란 고정된 패턴에서만 사용되고 있다. 즉 '거주하는'은 '외국인'에 관한 뉴스 기사에서 어느 지역에 거주하는 외국인인가를 한정하는 역할을 한다. 이는 뉴스 기사의 주제인 외국인의 신분을 명확히 하는 것으로 특별한 의미가 있어 보이지 않는다.

이번에는 '대상으로' 키워드를 살펴보자. 〈그림 4-21〉의 콘코던스에서 '대상으로'의 왼쪽 어휘들을 보면 거의 대부분 외국인 노동자, 근로자, 결혼이민자, 이주노동자와 같이 '외국인' 범주에 들어가는 사람들을 지칭하는 어휘들이다. 그리고 '대상으로'의 오른쪽 어휘를 보면 (1) '위안 행사', '탐방 행사'와 같은 행사, (2) '한국어교육', '범죄예방 교육'과 같은 교육 프로그램, (3) '의료서비스', '무료 한방진료'와 같은 지원 서비스 등의 어휘들이 거의 대부분을 차지한다. 이를 보면

1	가족 등 300여 명이 참가한 가운데 '외국인근로자 국가 대항 축구대회'를	개최했다.	대구은행 섬김본부·외환사업부 직원, "2013 컬러풀 외국인근로자
2	, 근로자, 유학생 등이 참가한 가운데 '안동 다문화 한마음축제'를	개최했다.	제주다민족문화제 6월 1～2일 열려 제주도와
3	29일 오후 2시, 청사 10층 무학마루에서 '다문화가족 힐링캠프'를	개최했다.	힐링캠프는 다문화가정에서 피부로 느끼는 치안현실과 애로점을
4	돌이면 ㈜대호 회의실에서 외국인 근로자 20여명을 상대로 범죄예방교실을	개최했다.	범죄예방교실은 외국인 5대폭력 척결 홍보 및 피해사례 수집,
5	등으로 저지르기 쉬운 범죄 유형과 예방책을 설명하는 범죄예방교실을	개최했다.	외국인 근로자, 도내 3D 일자리에 3년간 1만명 일했다 임금이
6	사하구 하단동 을숙도 체육공원에서 제2회 빅토리컵 부산지역 예선전을	개최했다.	빅토리컵은 우리나라에 살고 있는 외국인 근로자나 유학생으로
7	축구 동호회와 외국인 근로자간 4대악 근절을 위한 한마음 축구대회를	개최했다.	울성경찰서에 따르면 이번 대회는 경찰관 및 베트남, 인도네시아
8	교류 활성화를 위해 7일 오전 '선부고등학교에서 다문화 친선 축구대회'를	개최했다.	경기사회복지공동모금회, 삼천리도시가스, 단원병원이 후원한
9	등 60여명이 참석한 가운데, '4대악 근절을 위한 한마음 축구대회'를	개최했다.	이번 대회는 경찰관과 외국인 간 유대를 강화해 범죄를
10	결혼이주여성, 다문화가족 등 300명이 참여하는 한국바다체험 행사를	개최했다.	공장 부도에 절도범으로 나선 외국인 근로자 구속 부산

〈그림 4-22〉 뉴스 기사 '개최했다' 콘코던스

'외국인'에 관한 뉴스 기사에서 '대상으로'란 어휘가 등장할 때 대부분이 '외국인' 거주자들을 위한 교육, 행사, 지원 등에 관한 내용임을 알 수 있다.

'개최했다'와 '실시했다는 키워드는 '대상으로'란 키워드와 의미상 밀접한 관계가 있어 보인다. 즉 이 어휘들은'누구를 대상으로 어떤 행사를 개최하거나 실시하다'는 명제를 표현한다. 예를 들어 〈그림 4-22〉의 '개최했다'는 콘코던스를 보면 이 키워드는 축구대회, 축제, 범죄예방 교실 등의 행사 개최와 관련하여 사용되었다. 그리고 좌우 문맥을 살펴보면 행사 참여 대상은 한결같이 '외국인 근로자', '다민족', '다문화가족' 등 '외국인'으로 분류되는 집단의 구성원이다. 키워드 하위 목록에 '가졌다'(11건, 키워드 85번)는 어휘도 있는데, 이 역시 '외국인'들을 위한 행사를 보도하는 내용에서 발생한다. 이를 보면 '외국인' 관련 뉴스 기사에선 '외국인'을 '대상으로' 하는 각종 지원, 행사 등의 소식이 일반 뉴스에서 보다 중요하게 다뤄지고 있음을 알 수 있다.

뉴스 기사에서 교육, 행사, 지원 프로그램에 관해 보도하는 것은 이상한 일이 아니지만 이런 보도가 '외국인'에 관한 뉴스에서 통계적으로 유의미할 정도로 특별하게 많은 사실은 독자들로 하여금 '외국인'은 지원이나 도움의 대상이라는 편협한 시각을 갖게 할 수 있다는

1	해마다 늘어 경남지역에서 일하고 있는 외국인 근로자 수가 계속해서 늘고 있는 것으로	나타났다.	12일 중소기업중앙회 경남본부에 따르면 지난해 경남에는 15개국에서 4931명의
2	좋지 않은 작업장을 중심으로 외국인 근로자가 계속해서 큰 폭으로 증가하고 있는 것으로	나타났다.	25일 중소기업중앙회 경남지역본부에 따르면 지난해 도내에서 일하는 외국인
3	. 제주 체류 외국인 크게 증가 제주체류 등록외국인이 최근 10년간 크게 증가한 것으로	나타났다.	2일 제주출입국관리사무소에 따르면 지난 2월말 현재 제주체류 등록외국인은
4	가장 많은 외국인주민이 사는 곳은? 국내 외국인주민이 꾸준히 증가하고 있는 것으로	나타났다.	3일 안전행정부가 발표한 2013년 지방자치단체 외국인주민 현황(2013년 1월 1
5	기준 5700명 빠져나가 국내에 체류중인 외국인 선원들의 근무지 이탈이 심각한 것으로	나타났다.	8일 해양경찰청에 따르면 지난해말 기준으로 해양・수산 분야에서 일하는
6	. 한편 지난해 외국인 범죄율은 1.70%로 한국 전체 범죄율 3.95%에 못 미치는 것으로	나타났다.	경찰청 관계자는 "대다수 체류 외국인들은 법질서를 준수하며 내국인보다 낮은
7	...외국인 자녀수 19만명 넘어서 우리나라에 거주하는 외국인이 145만명에 육박하는 것으로	나타났다.	국제결혼으로 태어나는 아이들이 빠른 속도로 늘어나면서 국내에 거주하는 외국인
8	중소기업들은 근로자를 구하지 못해 애를 태우는 기현상이 수년째 지속되고 있는 것으로	나타났다.	그리고 도내 중소기업 등 3D업종의 빈자리는 외국인 근로자들이 채워주고 있는
9	외국인 등록현황은 1440명로 총 인구 8만7861명의 1.7%를 차지하고 있는 것으로	나타났다.	사천 외국인 명예경찰 위촉, 범죄예방·인권보호 나서 사천지역에 거주하는
10	외국인 3만9천명... 보은군 수준 충북도에 거주하는 외국인이 매년 증가하고 있는 것으로	나타났다.	사천경찰서 '피서철 외국인 도움센터' 운영 사천경찰서(서장 차상돈)가 1일 외국인
11	외국인 등록현황은 1440명로 총 인구 8만7861명의 1.7%를 차지하고 있는 것으로	나타났다.	예산 외국인 증가세, 총인구의 1.7% 달해 예산군내 외국인이 해마다 증가 하고
12	근로자를 고용하는 기업들은 업체당 평균 6.4명의 외국인 근로자를 고용하고 있는 것으로	나타났다.	외국인 근로자로는 인도네시아인이 가장 많고 다음으로 베트남인 등의 순이다.
13	외국인 1만3882명 거주 인천시 부평구에 사는 외국인 주민은 전체 주민의 2.5%인 것으로	나타났다.	외국인 노동자 위해 외국어로 안전자료 만들어 보급 언어소통의 문제로 산업재해
14	밝힌 '2013년 2월말 기준 제주체류 등록외국인 현황'자료에 따르면 55개국 9615명으로	나타났다.	이는 지난 2003년 기준 35개국 1567명과 비교할 때 등록체류 외국인수로는 6배
15	53.7% 우리나라 거주 외국인이 지난해보다 2.6% 증가해 145만명에 육박한 것으로	나타났다.	이들 중 한국계 중국인을 포함한 중국 국적자는 절반이 넘는 비중을 차지해 가장
16	외국인 근로자 고용에 투입하는 비용에 비해 실질적인 효과는 거두지 못하고 있는 것으로	나타났다.	이에 따라 문제 해결을 위한 근본적인 대책이 마련돼야 한다는 목소리가 제기되고

〈그림 4-23〉 뉴스 기사 '나타났다' 콘코던스

1	나타났다	나타났다	389.953	1	22	0	0						22
2	것으로	나타났다	279.709	1	21	21	0					21	
3	있는	나타났다	131.472	1	13	13	0				13		
4	증가하고	나타났다	67.140	1	4	4	0			4			
5	크게	나타났다	17.198	1	2	2	0			2			
6	차지하고	나타났다		1	2	2	0			2			
7	최근	나타났다	16.488	1	2	2	0	2					
8	증가한	나타났다	29.442	1	2	2	0				2		
9	외국인이	나타났다	17.944	1	2	2	0	1	1				

〈그림 4-24〉 뉴스 기사 '나타났다' 연어 목록

점에서 문제가 된다. 이와 같은 시각이 더 발전하면 '외국인'은 독립적인 생활을 하지 못하는 의존적이고 의타적인 사람들이란 인종차별적 고정관념을 유발하고 강화할 수 있기 때문이다. 이는 앞서 분석했던 '다문화' 구성원의 경우와 유사하다.

마지막으로 '나타났다'는 키워드를 보면 〈그림 4-22〉에서 보듯이 이는 주로 통계 자료를 인용하는 맥락에서 발생함을 알 수 있다. 대부분 한국 사회 전체 또는 특정 지역에 거주하는 '외국인'의 숫자 및 비율을 보도하는 맥락에서 나타난다. 특히 〈그림 4-24〉의 연어 목록에서 볼 수 있듯이 '나타났다'가 '증가하고', '증가한'과 밀접한 연어 관계를 맺고 있어 '외국인' 인구에 대한 보도의 핵심은 그 수의 급격한 증가를 강조하는 데에 있음을 알 수 있다. 이는 있는 사실을 그대로 보도하는 것이지만 한국 사회에서 '외국인' 수가 증가하고 있다는 것에 초점을 맞춰 반복적으로 보도하는 것은 토종 한국인 관점에서 한국 사회 내의 '외국인'의 존재에 대한 경계심을 불러일으키는 효과를 낼 수 있다. 또한 한국 사회의 구성원 중 유독 '외국인'을 분리하여 그 수와 비율을 자꾸 거론하는 것은 토종 한국인과 외국인들을 분리해 생각하는 관습적 사고를 강화시킬 수 있다는 점도 유의할 필요가 있다.

4.6.2. '외국인' 뉴스 담화 역할 분석

본 절에서는 앞에서 살펴본 〈그림 4-13〉의 '외국인' 뉴스 기사 키워드 목록을 담화 역할 관점에서 재조명하기로 한다. 키워드 목록에서 동작이나 행위 등 문법적으로 동사의 의미가 있는 프로세스 어휘를 찾아보면 '거주(하는)', '체류(하다)', '입건(했다)', '나타났다', '개최했다', '검거(하다)', '실시했다', '증가(하다)' 등이 있다. 이 중에 앞 절의 키워드 분석에서 분석 대상으로 삼았던 '거주(하는)', '검거', '입건' 등의 프로세스에 나타나는 참여자 분포를 살펴보자.

'거주(하는)'는 〈그림 4-22〉의 콘코던스에서 보듯이 거의 대부분 '외국인'이 행동의 주체인 행동자이다. 그러나 '거주(하는)'는 행동자의 행위가 외부에 영향을 미치지 않는 발생 프로세스이다. 이에 반해 〈그림 4-20〉, 〈그림 4-21〉의 콘코던스를 보면 '검거(하다)', '입건(하다)'은 행동자의 행동이 외부의 목표에 영향을 끼치는 행동 프로세스이다. 콘코던스 맥락을 보면 행동의 주체인 행동자는 경찰 등 사법당국이다. 그리고 '외국인'은 이런 행동의 목표이다. 또한 〈그림 4-22〉

의 콘코던스에 나타나는 '개최했다'는 프로세스에선 행동자가 지자체, 기관, 단체 등이고 범위는 각종 행사이다.

이상의 프로세스에서 드러나는 담화 역할을 보면 '외국인'은 대부분 행동 프로세스의 목표로 등장하기 때문에 외부 세상에 아무런 영향도 미치지 못하며, 타인의 행동에 영향을 받는 존재로 묘사되었다. 이런 담화 역할에서 나타나는 '외국인'의 모습은 수동적이고 피동적이다. 이에 반하여 이들에 비해 상대적으로 권력을 가졌다고 할 수 있는 사법당국, 지자체 및 각종 기관, 단체는 외부 세상에 영향을 미치는 역동적 모습으로 그려졌다.

그러나 뉴스 기사에서 '외국인'이 항상 행동 프로세스의 목표로만 등장하는 것은 아니다. 〈그림 4-16〉의 상위 50 키워드 목록에는 안 나타나지만 워드스미스에서 생성한 키워드 목록에는 '구속했습니다', '붙잡혔다', '가졌다', '고용(하다)', '절도', '훔친', '밝혔다'와 같이 프로세스의 의미를 지닌 다른 키워드들이 있다. 이런 키워드들도 상대적으로 키값은 낮지만 통계적으로 일반 뉴스 기사에서 더 빈번하게 발생하는 어휘들이다. 이 중 '구속하다', '붙잡다'는 '검거하다', '입건하다'와 마찬가지로 외국인이 목표 참여자의 역할로 묘사되는 프로세스들이다. '고용하다'에서도 외국인은 토종 한국인 고용주에 의하여 고용되는 목표 역할을 맡는다. 그러나 '절도'와 '훔친'이란 프로세스에서는 '외국인'이 행위자로 등장한다. 가령, 〈그림 4-25〉의 '절도' 콘코던스에서 좌우 맥락을 살펴보면 '절도'란 행동에 주체가 되는 사람은 8번을 제외하곤 전부 '외국인'들이다. 특히, 동 콘코던스에는 '절도' 외에 '강도', '강간', '성매매' '폭력', '절도' 등 다양한 범죄 행위가 등장하는데 '외국인'이 이런 범죄 행위의 주체로 그려졌다. 이렇듯 뉴스 기사에서 '외국인'이 타자에게 영향을 미치는 행동 프로세스의 행위

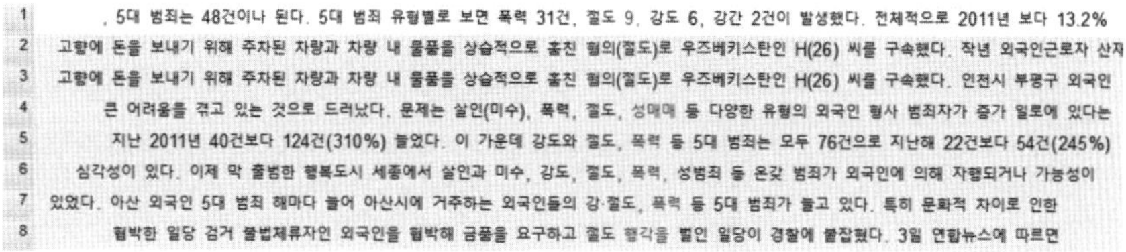

1 , 5대 범죄는 48건이나 된다. 5대 범죄 유형별로 보면 폭력 31건, 절도 9, 강도 6, 강간 2건이 발생했다. 전체적으로 2011년 보다 13.2%
2 고향에 돈을 보내기 위해 주차된 차량과 차량 내 물품을 상습적으로 훔친 혐의(절도)로 우즈베키스탄인 H(26) 씨를 구속했다. 작년 외국인근로자 산재
3 고향에 돈을 보내기 위해 주차된 차량과 차량 내 물품을 상습적으로 훔친 혐의(절도)로 우즈베키스탄인 H(26) 씨를 구속했다. 인천시 부평구 외국인
4 큰 어려움을 겪고 있는 것으로 드러났다. 문제는 살인(미수), 폭력, 절도, 성매매 등 다양한 유형의 외국인 형사 범죄자가 증가 일로에 있다는
5 지난 2011년 40건보다 124건(310%) 늘었다. 이 가운데 강도와 절도, 폭력 등 5대 범죄는 모두 76건으로 지난해 22건보다 54건(245%)
6 심각성이 있다. 이제 막 출범한 행복도시 세종에서 살인과 미수, 강도, 절도, 폭력, 성범죄 등 온갖 범죄가 외국인에 의해 자행되거나 가능성이
7 있었다. 아산 외국인 5대 범죄 해마다 늘어 아산시에 거주하는 외국인들의 강·절도, 폭력 등 5대 범죄가 늘고 있다. 특히 문화적 차이로 인한
8 협박한 일당 검거 불법체류자인 외국인을 협박해 금품을 요구하고 절도 행각을 벌인 일당이 경찰에 붙잡혔다. 3일 연합뉴스에 따르면

〈그림 4-25〉 뉴스 기사 '절도' 콘코던스

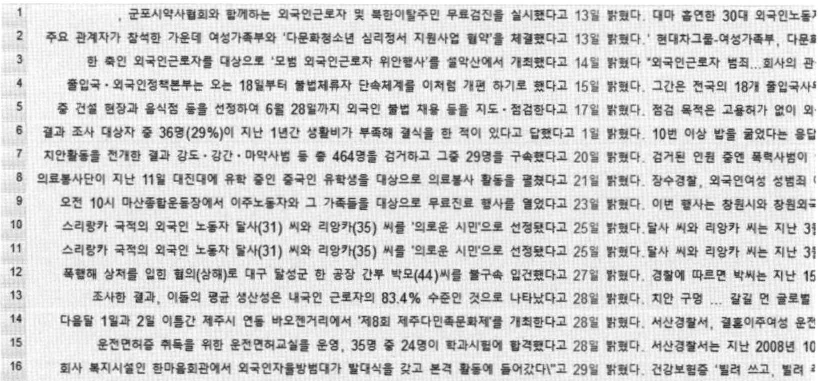

1 , 군포시약사협회와 함께하는 외국인근로자 및 북한이탈주민 무료검진을 실시했다고 13일 밝혔다. 대마 흡연한 30대 외국인노동
2 주요 관계자가 참석한 가운데 여성가족부와 '다문화청소년 심리정서 지원사업 협약'을 체결했다고 13일 밝혔다.' 현대차그룹-여성가족부, 다문
3 한 축인 외국인근로자를 대상으로 '모범 외국인근로자 위안행사'를 설악산에서 개최했다고 14일 밝혔다 "외국인근로자 범죄...회사의 관
4 출입국·외국인정책본부는 오는 18일부터 불법체류자 단속체계를 이처럼 개편 하기로 했다고 15일 밝혔다. 그간은 전국의 18개 출입국사
5 중 건설 현장과 음식점 등을 선정하여 6월 28일까지 외국인 불법 채용 등을 지도·점검한다고 17일 밝혔다. 점검 목적은 고용허가 없이 외
6 결과 조사 대상자 중 36명(29%)이 지난 1년간 생활비가 부족해 결식을 한 적이 있다고 답했다고 1일 밝혔다. 10번 이상 밥을 굶었다는 응답
7 치안활동을 전개한 결과 강도·강간·마약사범 등 총 464명을 검거하고 그중 29명을 구속했다고 20일 밝혔다. 검거된 인원 중엔 폭력사범이
8 의료봉사단이 지난 11일 대진대에 유학 중인 중국인 유학생을 대상으로 의료봉사 활동을 펼쳤다고 21일 밝혔다. 장수경찰, 외국인여성 성범죄
9 오전 10시 마산종합운동장에서 이주노동자와 그 가족들을 대상으로 무료진료 행사를 열었다고 23일 밝혔다. 이번 행사는 창원시와 창원외국
10 스리랑카 국적의 외국인 노동자 달사(31) 씨와 리앙카(35) 씨를 '의로운 시민'으로 선정됐다고 25일 밝혔다.달사 씨와 리앙카 씨는 지난 3
11 스리랑카 국적의 외국인 노동자 달사(31) 씨와 리앙카(35) 씨를 '의로운 시민'으로 선정됐다고 25일 밝혔다.달사 씨와 리앙카 씨는 지난 3
12 폭행해 상처를 입힌 혐의(상해)로 대구 달성군 한 공장 간부 박모(44)씨를 불구속 입건했다고 27일 밝혔다. 경찰에 따르면 박씨는 지난 15
13 조사한 결과, 이들의 평균 생산성은 내국인 근로자의 83.4% 수준인 것으로 나타났다고 28일 밝혔다. 치안 구멍 ... 갈길 먼 글로벌
14 다음달 1일과 2일 이틀간 제주시 연동 바오젠거리에서 '제8회 제주다민족문화제'를 개최한다고 28일 밝혔다. 서산경찰서, 결혼이주여성 운전
15 운전면허증 취득을 위한 운전면허교실을 운영, 35명 중 24명이 학과시험에 합격했다고 28일 밝혔다. 서산경찰서는 지난 2008년 10
16 회사 복지시설인 한마음회관에서 외국인자율방범대가 발대식을 갖고 본격 활동에 들어갔다\"고 29일 밝혔다. 건강보험증 '빌려 쓰고, 빌려
17 2.5% 차지 충북도는 도내 외국인 주민 수가 3만9천명으로 도내 인구의 2.5%를 차지하고 있다고 2일 밝혔다. 경남 외국인 노동자 수 전국 3
18 늘고 있다.제주도는 올해 1월 1일 기준 외국인 주민현황 조사결과 1만2656명으로 나타났다고 4일 밝혔다. 이는 도내 등록된 전체 주민등
19 등에서 2013전국외국인근로자배구대회 및 광주시민서포터즈배(남·여)배구대회'를 개최한다고 6일 밝혔다. 서울 다문화 현장을 가다. 우리

〈그림 4-26〉 뉴스 기사 '밝혔다' 콘코던스

자로 나타날 때는 주로 범죄와 같이 부정적 행위와 연관되어 있다.

또한 상위 50 키워드 목록에는 포함되지 않았지만 '밝혔다'는 프로세스도 분석해 볼 가치가 있다. 〈그림 4-26〉의 콘코던스를 보면 모든 콘코던스 라인이 '…했다고 ~일 밝혔다'와 같은 형식이다. 즉 '밝혔다'는 제3자의 말을 인용하는 역할을 하는 어휘이다. 이와 같은 의미로 사용된 '밝혔다'는 핼러데이의 프로세스 분류에선 구두(verbal) 프로세스에 해당한다. 앞에서 설명하였듯이 구두 프로세스의 참여자는 크게 말을 하는 주체인 발화자와 발화 내용으로 나뉜다. '밝혔다'

에서 '…라고'란 인용절 안에 들어간 내용이 발화 내용이 되는데, 그 내용은 외국인을 위한 무료검진, 의료봉사, 문화제 같은 행사나 봉사 활동, 특정 지역에 거주하는 외국인 수나 비율 또는 외국인 범죄 등 거의 전부 '외국인'에 관한 내용이다. 그리고 이와 같은 발화 내용을 말하는 발화자는 봉사 활동이나 행사를 주최하거나 통계 업무를 담당하거나 범죄 수사를 맡은 기관이다.

뉴스 기사에 자신의 견해나 말이 인용되는 기관은 대부분 사회적으로 힘이 있는 권력 기관이나 집단이다. 언론은 어떤 사회적 이슈나 현상에 대해 제3자의 의견을 전달할 때 정책당국자, 연구원, 기업 고위간부, 대학 교수 등 엘리트 집단의 구성원을 선호한다. 이는 언론을 통해 자신의 입장, 견해, 의견, 말을 전달할 수 있는 특혜가 상대적으로 권력이 있는 사회 구성원에게 주어진다는 말이다. 즉 언론을 통해 말할 수 있는 것 자체가 권력의 표상이며 언론을 통해 발언을 전달할 수 있는 권력은 엘리트 담화를 생산한다(Van Djik 2002:145-146). 이런 관점에서 '외국인' 관련 뉴스 기사에서 외국인이 자신의 말을 전달하는 발화자 대신에 발화 내용의 한 요소로만 등장하는 것은 이들이 권력의 약자라는 것을 시사한다. 동시에 언론이 '외국인'이 발화자가 될 수 있는 상황에는 무관심하거나 그들의 견해나 의견을 들으려 하지 않는다는 것으로 해석할 수 있다. 대신에 지자체, 기관, 단체 등 상대적으로 권력 강자인 사회 구성원의 말은 적극적으로 인용하고 있다. 이는 언론 보도가 상대적 권력 강자의 관점을 반영한다는 것을 뜻하며, 언론이 권력 약자인 '외국인'에 대하여 언론을 통한 발언권에서 차별적 태도가 있음을 보여 주는 것이다.

이상의 담화 역할 분석을 종합해 보면 '외국인' 관련 뉴스 기사에서 '외국인'은 일반적으로 자신의 운명이나 안위가 다른 사람의 행동에 의하여 영향을 받는 수동적 존재로 나타난다. 이와는 대조적으로 상대적 권력 강자인 정부 당국, 지자체, 경찰 및 사회단체 등은 역동적인 행동자로 그려져 있다. 예외적으로 '외국인'이 역동적 행동자로 그려질 때는 범죄 행위의 주체로 보도될 때이다. 뉴스 기사에서 '외국인'들이 이와 같이 정형화된 담화 역할로 그려지는 것은 이들에 대한 왜곡된 부정적 고정관념을 야기할 수 있는 개연성이 있다.

4.7. 사례연구 분석 결론

본 장에서 분석한 뉴스 기사에서 '다문화' 구성원과 '외국인'들은 정형화된 모습으로 그려지는 것으로 나타났다. '다문화' 구성원은 온갖 종류의 지원이나 도움, 행사 등의 혜택을 받는 수혜자의 역할로 고정되어 나타난다. '외국인'도 타인의 도움을 받는 피동적 역할로 빈번히 그려지고 있으며, 이들이 역동적 역할을 수행할 때는 범죄와 연관된 경우이다. '다문화'와 '외국인' 관련 뉴스 기사에서 이와 같이 정형화된 이야기 프레임이 반복적으로 사용되는 것은 '다문화=자선이나 시혜의 대상', '외국인=잠재적 범죄자'와 같은 특정 인종에 대한 왜곡된 고정관념을 야기하고 강화할 개연성이 있다. 이와 같은 점에서 한국 언론의 '다문화', '외국인' 관련 뉴스보도는 인종차별적 요소를 갖고 있다.

제5장

사례연구 3
-인터넷 댓글 분석

제5장 사례연구 3 –인터넷 댓글 분석

5.1. 사례연구 목적

본 사례연구는 '외국인' 및 '다문화' 관련 신문 기사에 인터넷 독자들이 남긴 댓글의 내용을 분석하여 이를 통해 사례연구 1, 2에서 분석한 언론의 보도 성향과 댓글 내용의 상관관계를 조사하는 데 그 목적이 있다.

신문기사의 온라인 댓글에 관한 학문적 의견은 분분하다. 긍정적 관점에서 온라인 댓글은 과거 강연과 같이 일방적으로 전달되던 뉴스 전달 방식을 대화 형식으로 바꿔 놓은 인터넷 저널리즘(online journalism)의 한 단면으로 평가할 수 있다(Foreman 2010:320). 그 결과 과거에는 일대다(one-to-many)의 매체였던 신문에 독자 참여의 폭이 넓어지면서 독자와 신문사 간의 상호작용이 가능하게 되었다(Nielsen 2013:472). 특히 인터넷 댓글은 인터넷에 접속된 컴퓨터만 있으면 시공의 제약을 받지 않고 기사에 대한 즉각적인 의견을 포스팅할 수 있게 되면서 크게 활성화되었다. 이를 통해 정보의 전달자와 수신자의 경계가 불명확해지고 새로운 대화의 공간이 창출되었으며, 공적 공간의 민주화의 가능성이 열리게 되었다(Silva 2013:177).

그러나 온라인 댓글이 민주적 토론장으로 기능할 수 있을지에 대해 회의적 시각도 많다. 인터넷 댓글이 파편적이고, 소수에 의하여 좌지우지되며, 합리적 토론보다 즉흥적 생각이나 감정의 분출구 역할을 하며, 악성 댓글, 부정확한 거짓 또는 사기적인 정보 유포, 상대방의 의견에 대한 대응보다 일방적인 자기주장만 표명하는 경향이 있는 등 다양한 문제점이 지적되고 있다(Silva 2013:178-197).

그럼에도 불구하고 신문기사에 대한 독자 댓글은 해당 기사가 독자들에게 어떤 반응을 불러일으키며 제한적이나마 보도된 내용에 대한 독자들의 생각은 어떠한지를 들여다볼 창구를 제공한다는 측면에서 본 사례연구의 데이터로 선택하였다.

5.2. 연구 데이터

본 사례연구에서 분석할 데이터는 '외국인' 및 '다문화'와 관련한 3건의 신문 기획기사에 인터넷 독자들이 남겨 놓은 댓글로 구성하였다. 데이터 수집 과정 및 데이터 특성은 다음과 같다.

(1) 2012~2013년에 비교적 많은 인터넷 댓글을 유발한 인터넷판 신문 기사 3건을 선택하였다. 인터넷 댓글은 일정 기간이 지나면 신문사나 포털의 서버에서 삭제되기 때문에 과거 기사를 검색하는 방식은 사용할 수 없었다. 따라서 포털 사이트의 뉴스 검색 중 우연히 연구자의 눈에 띈 기사를 즉석에서 수집하는 방식으로 이뤄졌다.

(2) 이와 같은 방식으로 총 다섯 건의 기사를 수집하였으나 댓글의 수가 많지 않은 두 건은 제외하고 세 건의 기사에 추출한 총 689건

〈표 5-1〉 인터넷 댓글 분석 데이터

신문/ 게재 일자	제목	주된 내용	댓글 건수
세계일보 2012.04.15	"다 외국인 노동자 때문… 모조리 추방시켜라"	수원 20대 여성 토막살인사건 등 외국인 강력 범죄가 증가하면서 한국 사회에 퍼지고 있는 외국인 혐오 여론을 비판하는 내용	306개
한겨레 2012.07.22	"10년 한국 생활 끝낼 참인데…" 중국동포 무너진 귀향 꿈	공사장에 일용직 노동자로 나갔다 사고로 사망한 중국동포의 사연을 소개하는 내용	79개
서울신문 2013.09.10	영어붐 타고 온 필리핀 보모 '먹튀' 기승	아이들에게 영어를 가르칠 수 있다는 점 때문에 젊은 엄마들 사이에 인기를 끌고 있는 필리핀 보모 현상과 이들에게 사기를 당한 내용	304개

의 댓글을 분석 데이터로 확정하였다. 분석 데이터로 삼은 세 건의 신문기사와 댓글 정보는 〈표 5-1〉과 같다.

(3) 데이터 수집은 다음 포털에 연결된 신문 기사를 검색하는 방식으로 이뤄졌다. 해당 기사의 내용을 검토하고 댓글의 건수가 많은 경우를 선별하였다.

(4) 분석 데이터로 선택한 신문기사는 기사 전문과 댓글을 복사하여 문서로 복사 저장하였으며, 해당 기사에 인터넷 게재 날짜와 신문사 등 관련 서지 정보를 삽입하였다.

(5) 문서에 저장된 댓글은 다시 일반 텍스트 문서로 옮겨서 게시자의 아이디와 댓글 내용만 남겨 두고 인터넷에서 같이 복사된 불필요한 문자들을 삭제하는 등 데이터 정리 작업을 진행하였다.

5.3. 데이터 분석 방법

본 사례연구의 데이터 분석에선 통계에 기초한 코퍼스 정량분석 방식에 추가하여 댓글 내용을 수작업을 검토하는 콘텐트 분석을 하기로 한다.

정량분석은 띄어쓰기가 불규칙하고 특수 기호를 많이 사용하는 인터넷 댓글의 특징을 고려하여 일반적인 고빈도 어절 분석 대신에 2글자 연쇄 형태(2 character grams)를 분석하기로 한다. 2글자 연쇄란 말 그대로 두 글자가 연속해서 붙어있는 형태를 뜻한다. '이들 때문에'란 문구에서 2글자 연쇄는 '이들' '때문', '문에' 등이 있다. 글자 사이 공백도 문자로 본다면 '_들', '_때', '에_'가 포함된다. 2글자 연쇄를 분석하는 가장 큰 이유는 인터넷 댓글에서 띄어쓰기가 잘 지켜지지 않기 때문이다. 가령 본 장에서 분석한 댓글 데이터에는 '이들 때문에'를 '이들때문에'로 붙여 표기한 경우가 있다. 이런 때 어절에 기초한 빈도 분석을 한다면 '이들때문에'는 전체가 독립어절로 분석되기 때문에 '때문에'란 어구의 정확한 빈도수 파악이 불가능하다. 2글자나 3글자 연쇄 분석을 하면 위 경우 띄어쓰기와 상관없이 '때문에'의 발생 빈도를 보다 정확하게 파악할 수 있다는 장점이 있다. 본 장의 2글자 연쇄 분석은 워드스미스 프로그램의 Character Profile이라는 기능을 이용하였다.

이와 같은 코퍼스 분석에 추가하여 본 장에서는 댓글 전체의 내용을 수작업으로 검토하는 콘텐트 분석을 시도하였다. 콘텐트 분석을 택한 이유는 다음과 같다.

첫째, 본 사례연구의 목적이 앞선 사례연구 1, 2에서 분석한 언론의 보도 성향과 독자의 댓글 내용의 상관관계를 조사하는 것이기 때문에 고빈도 어휘나, 키워드, 연어 관계와 같은 통계적 패턴뿐만 아니라 내용을 직접 검토하고 분석하는 것이 필요하다.

둘째, 신문 기사에 대한 인터넷 댓글은 특성상 소수가 대화를 주고받는 형식으로 연속해서 댓글을 달기 때문에 이를 정량 분석한다면 소수의 의견과 관점이 과도한 대표성을 갖게 된다. 그렇다고 연속 게재된 댓글에 제한을 두고 데이터에서 삭제하는 것도 분석 내용을 임의적으로 선택하는 것이 되어 문제가 있다.

셋째, 인터넷 댓글은 찬반(또는 긍정적-부정적 의견)이 뚜렷한 경향이 있기 때문에 통계적으로 발생 빈도가 높은 어휘 위주의 분석뿐만 아니라 내용을 세밀히 분석하여 찬성하거나 반대하는 이유를 분석하는 것도 의미가 있다고 보았다.

이와 같은 배경에서 콘텐트 분석은 모든 댓글을 하나씩 읽어 나가면서 인신모독, 비방, 욕 등이 주된 내용인 댓글은 제외하고 국내 거주 외국인이나 이민자에 대하여 긍정적 또는 부정적 견해를 표명하는 댓글만 선별하여 댓글의 논점을 분석하였다.

5.4. 데이터 분석

5.4.1. 2글자 연쇄 분석

앞에서 언급하였듯이 인터넷 댓글 특성상 한 사람이 다수의 댓글을 다는 사례가 많기 때문에 댓글 수가 곧 해당 문제에 대하여 의견을 표명한 인터넷 독자 수는 아니다. 따라서 본 장에서 시도한 2글자 연쇄 분석의 빈도는 어떤 내용이 주로 언급되었는가를 파악하는 수단으로 이해해야 할 것이다.

일차적으로 분석 데이터인 689건의 댓글을 외국인 거주자에 대하여 긍정적인 태도와 부정적인 태도를 보이는 댓글로 분류하여 두 종류의 댓글을 별도의 하위 코퍼스로 구축하였다. 그런 후에 각 코퍼스에 대하여 공백을 문자로 인식토록 하여 3글자 연쇄 분석을 시행하였으며 그 결과는 〈표 5-2〉와 같다. 공백은 밑줄(_)로 표시하였다.

글자 연쇄의 특징은 같은 단어가 여러 번 리스트에 포함된다는 것이다. 예를 들어 ‘자국민’은 ‘_자국’, ‘자국민’, ‘국민_’등 세 가지 유형으로 나뉘어 분석되기 때문에 3번 리스트에 포함되게 된다. 이를 감안하여 같은 단어에서 유출된 것이 분명한 연쇄 형태는 같은 것으로 취급하여 분석하였다. 물론 ‘_자국과 ’자국민‘의 발생 건수는 일치하지 않는다. 이것은 ’_자국‘은 ’자국 국민‘과 같이 다른 형태의 어귀에서 유래된 경우를 포함하기 때문이다. 이와 같은 기준에서 ‘외국인 노동자’와 같이 댓글의 내용상 당연히 포함되어 있을 것으로 생각되는 어휘나 ‘우리나라’, ‘사람들’과 같이 특별한 의미를 띨 가능성이 적은 어휘를 제외하였다. 그리고 댓글 내용을 사전에 검토한 결과를 참고하여 댓글 독자들의 관점을 반영하는 주요 어휘와 연관이 있다고 판단되는 3연쇄 형태들을 〈표 5-2〉에서 칸에 배경색을 넣어 표시하였다.

〈표 5-2〉에서 배경색이 있는 어휘들은 댓글이 긍정적이냐 부정적이냐에 따라서 각각 다르게 사용된다. 가령 부정적 댓글에 나타나는 ‘자국_’, ‘불법’, ‘범죄’, ‘인권’, ‘문제’ 등의 어휘는 그 자체가 부정적 의미를 지니기도 하지만 쓰이는 맥락에 따라 실제 댓글 독자가 의도한 의미가 달라질 수 있다. 왜냐하면 ‘범죄’와 같은 단어는 긍정적 댓글에서도 등장하기 때문이다. 따라서 〈표 5-2〉에서 알 수 있는 점은 긍정적 댓글과 부정적 댓글에서 주로 어떤 이슈를 다루며 어떤 어휘

〈표 5-2〉 인터넷 댓글에 대한 3글자 연쇄 분석 결과

부정적	빈도수	부정적	빈도수	긍정적	빈도수	긍정적	빈도수
_외국	59	_있는	9	_외국	41	_저임	5
외국인	50	고_있	9	외국인	26	_저지	5
_한국	37	는게_	9	_우리	22	_저질	5
_우리	29	때문에	9	_사람	19	_중국	5
에서_	28	문에_	9	국인_	19	_필요	5
하는_	25	사람들	9	들이_	19	고_하	5
들이_	24	외국인	9	_노동	17	국인들	5
국인_	22	인들이	9	에서_	17	는_외	5
우리나	20	입니다	9	우리나	17	니다_	5
노동자	19	하면_	9	외국인	15	라고_	5
_자국	18	_그런	8	나라_	14	보다_	5
으로_	18	_때문	8	노동자	13	습니다	5
외국인	16	_있다	8	고_있	12	으면_	5
한국인	16	_중국	8	사람들	12	임금_	5
_불법	15	_하는	8	으로_	12	입니다	5
_범죄	14	는_외	8	_한국	11	지_않	5
_외노	14	는데_	8	다고_	11	지만_	5
국인들	14	다문화	8	리나라	11	_그럼	4
리나라	14	라는_	8	하는_	11	_내국	4
외노자	14	리고_	8	_공장	10	_누가	4
인노동	14	민이_	8	_범죄	10	_때문	4
_노동	13	법체류	8	인_노	10	_모두	4
_아니	13	서_일	8	하고_	10	_문닫	4
_인권	13	자들_	8	_있는	9	_문제	4
국인노	13	체류자	8	_그_	8	_반대	4
습니다	13	하지_	8	_그들	8	_받고	4
자국민	13	_늘어	7	_추방	8	_보고	4
_그들	12	_더_	7	를_저	8	_생산	4
_문제	12	_못하	7	리나라	8	_욕하	4
_사람	12	_보호	7	범죄를	8	_전부	4
지_않	12	_왜_	7	있는_	8	_지금	4
국인이	11	같은_	7	죄를_	8	_채소	4
는_것	11	국민이	7	_다_	6	_하나	4
다고_	11	권을_	7	_미국	6	_하는	4
들은_	11	나라_	7	_아니	6	_하면	4
면서_	11	노동자	7	고_외	6	_힘들	4
인이_	11	대한_	7	공장_	6	같은_	4
하고_	11	동자_	7	국에서	6	그럼_	4
_대한	10	들도_	7	국인이	6	내국인	4
_일하	10	이_아	7	국인이	6	누가_	4
들의_	10	적인_	7	나라에	6	는_사	4
불법체	10	지_못	7	들을_	6	는건_	4
에게_	10	합니다	7	라_사	6	는게_	4
이고_	10	해서_	7	람들이	6	다는_	4
_것이	9	_가족	6	인이_	6	도_있	4
_국민	9	_공장	6	하면_	6	들도_	4
_나라	9	_관리	6	하지_	6	들은_	4
_다문	9	_귀화	6	_그러	5	때문에	4
_불체	9	_그리	6	_생각	5	라는_	4
_생각	9	_들어	6	_잘못	5	라에서	4

표현한다는게 이해가 안가네요. 그들은 엄연히 법을 어긴 범죄자들이고 불체자 신분으로서 세금도 내지 않으며 살고
.. 근로자들 임금문제가 해결되지 않는한 답이 없음..범죄는 계속 늘것이고 외국인혐오도 더 늘어가겠지.." ":
들어와 있는 분들이 언급하신 그쪽 사람들이라.. 외국인 범죄도 거의 그쪽 사람들에 의해 생기는게 많은 실정인거구요.
우대하는 노동정책과 그에 기생하는 인권단체들, 외국인 범죄에 대한 관대한 정책과, 중국이 대표적인 불법 체류
문제를 만든다는 것입니다. 곧, 외국인이 없으면, 아예 외국인 범죄는 않일어 나겠죠. 근데 문제의 본질은, 그들이 우리의
역활뿐이 안됩니다 그동안 엄청나게 발생했던 외국인들의 흉악범죄 끝도 없습니다 하지만 언론은 조용~~~ 한국인에
재발방지책이 전혀 없고, 외교부의 저자세 외교 때문에 웬만한 범죄는 추방으로 끝나는 법 적용의 문제등 정책적인 문제가
많은 실정인거구요... 지금 일부 불법체류자의 잇따른 강력범죄때문에 반감을 받을 수 밖에 없는 상황인거구요."
수준의 교육조차 못받은 자들이옴 2. 그런의미에서 잠재적 범죄자들로 봐도무방" "범인리스트에 외국인얼굴만
. 불법체류자 관리시스템이 엉망이라 이분들 정말 잠재적 범죄자 일 수 있는게 사실이구요.. 외국인노동자 많은
사람들만 잇는 동네는 장사가 되려나<그리고 그들이 저지르는 범죄의 아주 소소한 일각만 나온것일 뿐이지. 외국인이 사는
범죄에 대한 관대한 정책과, 중국이 대표적인 불법 체류 범죄자의 재발방지책이 전혀 없고, 외교부의 저자세 외교
범죄로 ! 안그려? 불법외국인만이라도 모조리 추방헤라" "범죄목적으로 우리나라에 입국하는 외국인이 16퍼라는데
어떻게 대하는진 잘 알듯 아니면 우리나라에서 여성에게 하는 범죄 등등 아무튼 우리나라에서 싸그리 다 쫓아내버리고
밀입국,위장결혼 영어하면 먹튀,마약 외국인 노동자 하면 성범죄 살인" "외국것덜이 왜 한국에 오것냐? 다 한탕헐려구
그들 기업의 로비로 인해 잠재적 우범자들이 몰려와 한국에서 범죄행각을 벌여도 언론은 두둔할 뿐이다" *언론 편파보도

〈그림 5-1〉 부정적 댓글에서의 '범죄'

를 사용하는가 하는 점이다. 부정적 댓글은 주로 외국인의 '범죄'나 '불법성' 그리고 그들과 관련된 고용 문제('일하(다)', '공장') 등에 대해 부정적 시각임을 알 수 있다. 이에 반하여 긍정적 댓글은 같은 '범죄' 문제나 고용 문제('공장', '임금', '생산')를 긍정적 시각에서 다루고 있음을 알 수 있다. 즉 같은 문제를 놓고 관점이 엇갈리고 있다.

지면 관계상 〈표 5-2〉에 있는 모든 글자 연쇄를 다 검토할 수는 없지만 그 특히 빈도가 높은 '범죄'라는 어휘를 보면 부정적·긍정적 댓글에 모두 높은 빈도로 나타나고 있다. 그러나 이 단어가 사용되는 맥락에선 큰 차이가 난다. 〈그림 5-1〉은 부정적 댓글에서 '범죄'란 단어를 중심으로 한 콘코던스이다. 내용을 살펴보면 '범죄'란 단어가 외국인을 부정적으로 묘사하는 의도로 사용되었음을 알 수 있다. 외국인 범죄가 많이 발생하고 있다거나, 외국인을 잠재적 범죄자로 보거나, 정부나 언론이 외국인 범죄에 관대하거나 눈감고 있다는 식의 주장이 대부분이다. 이에 반하여 〈그림 5-2〉의 긍정적 댓글에서 나타난 '범죄'란 단어를 보면 '외국인=범죄자'로 취급하는 태도에 대한

개구리 올챙이적 생각못하는거랑 똑같네요" "당연히 범죄를 저지른 사람은 벌을 받고 추방하는것도 이견이
한국체류 외국인취급 받고, 한국체류 외국인 보다 더한 범죄들을 저지르는 사람도 많지?" "확실히 우리나라에
많이 있는게 현실이다 외국에서 사는 우리나라 동포가 범죄를 저질렀다고 생각해보라 우리나라동포 한명의 범죄를
당하고 있는 수난에 대해서 생각해 봤어? 지금 모든 범죄의 근원은외국인때문이다 라는 마인드를 가지고 있는
사람도 많지?" "확실히 우리나라에 거주하는 외국인 범죄수가 많이 늘어난것도 사실이고 외국인 혐오증을
있습니다. 국적이 다르다고, 외국인이라고 외국인이라 범죄를 저지를 것이다?" " 아~! 외국 나가면 우리나라
간다는 것이 문제입니다." "게다가 저 사람들이 외국인이라서 범죄를 저질은른건가요? 우연히 범죄를 저질른 사람들이
저 사람들이 외국인이라서 범죄를 저질은른건가요? 우연히 범죄를 저질른 사람들이 외국인이였던거죠." "우리나라
가진사람들도 이전보다 많아진건 사실이다 그러나 잘못한건 범죄를 저지른 외국인들이지만 잘못하지도 않았는데
거떨하시려나요<또 정부 욕하겠죠, 이게 다 정부 탓이라고." "범죄자, 살인자는 외국인도 있고 한국인도 있습니다. 국적이
동포가 범죄를 저질렀다고 생각해보라 우리나라동포 한명의 범죄를 저지른이후 그나라에사는 우리나라동포들이
그건 아니다 미국을 봄받아라 그들은 한외국인이 나쁜범죄를 저질렀다고 해도 그한명을 원망할뿐 그외국인과

〈그림 5-2〉 긍정적 댓글에서의 '범죄'

되는데 중국놈들 때문에 7만원에서 동결상태가 된 거고 그 때문에 일용직 노동자들은 하루하루 끼니를 걱정해야만 하는
조국을 위해 간것 외국인노동자는 애국자라기보다는 단순히 의식주해결때문에 온것이다 " "단순한 온정주의로 외국인을
전 불체자 관리와 외노자들에 대한 관리가 필요하다. 더이상 이들때문에 자국민이 피해를 받아서는 안 된다." "외국인
3D업종에서 일하는 것은, 아직 한국사회에 적응이 덜 되었기 때문입니다. 이제, 그 적응과정을 거치면, 본격적으로 좋은
팔이 안으로 굽게 되는게 당연한 이치다. 그게 사람이기 때문이다. 그럼 세계화라하여 국가의 정치적 의결을
일반 국민들의 인권이 위협 받고 있는 실정입니다." "이때문에 불법 체류자도 늘어나고 사회도 불안해 지고있다.
불황이네 하지? 왜 그런줄 아는가? 하층부터 돈이 안돌기 때문이야.. 외국인들이 그 자리를 차지하고 있지.." "무조건
포용력이 부족해서 그렇다고 말한 전문가는 어떤사람입니까..포용력때문이 아니라.. 우리나라만큼 외국인들 배려해주는
범죄자의 재발방지책이 전혀 없고, 외교부의 저자세 외교 때문에 웬만한 범죄는 추방으로 끝나는 법 적용의 문제등
많은 실정인거구요... 지금 일부 불법체류자의 잇따른 강력범죄때문에 반감을 받을 수 밖에 없는 상황인거구요."
일하는 외국인 노동자들에게 밀려 일자리를 잃고 있다. 이때문에 불법 체류자도 늘어나고 사회도 불안해 지고있다.
바로, 불체자와 너무 많이 들어온 외국인들 특히, 조선족들 때문이란 생각은 없나요?" "이자스민이 불법체류자에게
하루에 10만원은 벌어야 생계유지가 되는데 중국놈들 때문에 7만원에서 동결상태가 된 거고 그 때문에 일용직
하는 배웠다하는 저속한 인간들의 우습지 않은 행동 때문에 건강한 국민은 분노와 실망감에. 나라를 버리고

〈그림 5-3〉 부정적 댓글에서의 '때문'

당하고 있는 수난에 대해서 생각해 봤어? 지금 모든 범죄의 근원은외국인때문이다 라는 마인드를 가지고 있는 사람들은,
내려줘야 한다." "성실성에서 그들이 내국인보다 앞서기 때문에. 조선족 없으면 그 노동력은 뭘로 채우라고?" "지금
사람들 그 일 그 월급 받고 하라고 하면 안하잖아요.외국인 때문에 일자리가 없다는건 대체 무슨 논리인가요? ㅋㅋㅋ
한명의 범죄를 저지른이후 그나라에사는 우리나라동포들이 그한사람때문에 왕따에 욕을 먹어야하는건가? 그건 아니다
나보다 더 선량하고 열심히 사는 사람도 포함되어 있기 때문이오" "지금도 이순간에 필리핀 베트남 방글라데시아
보고.. 그러한 삶을 살게 될 것입니다 호호 저 한사람 때문에 대다수 합법적인 외국인들을 멸시하는 생각은 하지

〈그림 5-4〉 긍정적 댓글에서의 '때문'

비판이 주류를 이루고 있다. 인터넷 댓글에는 이와 같이 외국인에 대한 편견의 잘못됨을 지적하는 글들도 있지만 그 수는 많지 않다.

또 다른 흥미로운 어휘는 어떤 문제나 현상의 원인을 설명할 때 사용되는 '때문'이라는 단어이다. 〈그림 5-3〉은 부정적 댓글에서 '때

문'이 어떤 맥락에서 사용되는지를 보여 준다. 이를 보면 '때문에'란 어휘가 '이들', '조선족들', '중국놈들'과 같이 직설적으로 외국인을 비난하거나 그들의 행동이나 존재 때문에 여러 문제가 발생한다는 논리를 펼치는 데 주로 사용되었다. 이에 반하여 〈그림 5-4〉의 긍정적 댓글을 보면 여러 사회 문제가 외국인들 '때문'이라고 보는 시각에 의문점을 제기하거나 한두 사람 외국인 '때문에' 다른 모든 외국인이 차별을 받는 상황을 문제시하는 맥락에서 해당 어휘가 사용되었다.

5.4.2. 댓글 내용 분석

앞선 3글자 연쇄 분석에선 긍정적이거나 부정적인 댓글에서 모두 외국인과 관련된 범죄나 고용 문제가 가장 큰 이슈로 거론되었음을 보았다. 이번에는 댓글 내용을 수작업으로 분류한 분석 결과를 중심으로 댓글과 언론 보도와의 상관관계 가능성을 검토해 보고자 한다. 긍정적인 댓글과 부정적인 댓글의 내용을 분석한 결과 〈표 5-3〉에

〈표 5-3〉 주된 댓글 내용

긍정적 태도	1) 외국인은 3D업종 노동력으로 필요하다 2) 외국인만 범죄를 저지르는 것이 아니다. 3) 모든 외국인을 하나의 잣대로 평가하지 말라. 4) 다문화가 대세이다. 5) 외국인에 대한 편견은 인종차별이다.
부정적 태도	6) 외국인 때문에 범죄가 늘고 있다. 7) 내국인의 일자리를 위협한다. 8) 내국인의 임금을 떨어뜨리며, 외국에 비하여 임금을 많이 받는다. 9) 외국인에 대한 동정심을 갖지 말라. 10) 다문화는 실패한 정책이다. 11) 외국인에 대한 처벌이 너무 관대하다. 12) 내국인이 역차별을 받고 있다. 13) 귀화 외국인은 애국심이 없다. 14) 언론이 외국인과 관련된 실상을 미화하고 있다.

정리한 논점들이 나타났다.

먼저 외국인 거주자에 대하여 긍정적인 댓글을 보면 이들을 한국 경제에 기여하는 노동력으로 평가하는 관점이 두드러졌다. 그 외에는 주로 부정적 댓글에 대한 반박으로 외국인에 대한 편견을 지적하는 내용이었다. 이에 반하여 부정적인 댓글에선 외국인 거주자와 범죄를 연결하는 내용이 눈에 띄게 많았다. 그 외에 토종 한국인의 일자리를 위협하거나 임금을 떨어뜨리는 식으로 토종 한국인의 생활 안정에 위협이 된다는 식의 경제적 관점에서 부정적 태도를 드러낸 경우가 많았다. 또 하나 두드러진 관점은 외국인 거주자에 대한 인권 보호나 과도한 지원 때문에 토종 한국인이 역차별을 받고 있다는 것이었다. 그렇다면 구체적으로 어떤 댓글들이 있었고 또 이들의 주장은 언론 보도와 어떤 관계인가?

관점 (1): '외국인 노동자는 한국 경제에 필요한 노동력을 제공한다.'

외국인 거주자에 대한 긍정적 댓글에서는 경제적 관점에서 그들의 존재 필요성을 강조하는 댓글이 가장 두드러지게 나타났다. 이와 같이 외국인(노동자)에 대해 긍정적 견해를 표출한 댓글의 핵심 논리는 토종 한국인들이 기피하는 힘든 생산직 일자리를 이들이 채워 주고 있다는 것과 따라서 이들을 추방하면 한국 경제가 무너질 것이기 때문에 이들을 포용해야 한다는 것이다.

좀 더 구체적으로 예문 (41)에 나와 있는 인터넷 댓글을 살펴보자. 이 댓글들을 주요 논점별로 연결해 보면 다음과 같은 주장을 읽을 수 있다.

예문 (41)

댓글	내용
41-1	물론 우리동네 외국인들보면 지저분하고 가끔 무섭기도 합니다. 하지만 그들이 없으면 우리나라 공장 다 문 닫아야 합니다. 심지어 삼성같은 대기업도 대한민국이란 나라에서 공장 못세웁니다. 하청이 다 문 닫으면 대기업도 살아남기 힘들어요.
41-2	참~ 많은 공장들이 일이 힘들어 한국 사람은 안오고 외국인 노동자도 못구해 공장 놀리는 곳 넘쳐납니다. 정말 외국인 노동자 무시마세요 우리 나라 경제를 받여주고 있는 기둥중에 하나 입니다 무시마세요.
41-3	소규모 공장 생산라인 이나 국내건설현장등 저임금직종에서 이젠 우리나라 작업자 보기 힘듭니다..소규모 사업장에서는 현재 외국인 노동자를 구하지 못해 애를 태우고 있습니다.. 우리나라 실업율보면 답답하지만 이런 저임금 노동자는 우리실업율과 무관하고 중국과 가격경쟁에서 뒤지지 않을려면 피할수 없는 현상으로 우리들이 받아 들여야 하지 않을까요?"
41-4	외노자 추방하면 중소공장 힘들어요..고학력에 눈높아진 요즘에 누가 임금 좀 더 올린다고 3d공장가서 일하겠어요..주말마다 서울 시내 넘쳐나는 이들중에 ...하물며 중소기업도 안들어갈려 하는데...적당한 포용력과 동시에 강력한 처벌대응이 필요할듯...
41-5	그리고 외국인 노동자들 모조리 추방시키면 뭐 우리나라가 발전할 것 같습니까? 차라리 망하지만 않았으면 다행이지 우리나라 젊은 사람들이 기피하는 그러면서도 국가 경제 개발에는 꼭 필요한 3D 직종을 누가 다 하죠? 외국인 아닙니까? 추방시키라는 사람들 그럼 자기들이 3D 직종에서 외국인 추방당한 자리를 메꾸던가 장난치는 것도 아니고

(1) 토종 한국인들은 학력이 높고 또 힘든 일을 기피하기 때문에 소위 3D라고 일컫는 생산 공장이나 건설 현장에서 토종 한국

인은 찾아보기 어렵다(댓글 41-2, 41-4).

(2) 현재 이와 같은 3D 직종의 인력 부족은 외국인 노동자들이 메우고 있으며 영세한 생산 공장에선 이런 외국인 노동자조차 구하지 못해 애를 먹고 있다(댓글 41-5, 41-3).

(3) 이런 상황에서 외국인 노동자를 추방하면 생산 공장이 어려움을 겪고 문을 닫게 될 것이며 그 결과 대기업도 살아남기 힘들고 한국 경제가 무너질 수 있다(댓글 41-1, 41-4, 41-5).

(4) 따라서 외국인 노동자들은 한국 경제를 받쳐 주는 기둥이기 때문에 이들을 차별하거나 무시하지 말아야 한다(댓글 41-2).

그런데 이와 같은 논리는 신문의 사설에서도 자주 접할 수 있다. 가령 신문 사설 코퍼스에 포함되어 있는 동아일보 2010년 2월 2일자 "실업자는 넘치는데 3D 일자리는 외국인 차지"란 제목의 사설을 보면 다음과 같은 내용이 나온다.

> 아파트 건설 현장에서 중국 국적의 조선족 동포를 비롯한 외국인들이 대부분이고 한국인 인력은 찾아보기 힘들다. [⋯] 심지어 중국 동포가 없으면 아파트를 건설할 수 없다는 말까지 나온다. [⋯] 이른바 3D(어렵고, 더럽고, 위험한) 업종이라는 건설 현장은 젊은이들이 좋아하는 일자리는 아니다. [⋯] 그들이 본국으로 돌아가면 속수무책으로 산업 기반이 무너질 수 있다.

이 사설을 보면 아파트 건설 현장에는 외국인 노동자만 있고 한국인 인력은 거의 보이지 않는다는 말이나, 건설 현장 일은 3D이기 때문에 한국의 젊은이들이 기피한다는 말이나, 따라서 외국인 인력이 본국으로 돌아가면 건설 산업이 무너질 수 있다는 경고까지 앞선 인터넷 댓글의 내용과 상당히 유사하다. 물론 해당 사설의 궁극적 목적은 외국인 인력에만 의존하지 말고 국내 인력을 양성해야 한다는 것을 주장하는 것이지만 그런 틀 안에서 언급되는 내용은 댓글의 내용과 상당 부분 일치한다.

또한 2009년 9월 7일자 "인종차별은 다문화 해치는 반인륜 행위"란 제목의 한국일보의 사설에서는 다음과 같은 부분이 있다.

> 동남아 여성들을 혈통 보존의 수단쯤으로 여기고, 3D 업종에 근무하며 산업 역군으로 땀 흘리는 이들을 잠재적 범죄자로 보는 인식과 태도가 사라지지 않는 한 선진사회는 요원하다.

2010년 11월 5일자 경향신문의 "어느 미등록 이주노동자의 안타까운 죽음"이란 제목의 사설에서도 다음과 같은 부분이 등장한다.

> 이주노동자들은 이미 우리 사회의 주요 구성원이자 경제에 없어선 안 되는 기여자들이다. 이들이 최저임금보다 낮은 보수를 받으며 3D업종 등에서 일하는 덕분에 우리 경제가 이만큼 돌아가고 있다고 해도 과언이 아니다.

위에 두 사설의 인용된 부분에선 외국인 노동자들이 3D 업종의 근간을 이루고 있으며, 이들은 한국 경제 발전에 중요한 기여자라는 견해를 피력하고 있다. 이 또한 예문 (41)의 인터넷 신문기사 댓글의 내용과 매우 유사하다.

그런데 예문 (41)과 위에 인용된 신문 사설들에서 나타나는 외국인 노동자의 필요성과 권리에 대한 경제적 시각은 순수한 인종차별 철폐나 평등 인권보장 가치와는 거리가 있다. 사설과 댓글에서 나타나는 외국인(노동자) 차별 철폐와 인권보호 주장은 이들이 한국 경제에 큰 기여를 한다거나 이들이 없으면 한국 경제가 위험에 처할 수 있다는 경제적 가치 판단에 근거를 두고 있다. 앞서 3.6절에서 국내 신문 사설이 표면적으로는 외국인 인권 보호를 강조하지만, 그 필요성의 근거로 외국인 인권 보호가 선진국 진입 목표에 필수적이라거나 그렇게 하지 않으면 국가 이미지에 악영향을 미칠 것이라는 식의 자기중심적이거나 민족주의적 동기를 드러낸다고 분석하였다. 위에 인용한 댓글이나 신문 사설에서도 외국인(노동자)을 옹호하는 근거로 한국 경제에 대한 그들의 경제적 기여를 강조하는데, 이 또한 토종 한국인 관점에서 그들을 도구적 수단으로 간주하는 이기적이고 자기중심적인 시각을 드러낸 것으로 해석할 수 있다. 결론적으로 외국인 노동자들의 경제적 가치를 인권 보호나 차별 철폐의 핵심 동기로 내세우는 점에서 신문 사설과 인터넷 댓글의 내용이 상당 부분 일치하였다.

관점 (2): '외국인 노동자는 잠재적 범죄자들이다.'

외국인(노동자)에 대하여 부정적 입장을 표명한 댓글 중에서 가장 많이 언급된 문제는 '범죄'였다. 이 경우 뉴스에 보도된 특정 외국인 노동자의 범죄를 외국인 노동자 전체의 문제로 일반화하여 외국인은 범죄를 저지를 가능성이 많은 집단으로 보는 편향된 시각이 두드러졌다.

예문 (42)의 댓글 42-1을 보면 한국에 오는 외국인 노동자(이주민)들은 모두 범죄로 한탕 하러 온다며 모든 외국인 노동자를 잠재적 범죄자로 규정하였다. 댓글 42-2에선 외국인 노동자를 잠재적 범죄자로 규정하였다. 그 근거로 한국에 오는 외국인 노동자 전체가 교육수준이 낮고, 따라서 지적 수준도 낮고 감정 통제도 못하는 사람들이

예문 (42) '범죄' 관련 댓글 예

댓글	내용
42-1	외국것덜이 왜 한국에 오것냐? 다 한탕헐려구 온거지 ! 그것도 범죄로 ! 안그려? 불법외국인만이라도 모조리 추방헤라
42-2	한국에오는 외국인노동자가 위험한이유 1. 자국에서 기초적인 수준의 교육조차 못받은 자들이옴(즉, 생각과 사고의수준이 낮아서 감정의 통제를 할줄 모름) 2. 그런의미에서 잠재적 범죄자들로 봐도무방
42-3	다문화 하면 밀입국, 위장결혼 영어하면 먹튀,마약 외국인 노동자 하면 성범죄 살인
42-4	외국인을 배척하는것은 문제가 있긴하다. 그런데 인권을 무시하는 중화권과 아랍권 사람들은 받지말자. 그래서 안산 선부동이나 안산역 근처에서 살인이 많이 일어나는 거다.
42-5	범죄목적으로 우리나라에 입국하는 외국인이 16퍼라는데 무서워서 돌아다닐수 있을까요.
42-6	여긴 부산인데여... 여름때 여기 해운대해수욕장 와보시고 말하세요. 외국인노동자들 우리나라여성 피서객 성추행.. 장난 아닙니다. 여기가 우리나라 대한민국인지... 딴나라인지.. 완전 물만난 고기에여.. 우리나라 국민으로서 정말 화나져.. 전부 추방은 아닐지 몰라도, 대책은 세워야합니다... 그리고, 여기서 짱나게 외노자들 인권얘기 하지 마쇼.. 우리나라 일반 국민들의 인권이 위협받고 있는 실정입니다.

42-7	확실히 우리나라에 거주하는 외국인 범죄수가 많이 늘어난것도 사실이고 외국인 혐오증을 가진사람들도 이전보다 많아진건 사실이다 그러나 잘못한건 범죄를 저지른 외국인들이지만 잘못하지도 않았는데 외국인이란 이유로 모욕과 질시를 주는건 좀아니다 싶다 반대로 생각해보면 우리나라 사람들중에 외국에서 근무,거주하는사람들도 많이 있는게 현실이다 외국에서 사는 우리나라 동포가 범죄를 저질렀다고 생각해보라 우리나라동포 한명의 범죄를 저지른이후 그나라에사는 우리나라동포들이 그한사람때문에 왕따에 욕을 먹어야하는건가? 그건 아니다

란 인종차별적 주장을 내세우고 있다. 댓글 42-3에선 X=Y와 같은 등식을 활용하여 외국인 노동자를 성범죄 및 살인과 동일시하는 주장을 하고 있다. 댓글 42-4는 외국인 중에 중화권과 아랍권 사람들을 특정하여 이들이 인권을 무시하는 집단이라고 규정하며, 그렇기 때문에 이들은 언제든 살인을 할 수 있는 잠재적 위험이 있는 사람들이란 시각을 노출하고 있다. 댓글 42-6은 자신이 직접 목격했다고 주장하는 내용을 전체 외국인의 문제로 비화시켜 외국인 인권 보호를 거론하는 것을 문제시하였다.

이와 같은 댓글에서 드러나는 특징은 첫째, 객관적 근거나 사실보다 개인적 경험이나 느낌을 주장의 근거로 사용한다는 점, 둘째, 외국인들에게 주관적으로 일반화된 특성(한국에 오는 이유, 교육 수준, 지적 수준, 인권 무시)을 부여하여 그것을 범죄 성향과 연결시킨다는 점이다.

물론 이와 같은 주장은 사실적 근거가 없는 지극히 편향된 것이어서 큰 가치를 부여할 것이 못된다. 실제로 댓글 42-7과 같이 개인의 문제를 전체 외국인의 문제로 확대해 외국인 전체에 대해 색안경을 끼고 보는 것을 비판하는 내용의 댓글도 적지 않았다. 또한 인터넷 댓글의 내용이 일반 시민의 관점을 대변하는 것도 아닐 것이다. 그러나 댓글 42-5에서 보듯이 한국 사회에는 외국인 노동자들에 대한 막연한 두려움이 있는 사람들이 있는 것도 사실이다.

문제는 이와 같은 외국인 노동자들에 대한 두려움이나 이들을 잠재적 범죄자로 보는 시각이 어디서 왔느냐는 것이다. 댓글을 다는 인터넷 사용자들이 처음부터 인종차별적인 시각을 가진 사람들일 수 있다. 그러나 다른 한편으론 외국인 범죄에 관한 언론 보도를 접하고 편향된 시각을 갖게 될 수도 있다. 앞서 3장과 4장의 사례연구에서 '외국인'에 관한 사설이나 뉴스 기사에서 '범죄'가 중요한 키워드이며 동시에 '외국인'과 매우 강한 연어 관계가 있는 것으로 나타났다. '외국인'과 관련하여 언론에서 '범죄'를 특정하여 반복적으로 보도하고 논평하는 것은 무의식적으로 독자들에게 '외국인' 전체에 대해 부정적 이미지를 갖게 하는 결과를 야기할 수 있다. 그런 이미지가 굳어지면 댓글에서 보는 것과 같이 '외국인=잠재적 범죄자'란 고정관념으로 발전할 수 있다.

관점 (3): '외국인 노동자들이 내국인 일자리를 위협한다.'

'외국인'에 대한 부정적 시각을 담은 댓글에서 '범죄' 다음으로 많이 거론된 것은 '일자리'이다. 즉 외국인 노동자들이 토종 한국인의 일자리를 빼앗아가고 있다는 것이다.

댓글 43-1을 보면 외국인 노동자들이 일자리를 빼앗아가 토종 한국인 노동자들이 밥을 굶고 있다고 주장하고 있다. 또 여기서 더 나아가 외국인 노동자들은 일도 제대로 하지 않고 사장 비위만 맞추려 한다고 주장하여 전체 외국인 노동자들을 교활하고 약삭빠른 사람들

예문 (43) '일자리' 관련 댓글 예

댓글	내용
43-1	한국인노동자는 일거리가 없어 밥굶고잇는데도 외노자들은 일도 전혀열심히 안하면서 사장 눈치만 보면서 사장 비위만 맞추는짓만 해대니 못난사장 들은 오히려 외노자편을 들어 한국인들엑 수없는역차별을가한다..
43-2	지금 경제가 안도네 불황이네 하지? 왜 그런줄 아는가<하층부터 돈이 안돌기 때문이야.. 외국인들이 그 자리를 차지하고 있지..
43-3	건설 현장에서 공사를 맡으려던 한국인이, 덤핑을 치고 들어온 조선족에게 공사를 빼앗긴 예기를 한 적이 있다. 그들은 반값에 하더라도 이익이 남겠지만, 한국인은 그렇지 못하다. 내나라에서 일감빼앗기는 그 비참함을 알겠는가? 외국인을 포용하지 못하는 편협함이라고 하기 전에, 내나라 부터 똑바로 지켜야 할 것이다.
43-4	대기업을 위한 정치로 인해 중소기업은 힘들어질 수 밖에 없었고 그러면서 공장에서 일하는 젊은이들도 저임금으로 일하는 외국인 노동자들에게 밀려 일자리를 잃고 있다. 이때문에 불법체류자도 늘어나고 사회도 불안해 지고있다.
43-5	물론 우리동네 외국인들보면 지저분하고 가끔 무섭기도 합니다. 하지만 그들이 없으면 우리나라 공장 다 문 닫아야 합니다. 심지어 삼성같은 대기업도 대한민국이란 나라에서 공장 못ㅏ장 세웁니다. 하청이 다 문닫으면 대기업도 살아남기 힘들어요.
43-6	참~ 많은 공장들이 일이 힘들어 한국 사람은 안오고 외국인 노동자도 못구해 공장 놀리는 곳 넘쳐납니다. 정말 외국인 노동자 무시마세요 우리 나라 경제를 받여주고 있는 기둥중에 하나 입니다 무시마세요.

로 매도하고 있다. 댓글 43-2에선 외국인 노동자들이 일자리를 차지하고 있을 뿐만 아니라 그들 때문에 한국 경제가 불황을 겪고 있다는 일방적 주장을 펴고 있다. 댓글 43-3은 덤핑하여 공사를 빼앗아간 조선족의 예를 들며 토종 한국인이 자신의 나라에서 일감을 빼앗기고 있다고 주장하였다. 댓글 44-4는 저임금 외국인 노동자들에 밀려 토종 한국인 노동자들이 일자리를 잃고 있다고 주장하였다.

외국인 노동자들이 토종 한국인의 일자리를 위협하고 있다는 이와 같은 댓글의 내용은 개인적 경험이나 주위 사람들의 이야기에 바탕을 둔 것일 수도 있다. 그러나 언론 보도에 의하여 영향을 받을 수도 있다. 물론 주요 일간지나 지방지와 같이 대중적 기반이 있는 신문이 그와 같은 견해를 노골적으로 표명하는 일은 거의 없을 것이다. 그러나 보도 내용이나 사설의 내용이 그와 같은 관점을 부추길 수 있다. 가령 앞서 언급했던 동아일보 2010년 2월 2일자 "실업자는 넘치는데 3D 일자리는 외국인 차지"란 제목의 사설의 내용에서처럼 생산 공장이나 건설 현장의 3D 일자리 상당수를 외국인이 맡고 있다는 식의 사설이나 논평에 영향을 받을 수 있다. 특히 동 사설처럼 외국인이 3D 일자리를 '차지한다'는 식의 공격적 언어 사용은 토종 한국인 입장에선 일자리를 빼앗기고 있다는 생각을 갖게끔 유도할 수 있다.

또한 외국인이나 다문화 구성원에 관한 신문 기사에서 외국인의 인구 증가와 관련된 내용이 다수를 차지하는 것도 토종 한국인 관점에서 생활 터전과 일자리를 잠식당하고 있다는 편견을 부추길 수 있다. 가령 앞서 분석하였던 〈그림 4-23〉의 '외국인'과 관련된 '나타났다'는 키워드의 콘코던스 분석을 보면 특정 지역의 외국인 거주자 수를 보도하는 내용이 대부분이었다. 특히 키워드 '나타났다'는 '증가하고', '증가한'과 밀접한 연어 관계를 맺고 있어 주로 국내 거주 외국

N	Key word	Freq.	Keyness
1	외국인	267	1,262.2
2	외국인근로자	192	1,009.0
3	외국인노동자	62	325.34
4	다문화	62	295.76
5	#	1,310	197.36

〈그림 5-5〉 '외국인' 키워드 목록에 포함된 # 기호

인 수가 증가하는 것이 강조되고 있음을 알 수 있었다.

또한 '외국인' 관련 뉴스에선 숫자가 많이 등장하는데 이들 숫자의 대부분이 외국인이나 다문화 구성원의 수가 늘어난다든지 외국인 노동자의 수가 늘어난다는 내용의 기사에서 발생하였다. 예를 들어 〈그림 5-5〉를 보면 뉴스 기사 코퍼스의 키워드 목록 5번에 # 기호가 포함되어 있다. 이 기호는 코퍼스 내에 포함된 아라비아 숫자를 의미한다. Freq.(빈도수) 열을 보면 # 기호가 1,310번 발생하는 것으로 나와 있는데, 이 숫자는 조금 과장되어 있다. 워드스미스는 800과 같이 아라비아 숫자가 연결된 것은 하나의 단위로 계산하지만 8.2와 같이 소수점으로 되어 있는 것은 8과 2를 모두 개별 숫자로 분석하였다. 따라서 연결된 숫자를 하나의 단위로 본다면 실 발생 건수는 크게 줄어든다. 그렇더라도 # 기호가 키워드 목록에 포함되어 있는 점은 일반 기사에 비하여 '외국인' 관련 뉴스 기사에서 숫자가 특이하게 많이 발생함을 의미한다.

기호를 검색어로 하여 〈그림 5-6〉과 같이 콘코던스를 생성해서 코텍스트를 조사해 보면 크게 세 가지 맥락에서 발생하는 것을 알 수 있다. 첫째는 〈그림 5-6〉의 12, 13, 14, 20, 24번 콘코던스 라인에서 볼 수 있듯이 외국인 거주자의 수 또는 비율을 나타내는 숫자가 있다. 둘째는 16, 17, 18, 19, 25번 콘코던스 라인에서처럼 외국인

12	. 군에 따르면 2011년 외국인 등록현황은 1440명로 총 인구 8만7861명의 1.7%를 차지하고 있는 것으로 나타났다. 사천 외국인 명예경찰 위촉,
13	만들어 사용하다 적발됐습니다. 국내거주 외국인 145만명...중국 국적자 53.7% 우리나라 거주 외국인이 지난해보다 2.6% 증가해 145만명에 육박한
14	명) 대비 3.6%에 달하는 것으로 집계됐다. 이는 지난해에 비해 3.7% 증가한 수치이다. 충북지역 외국인 3만9천명 ... 전체 2.5% 차지
15	577명이다. 이는 전년도 516명보다 11.8%(61명), 2010년 546명 보다는 5.6%(31명) 증가했다. 창원 청아병원 이주노동자 대상 무료진료 창원
16	답했습니다. 부산기업, 외국인근로자 생산성 대비 높은 비용" 부산기업 평균 6.4명 고용, 87.7% "국내 인력 부족"부산지역에서 외국인 근로자를 고용하는
17	효과는 거의 사라지고 있다는 지적이다. 부산지역 업체당 외국인근로자,6.4명 고용 부산상공회의소(회장 조성제)는 28일 지역의 외국인근로자 고용
18	발표했다. 조사 결과에 따르면 조사업체의 외국인근로자 평균 고용인원은 6.4명으로, 기업 별 전체 고용인원의 12.6%를 차지했다. 사천경찰서
19	인력 부족"부산지역에서 외국인 근로자를 고용하는 기업들은 업체당 평균 6.4명의 외국인 근로자를 고용하고 있는 것으로 나타났다. 외국인 근로자로는
20	범죄를 예방하자는 취지로 마련했다 한급수 올려 참가한 안산 다문화선수단 6~7일 용인실내체육관에서 진행된 20대와 30대 경기에 외국인들이 참가해
21	동호인들의 시선을 사로잡았다. 한급수 올려 참가한 안산 다문화선수단 6~7일 용인실내체육관에서 진행된 20대와 30대 경기에 외국인들이 참가해
22	매년 줄어 2011년에는 295명까지 감소했지만 2012년에는 359명으로 38.6%가 늘었다. 도내 거주 외국인 2만명 시대 ... 마주친 사람 100명중
23	범죄는 48건이나 된다. 5대 범죄 유형별로 보면 폭력 31건, 절도 9, 강도 6, 강간 2건이 발생했다. 전체적으로 2011년 보다 13.2% 증가 했다.
24	도내 등록된 전체 주민등록 인구의 2.2%에 해당하며, 지난해 1만406명보다 21.6%나 늘어난 것이다. 원곡동 바자회·외국음식 먹거리장터 구경오세요
25	외국인근로자 평균 고용인원은 6.4명으로, 기업 별 전체 고용인원의 12.6%를 차지했다. 사천경찰서 외국인명예경찰대 발대식 사천경찰서(서장
26	거주 외국인주민은 44만 명으로 도내 주민등록인구(1209만 명) 대비 3.6%에 달하는 것으로 집계됐다. 이는 지난해에 비해 3.7% 증가한 수치이다

〈그림 5-6〉 뉴스 기사 코퍼스에서의 # 기호 콘코던스

고용 비율을 나타내는 숫자가 있다. 셋째로 23번 콘코던스 라인처럼 외국인 범죄 건수나 비율에 관한 숫자이다. 즉 외국인 관련 뉴스 기사에선 국내 외국인 거주자나 외국인 노동자의 고용과 관련된 통계를 특징적으로 많이 다루고 있다. 특히 〈그림 5-6〉의 콘코던스 13, 14, 15, 22, 24, 26번 라인에서 볼 수 있듯이 이와 같은 수치가 증가하는 내용을 다루는 기사가 많다. 이처럼 외국인 거주자나 피고용자 수 증가와 관련된 통계를 반복적으로 기사화하여 보도하는 것은 토종 한국인들에게 막연한 정체성의 위기감을 불러일으킬 수 있으며 구체적으로 외국인들에 의하여 그들이 일자리에서 밀려나고 있다는 느낌을 부추길 수 있다. 그리고 그와 같은 결과가 예문 (21)에서 살펴본 일자리와 관련된 부정적 댓글의 내용에서 나타날 수 있다.

5.5. 사례연구 분석 결론

본 사례연구에서는 뉴스 기사에 대한 인터넷 댓글에 나타난 '외국인'에 대한 편견을 분석하였다. 그 결과 외국인에게 긍정적인 댓글에

선 그들이 한국 경제에 기여하는 부분을 가장 많이 강조하는 것으로 나타났으며, 부정적인 측면에선 외국인 범죄와 내국인 일자리 위협을 가장 많이 언급하는 것으로 나타났다. 그리고 이와 같은 댓글의 내용은 앞서 분석한 신문 사설이나 뉴스 기사의 내용과 상당 부분 일치한다. 특히 앞선 사례연구에서 일간지 사설이나 언론 보도에서 외국인 범죄를 집중 부각하는 것이 모든 외국계 주민을 잠재적 범죄자로 간주하는 사회적 편견을 야기할 수 있다고 분석한 바 있다. 본 사례연구에서 외국인에 대한 부정적 댓글에서 가장 큰 문제로 언급한 것이 범죄란 사실은 앞선 사례연구 분석 결과의 해석이 근거가 없는 것이 아님을 보여 준다.

물론 내용이 유사하다고 해서 인터넷 댓글이 신문의 기사나 사설의 영향을 받았다고 단정적으로 말할 수는 없지만 댓글의 내용은 독자들의 독창적 사고라기보다는 이전에 접했던 말이나 글의 영향을 받았을 개연성이 많다. 이와 같이 어떤 텍스트가 이미 존재하는 다른 텍스트의 영향을 받아 유사한 내용이 되는 현상을 간텍스트성(intertextuality)라고 한다. 워닥과 메이어(Wodak & Meyer 2009:10)는 이념과 권력을 비평담화분석 연구의 핵심 개념으로 언급하면서 권력과 통제를 위한 이념적 투쟁은 간텍스트성과 재맥락화란 담화 특징을 통해 텍스트에 나타난다고 주장하였다. 워닥과 부시(Wodak & Busch 2004:106)도 미디어 텍스트의 핵심 특징으로 간텍스트성을 언급했다. 이들은 미디어 텍스트는 공시적-통시적으로 다른 장르의 텍스트를 직간접적으로 인용함으로써 이들 텍스트와 간텍스적 관계가 있다고 설명하였다. 가령 예문 (41)의 인터넷 댓글과 이와 관련하여 인용된 신문 사설들의 내용이 매우 유사한 것은 이 두 장르의 텍스트가 간텍스트적 관계가 있음을 보여 준다. 이와 같은 간텍스트적 관계는 댓글 독자가 신문 기사나 사설에서 읽은 내용을 기억해서 인용한 것처럼 직접적인 관계일 수도 있고, 아니면 신문 사설 내용과 유사한 책, 논문, 강연과 같은 다른 장르의 텍스트 영향을 받아 작성된 간접적 관계일 수도 있다. 어떤 경우이건 내용의 유사성은 신문 사설과 인터넷 댓글이 간텍스적 관계망 속에서 연결되어 있음을 보여 준다. 그리고 둘 중 어느 한쪽이 다른 쪽에 영향을 미칠 위치에 있다면 담화 권력을 지니고 있는 미디어가 댓글에 영향을 미쳤을 가능성이 크다.

제6장

결 론

第6장 결 론

본 연구에서는 코퍼스 분석 기법을 사용하여 국내 일간지 신문 사설, 언론 뉴스 기사 및 뉴스 기사에 대한 인터넷 댓글 등 세 종류의 공공 담화에서 드러난 인종차별적 담화 관행을 분석하였다.

첫 번째 사례연구에서는 국내 일간지 사설 코퍼스에서 '외국인'과 '다문화' 관련 키워드 및 '외국인'과 관련된 연어 관계를 분석하였다. 분석 결과 일간지 사설에서는 '외국인' 및 '다문화'와 관련하여 '우리'라는 인칭대명사를 배타적으로 사용하는 것으로 드러났다. 이는 사설 내용에서는 외국계 주민을 포용해야 한다고 주장하지만 의식의 내면에는 여전히 '우리=토종 한국인' 대 '그들=외국인'이란 이분법적 인종 분리 사고가 존재하는 것으로 해석할 수 있다. '외국인' 관련 연어 분석에선 '외국인'이 '인권' 및 '범죄'란 단어와 가장 빈번한 연어 관계를 맺고 있는 것으로 나타났다. '외국인'과 관련하여 '인권'이 연어로 자주 등장하는 것은 외국인 인권에 대한 관심을 반영하는 것으로 볼 수 있지만, 그런 주장을 하는 동기를 보면 외국인 인권 보호를 국제적 비난 회피, 국가 이미지 제고 및 선진국 진입과 같이 자기중심적이며 민족주의적인 목적을 달성하는 수단으로 묘사하는 경우가 많았다. 또한 '외국인'과 관련하여 '범죄'란 단어가 자주 등장하는 맥락을 보면 외국인 범죄의 심각성과 함께 정부의 강력한 대처를 요구하는 내용이 대부분으로 사설에서 외국인과 범죄를 자주 연결해 문제시하는 것은 모든 외국계 주민에 대한 부정적 편견을 유발할 수 있다고 보았다.

두 번째 사례연구에선 신문과 방송의 '다문화' 및 '외국인' 관련 뉴스 기사를 대상으로 키워드, 연어 관계 및 담화 역할을 분석을 실시하였다. 그 결과 '다문화' 관련 뉴스는 지원, 도움, 행사와 같이 정부나 사회단체가 다문화 구성원에게 어떤 혜택을 제공하는 내용이 대부분을 차지하고 있었다. 이는 언론이 다문화 구성원을 사회로부터 혜택을 받는 수혜자로만 보는 고정관념이 있는 것으로 보았다. 또한 이와 같은 뉴스 기사의 양산은 다문화 구성원을 타인의 도움을 받지 않고는 자립할 수 없는 나약하고 피동적인 사람들이란 편견을 유발시킬 수 있다고 해석하였다. '외국인'도 뉴스 기사는 사회적 도움과 범죄 두 가지 내용에 집중되어 있었다. 이에 따라 '외국인'을 자선이나 시혜 대상으로 보거나 한국 사회를 위협하는 범죄 집단으로 보는 고정관념을 야기할 가능성이 있다고 보았다.

세 번째 사례연구에서는 외국인 관련 신문 기사 인터넷 댓글의 내용이 앞선 사례연구에서 분석한 결과와 어떤 상관관계가 있는지를 분석하였다. 분석 결과 외국인에 대하여 긍정적 견해를 표명한 댓글에선 한국 경제에 기여하는 외국인의 경제적 가치를 강조하는 경우가 두드러졌는데 이와 같은 관점은 신문 사설에서도 자주 등장하는 것으로 나타났다. 이와 같이 외국인 인권 보호의 근거로 한국 경제에 대한 경제적 가치를 강조하는 것은 인권을 도구적 관점에서 접근하는 것으로 앞서 분석한 사설에서 국가적 이미지나 위상 제고를 외국인 인권보호의 동기로 제시한 것과 일맥상통하는 것으로 분석하였다. 외국인에 대해 부정적 견해를 밝힌 댓글 내용에서 가장 많이 언급된 문제는 범죄와 내국인 일자리 위협이었다. 이 또한 앞선 사례연구에서 외국인 범죄가 사설이나 뉴스 기사에서 주요 관심사로 등장하는 상황, 외국인 관련 인구지 수나 고용지 수 상승을 자주 언급하는 상황과 연관 관계가 있다고 보았다. 특히 부정적 댓글에서 외국인 범죄를 가장 큰 문제로 언급하고 있는 점은 사설이나 뉴스 기사에서 외국인과 범죄를 연결하는 경향의 영향을 받았을 가능성이 있다고 보았다.

현대사회에서 인종차별적 담화는 과거와 같이 특정 인종을 노골적으로 폄훼하는 것보다는 다수 인종의 관점에서 소수 인종과 관련된 문제를 반복 거론함으로써 부정적 이미지를 생성하는 형태를 띤다 (Simmons & Lecouteur 2008:667-668). 따라서 현대 한국 사회에서의 인종차별적 담화 역시 이와 같은 관점에서 접근하고 논의되어야 할 것이다. 인터넷 댓글 분석에서 볼 수 있듯이 개인적 차원에서는 특정 인종에 대한 노골적인 편견을 드러낼 수 있다. 그러나 신문 방송 등 공공 매체가 그와 같은 언행을 일삼는다는 것은 상상하기 힘들다. 오히려 공공 매체는 공식적으로는 인종차별에 반대하는 목소리를 낸다. 그러나 실제 사설이나 뉴스 기사의 내용을 통계적으로 분석해 보면 '다문화' 구성원을 시혜의 대상으로 반복 묘사하고 '외국인'의 범죄를 반복 보도하는 패턴이 드러난다. 이는 한국 사회의 공공 담화 속에서 소수 인종에 대한 특정 문제를 반복 거론함으로써 그들에 대한 부정적 이미지를 생성하는 현대판 인종차별적 담화 관행이 존재함을 보여준다.

이와 같은 담화 관행의 이면에는 반 데이크가 언급한 '우리' 대 '그들'의 인종차별적 프레임(Van Dijk 2002:146-150, 2004:351-132)이 작동한다. 즉 한국 사회 구성원을 토종 한국인인 '우리' 대 기타 인종인 '그들'로 나누는 이분법적 인종분리 사고가 존재하고 있다. 한국 사회에서 외국계 주민의 비율이 급격히 증가하고 있다고 하지만 한국 사회를 움직이는 엘리트 집단은 여전히 토종 한국인들로서 언론이 대표적 예이다. 일간지에서 사설을 쓰고 신문 방송에서 다문화나 외국인에 관한 뉴스 기사를 작성하는 언론인은 거의 대부분 토종 한국인들이다. 그런데 일간지 사설 분석에서 보았듯이 이들 토종 한국인 언론인들은 여전히 외국계 한국인 및 주민을 '우리'와 다른 '그들로' 배제하는 의식에서 벗어나지 못하는 것으로 보인다. 가령 '다문화'나 '외국인'에 관한 사설에서 '우리 사회'를 언급할 때 '우리'는 배타적 의미를 띨 때가 많다. 이런 경우 '우리 사회'는 외국계 한국인이나 주민이 배제된 토종 한국인만으로 구성된 사회를 의미한다. 이는 토종 한국인인 언론인이 같은 토종 한국인 독자에게 그들과 다른 외국인에 관한 문제를 논하는 상황으로 반 데이크(Van Dijk 2004:351)가 언급한 '인종적으로 다른 타자들에 관한 인종차별적 담화'를 연상시킨다.

본 연구에서는 한국 사회의 공공 담화의 대표적 예로 신문, 방송의 사설과 뉴스 기사를 분석하였다. 앞서 언급하였듯이 비평담화분석에선 신문이나 방송 기사 내용을 분석 대상으로 삼는 경우가 많은데 이는 그만큼 이들 매체의 언어가 공공 담화로서의 대표성이 크기 때문이다. 인터넷과 소셜 미디어가 발달하고 있는 오늘날에도 전통 언론 매체는 자신들의 견해나 그들이 선택한 정보를 전국의 수많은 독자나 시청자들에게 동시에 전달할 능력을 보유하고 있기 때문에 여전히 주류 사회의 지배적 담화를 주도하고 생성할 수 있는 권력을 가지고 있으므로(Mautner 2008:32) 그만큼 책임도 막중하다. 한국 사회가 다문화가 되어가고 있다지만 여전히 대부분의 토종 한국인들은 다문화를 직접 경험하지 못하기 때문에 언론 매체가 전달하는 정보에 의존해 다문화 구성원과 외국인을 이해할 수밖에 없다. 그와 같은 이해가 왜곡되지 않도록 언론 매체들은 한국 사회의 외국계 구성원에 대하여 정확하고 균형 잡힌 보도와 논평, 그리고 이들이 주체가 되는 다양한 긍정적 삶의 모습에 관한 기사와 정보를 제공하는 데 좀 더 큰 관심을 가져야 할 것이다.

| 참고문헌 |

강선경 & 김헌진 (2011). 다문화교육 프로그램이 초등학생의 다인종 및 다문화에 대한 태도에 미치는 효과성 연구. 청소년학연구, 18(11), pp. 259-282.

김소순 & 조철기 (2010). 중학교 사회 교과서에 나타난 이데올로기 및 편견 분석-서남아시아 및 아프리카 단원을 중심으로. 중등교육연구, 58(3), pp. 87-112.

김혜미, 원서진 & 최선화 (2011). 다문화가정 자녀들의 차별경험과 심리적 적응: 사회적 지지의 매개효과 검증을 중심으로. 사회복지연구, 42(1), pp. 117-149.

박경태 (1999). 한국 사회의 인종차별-외국인 노동자, 화교, 혼혈인. 역사비평, 48, pp. 189-208.

박경태 (2007). 인권과 소수자 이야기. 책세상.

설동훈 (1999). 외국인 노동자와 한국 사회. 서울대출판부

유승무 & 이태정 (2006). 한국인의 사회적 인정 척도와 외국인에 대한 이중적 태도. 담론201, 9(2), pp. 275-311.

이정복 (2009). 한국 사회의 인종차별적 언어문화에 대한 비판적 분석. 언어과학연구 48, pp. 125-158.

이혜경, 정기선, 강수돌 & 석현호 (1998). 한국 사회와 외국인 노동자-그 종합적 이해를 위하여. 미래인력연구센터

정의철 (2011). 다문화사회와 다문화교육: 참여적 다문화 미디어교육 사례. 비교한국학, 19(1), pp. 73-113.

조금주 (2011). 국내 이주민 자녀들의 학교교육에서의 교육권 실현을 위한

과제. 한국청소년학연구, 18(2), pp. 73-96.
조태린 (2006). 차별적, 비객관적 언어 표현 개선을 위한 기초 연구. 국립국어원.

Baker, Paul. (2006). Using Corpora in Discourse Analysis. London: Continuum.
Baker, Paul. (2010). Sociolinguistics and Corpus Linguistics. Edinburgh: Edinburgh University Press.
Baker, Paul., Costas Gabrielatos, Majid KhosraviNik, Michal Krzyzanowski, Tony McEnery, & Ruth Wodak. (2008). A Useful Methodological Synergy? Combining Critical Discourse Analysis and Corpus Linguistics to Examine Discourses of Refugees and Asylum Seekers in the UK Press. Discourse & Society, 19(3), pp. 273-306.
Baker, Paul & McEnery, Tony. (2005). A corpus-based Approach to Discourses of Refugees and Asylum Seekers in UN and Newspaper Texts. Journal of Language and Politics, 4(2), pp. 97-226.
Bang, Minhee. (2003). A Corpus-based Study of Representation of Foreign Countries in the South Korean Press. An Unpublished M.A. Dissertation. University of Birmingham.
Carroll, John B. (ed.). (1956). Language, Thought, and Reality: Selected Writings of Benjamin Lee Whorf. Cambridge, Mass.: Technology Press of Massachusetts Institute of Technology.
Biber, Douglas. (1993). Representativeness in Corpus Design. Literary and Linguistic Computing, 8(4), pp. 243-257.
Cotterill, Janet. (2001). Domestic Discord, Rocky Relationships: Semantic Prosodies in Representations of Marital Violence In The O.J. Simpson Trial. Discourse & Society, 12(3), pp. 291-312.
Eggins, Suzanne. (2004). An Introduction to Systemic Functional Linguistics (2nd Ed.).
Fairclough, Norman. (1992). Discourse and Social Change. Cambridge: Polity Press.
Fairclough, Norman. (1995a). Critical Discourse Analysis. New York: Longman Group Ltd.

Fairclough, Norman. (1995b). Media Discourse. London: Arnold.
Fairclough, Norman. (2000). New Labour, New Language? London: Routledge.
Fairclough, Norman. (2001). Critical Discourse Analysis as a Method in Social Scientific Research. In Ruth Wodak & Michael Meyer (eds), Methods of Critical Discourse Analysis. London: Sage Publications Ltd. pp. 121-138.
Fairclough, Norman. (2003). Analyzing Discourse, Textual Analysis for Social Research. London: Routledge.
Fairclough, Norman. (2005a). Critical Discourse Analysis. Marges Linguistiques, 9, pp. 76-94.
Fairclough, Norman. (2005b). Critical Discourse Analysis in Trans-disciplinary Research on Social Change: Transition, Re-scaling, Poverty and Social Inclusion. Lodz Papers in Pragmatics, 1, pp. 37-58.
Fairclough, Norman. (2009). A Dialectical-Relational Approach to Critical Discourse Analysis in Social Research. In Ruth Wodak & Michael Meyer (eds.). Methods of Critical Discourse Analysis (2nd Ed). London: Sage. pp. 162-186
Feagin, Joe R., Hernan Vera & Pinar Batur. (2001). White Racism. London, New York: Routledge.
Firth, J. R.. (1957). Papers in Linguistics 1934-1951. London: Oxford University Press.
Foreman, Gene. (2010). The Ethical Journalist: Making Responsible Decisions in the Pursuit of News. West Sussex: Wiley-Blackwell.
Fowler, Roger. (1991). Language in the News. Discourse and Ideology in the Press. London: Routledge.
Fowler, Roger. (1996a). Linguistic Criticism. Oxford: Oxford University Press.
Fowler, Roger. (1996b). On Critical Linguistics. In Carmen Rosa Caldas-Coulthard and Malcolm Coulthard (eds.). Texts and Practices: Readings in Critical Discourse Analysis. pp. 3-14.
Fowler, Roger & Gunther Kress. (1979a). Critical Linguistics. In Roger Fowler, Bob Hodge, Gunther Kress & Tony Trew (eds.). Langauge and Control. London: Routledge and Kegan Paul. pp. 185-213.

Fowler, Roger & Gunther Kress. (1979b). Rules and Regulations. In Roger Fowler, Bob Hodge, Gunther Kress & Tony Trew (eds). Language and Control. London: Routledge & Kegan Paul. pp. 26-45.

Goldberg, David Theo & John Solomos. (2002). General Introduction. In David Theo Goldberg & John Solomos (eds.). A Companion to Racial and Ethnic Studies. Oxford: Blackwell Publisher Ltd. pp. 1-12.

Ghurye, Govind. S. (2003). Caste and Race in India. In Kevin Reilly, Stephen Kaufman & Angela Bodino (eds.). Racism: A Global Reader. New York: M. E. Sharpe, Inc. pp. 16-19.

Hakam, Jamila. (2009). The 'Cartoons Controversy': a Critical Discourse Analysis of English-language Arab Newspaper Discourse. Discourse & Society, 20(1), pp. 33–57.

Halliday, M.A.K. (1994). An Introduction to Functional Grammar (2nd Ed.). London: Hodder Arnold.

Halliday, M.A.K. & Christian Matthiessen. (1999). Constructing Experience through Meaning: A Language-based Approach to Cognition. New York: Continuum.

Halliday, M.A.K. & Christian Matthiessen. (2004). An Introduction to Functional Grammar (3rd Ed.). London: Hodder Arnold.

Halliday, M.A.K. & Ruqaiya Hasan, (1989). Language, Context and Text: Aspects of Language in a Social-Semiotic Perspective. Oxford: Oxford University Press.

Hardt-Mautner, Gerlinde. (1995). Only Connect: Critical Discourse Analysis and Corpus Linguistics. UCREL Technical paper 6. Available at: http://stig.lancs.ac.uk/papers/techpaper/vol6.pdf(accessed 14 March 2014)

Hodge, Robert & Kress, Gunther. (1988). Social Semiotics. New York: Cornell University Press.

ILO. (2011). Public Attitudes to Migrant Workers: A Four Country Study. (Accessed July 2, 2012 from www.ilo.org/wcmsp5/groups/public/---asia/---ro- bangkok/documents/presentation/wcms_159851.pdf)

Jäger, Siegfried & Florentine Maier. (2009). Theoretical and Methodological Aspects of Foucauldian Critical Discourse Analysis and

Dispositive Analysis. In Ruth Wodak & Michael Meyer (eds). Methods of Critical Discourse Analysis. London: Sage. pp. 34-61.

Janks, Hilary. (2002). Critical Discourse Analysis as a Research Tool. In Michael J. Toolan (ed.). Critical Discourse Analysis: Critical Concepts in Linguistics, London: Routledge. pp. 26-42. [Source: Discourse: Studies in the Cultural Politics of Education, 18(3) (1997), pp. 329-342].

Jaworska, Sylvia & Ramesh Krishnamurthy. (2012). On the F word: A Corpus-based Analysis of the Media Representation of Feminism in British and German Press Discourse, 1990-2009. Discourse & Society, 23(4), pp. 401–431.

Kim, Kyung Hye. (2014). Examining US News Media Discourses about North Korea: A Corpus-based Critical Discourse Analysis. Discourse & Society, 25(2), pp. 221-244.

Kim, Sookyung. (2012). Racism in the Global Era: Analysis of Korean Media Discourse around Migrants, 1990–2009. Discourse & Society, 23(6), 657-678.

Kress, Gunther & Robert Hodge. (1979). Language as Ideology. London: Routledge & Kegan Paul.

Lee, David. A. (1992). Competing Discourses: Perspective and Ideology in Language. London: Longman.

Lipson, Maxine. (2004). Exploring Functional Grammar. (Functional Grammar Studies for Non-Native Speakers of English). Quaderni del Centro di Studi Linguistico-Culturali (CeSLiC), University of Bologna.

Martin, J. R, and David Rose. (2003). Working with Discourse: Meaning beyond the Clause. London: Continuum.

Matheson, Donald. (2005). Media Discourses: Analyzing Media Texts. Birkshire, England: Open University Press.

Mautner, Gerlinde. (2007). Mining Large Corpora for Social Information: The Case of Elderly. Language in Society, 36(1), pp. 51–72.

Mautner, Gerlinde. (2009a). Checks and Balances: How Corpus Linguistics Can Contribute to CDA. In Ruth Wodak & Michael Meyer (eds). Methods of Critical Discourse Analysis. London: Sage. pp. 123-143.

Mautner, Gerlinde. (2009b). Corpora and Critical Discourse Analysis. In

Paul Baker (ed.). Contemporary Corpus Linguistics. London: Continuum. pp. 32-46.
Montgomery, Martin. (1995). An Introduction to Language and Society (2nd Ed.). London: Routledge. (1st edition published in 1986)
Mulderrig, Jane. (2012). The Hegemony of Inclusion: A Corpus-Based Critical Discourse Analysis of Deixis in Education Policy. Discourse & Society, 23(6), pp. 701-728.
Nielsen, Carolyn E. (2013). Coproduction or Cohabitation: Are Anonymous Online Comments on Newspaper Websites Shaping News Content? New Media & Society, Vol. 16(3), pp. 470–487.
O'Halloran, Kieran. (2007). Critical Discourse Analysis and the Corpus-informed Interpretation of Metaphor at the Register Level. Applied Linguistics, 28(1), pp. 1-24
Orpin, Debbie. (2005). Corpus Linguistics and Critical Discourse Analysis: Examining the Ideology of Sleaze. International Journal of Corpus Linguistics, 10(1), pp. 37-61.
Palmer, Harold E. (1938/1968). A Grammar of English Words. London: Longman (reprinted 1968).
Jäger, Siegfried & Florentine Maier. (2009). Theoretical and methodological aspects of Foucauldian critical discourse analysis and dispositive analysis. In Ruth Wodak and Michael Meyer (eds). Methods of Critical Discourse Analysis. pp. 34-61.
Janks, Hilary. (2002). Critical Discourse Analysis as a Research Tool. In Michael J. Toolan (ed.). Critical Discourse Analysis: Critical Concepts in Linguistics. London: Routledge. pp. 26-42.
Silva, Marisa Torres Da. (2013). Online Forums, Audience Participation and Modes of Political Discussion: Readers' Comments on the Brazilian Presidential Election as a Case Study. Communication & Society/Comunicacióny Sociedad, 26(4), pp. 175-193.
Simmons, Katie & Amanda Lecouteur. (2008). Modern Racism in the Media: Constructions of 'the Possibility of Change' in Accounts of Two Australian 'rRiots'. Discourse & Society, 19(5), pp. 667-687.
Sinclair, John. (1991). Corpus, Concordance, Collocation. Oxford: Oxford University Press.
Scott, Mike. (2014). WordsSmith Tools (Version 6). Liverpool: Lexical

Analysis Software Ltd.
Stubbs, Michael. (1995). Collocations and Semantic Profiles: on the Cause of the Trouble with Quantitative Method. Function of Language 2(1), pp. 1-33.
Stubbs, Michael. (1997). Whorf's Children: Critical Comments on Critical Discourse Analysis. In Ann Ryan & Alison Wray (eds). Evolving Models of Language. Clevedon: Multilingual Matters. pp. 100-16.
Stubbs Michael. (2001a). Words and Phrases: Corpus Studies of Lexical Semantics. Oxford: Blackwell.
Stubbs, Michael. (2001b). Texts, Corpora, and Problems Interpretation: A Response to Widdowson. Applied Linguistics, 22(2), pp. 149-172.
Talbot, Mary. (2007). Media Discourse: Representation and Interaction. Edinburgh: Edinburgh University Press.
Teruya, Kazuhiro. (2006). Systemic Functional Grammar of Japanese. London: Continuum.
Thetela, Puleng. (2001). Critique Discourses and Ideology in Newspaper Reports: A Discourse Analysis of the South African Press Reports on the 1998 SADC's Military Intervention in Lesotho. Discourse & Society, 12(3), pp. 347-370.
Thompson, Geoff. (2004). Introducing Functional Grammar (2nd Ed.). London: Arnold.
Trew, Tony. (1979). Theory and Ideology at Work. In Roger Fowler, Bob Hodge, Gunther Kress and Tony Trew (eds). Language and Control. London: Routledge & Kegan Paul Ltd. pp. 94-116.
Van Dijk, Teun A. (1988a). News Analysis, Case Studies of International and Nationa News in the Press. Hillsdale, NJ: Lawrence Erlbaum Associates.
Van Dijk, Teun A. (1988b) How "They" Hit the Headlines: Ethnic Minorities in the Press. In Geneva Smitherman-Donaldson & Teun A. Van Dijk (eds.). Discourse and Discrimination. Detroit, Michigan: Wayne State University Press. pp. 221-262.
Van Dijk, Teun A.(1991). Racism and the Press. London: Routledge.
Van Dijk, Teun A. (1993). Principles of Critical Discourse Analysis. Discourse & Society, 4(2), pp. 249-283.

Van Dijk, Teun A. (2001). Critical Discourse Analysis. In Deborah Schiffrin, Deborah Tannen, & Heidi E. Hamilton (eds.). The Handbook of Discourse Analysis. Oxford: Blackwell. pp. 352-371.

Van Dijk, Teun A. (2002). Discourse and Racism. In David T. Goldberg & John Solomos (eds.). A Companion to Racial and Ethnic Studies. Oxford: Blackwell. pp. 145-159.

Van Dijk, Teun A. (2004). Racist Discourse. In Ellis Cashmore (ed.). Routledge Encyclopedia of Race and Ethnic Studies. London: Routledge. pp. 351-355.

Van Leeuwen, Theo. (2000). Visual racism. In M. Reisigl & R. Wodak (eds.). The Semiotics of Racism: Approaches in Critical Discourse Analysis. Vienna: Passagen Verlag. pp. 363-391.

Van Leeuwen, Theo. (2008). Discourse and Practice: New Tools for Critical Discourse Analysis. Oxford: Oxford University Press.

Van Leeuwen, Theo. (2009). Discourse as the Recontextualization of Social Practice: a Guide. In Ruth Wodak & Michael Meyer (eds.). Methods of Critical Discourse Analysis. London: Sage. pp. 144-161.

Widdowson, H.G. (1995a). Discourse Analysis: A criticalVview. Language and Literature, 4(3), pp. 157-172.

Widdowson, H.G. (1995b). Review of Fairclough Discourse and Social Change. Applied Linguistics, 16(4), pp. 510-516.

Widdowson, H.G. (1996). Discourse and Interpretation: Conjectures and refutations [Reply to Fairclough, 1996]. Language and Literature, 5(1), pp. 57-69.

Widdowson, H.G. (2004). Text, Context, Pretext: Critical Issues in Discourse Analysis. Oxford: Blackwell Publishing.

Whorf, Benjamin Lee. (1956). Language, Thought and Reality, Selected Writings of Benjamin Lee Whorf. Cambridge: MIT Press.

Wodok, Ruth. (2001). What CDA is About-a Summary of its History, Important Concepts and its Developments. In Ruth Wodok & Michael Meyer (eds.). Methods of Critical Discourse Analysis. London: Sage. pp. 1-13.

Wodak, Ruth & Brigitta Busch. (2004). Approaches to Media Texts. In John Downing, Denis McQuail, Philip Schlesinger & Ellen Wartella (eds.). Handbook of Media Studies. London: Sage. pp. 105-123.

Wodak, Ruth & Michael Meyer. (2009). Critical Discourse Analysis: History, Agenda, Theory and Methodology. In Ruth Wodak & Michael Meyer (eds.) Methods of Critical Discourse Analysis. London: Sage pp. 1-33.

Wodak, Ruth & Martin Reisigl. (1999). Discourse and Racism: European Perspectives. Annual Review of Anthropology, Vol. 28, pp. 175-199.

Wodak, Ruth & Martin Reisigl. (2001). Discourse and Racism. In Deborah Schiffrin, Deborah Tannen, & Heidi E Hamilton (eds.). Handbook of Discourse Analysis. Malden, MA: Blackwell Publishing Ltd. pp. 373-396.

Young, Lynn & Claire Harrison (eds.). (2004). Systemic Functional Linguistics and Critical Discourse Analysis. London: Continuum.

저자 소개

이창수(李昌秀) 연세대학교 학사
한국외국어대학교 통역번역대학원 석사
미국 Boston 대학교 응용언어학 박사
현재 한국외국어대학교 통역번역대학원 교수

아 | 산 | 재 | 단 | 연 | 구 | 총 | 서

1. 전환기의 중국경제
   김윤환 외 | 단국대 경제학과
2. 폴란드 경제의 변천 개혁과 그 전망
   김광수 | 숭실대 경제학과
3. 재소한인
   이광규 외 | 서울대 인류학과
4. 소련산림과 임업
   홍성천 외 | 경북대 임학과
5. 아세안의 정치경제
   김국진 외 | 외교안보연구원
6. 태국의 사회변동과 경제발전
   최석만 외 | 전남대 사회학과
7. 중국의 사회경제 통계분석
   신한풍 외 | 고려대 통계학과
8. 중국의 정치와 경제
   박두복 외 | 외교안보연구원
9. 동유럽의 개혁과 시장경제의 도입
   허만 외 | 부산대 사범대학
10. 동유럽의 개혁운동
    박영신 | 연세대 사회학과
11. 현대 러시아 연구
    기연수 외 | 한국외대 노어과
12. 전략적 선택과 기업의 국제경쟁력
    이장호 | 서강대 경영대학
13. 협동사회의 정착과 정부의 역할
    이종범 외 | 고려대 행정학과
14. 한국 제조기업 생산성의 동적 분석
    노부호 외 | 중앙대 경영대학
15. 분배의 정의
    변형윤 외 | 서울대 경제학과
16. 도덕적 행동의 강화
    이훈구 외 | 연세대 심리학과
17. 관료부패와 통제
    김해동 외 | 서울대 행정대학원
18. 한국경제의 내실 있는 성장
    정창영 외 | 연세대 경제학과
19. 한국국민정신운동의 역사와 발전방향
    박수명 외 | 부산대 사범대학
20. 한국대학생의 가치성향과 상담효과
    이영희 외 | 숙명여대 교육학과
21. 가출청소년과 학교관리체제
    안창규 외 | 부산대 교육학과
22. 동북아 정세변화와 한 · 일관계
    한승조 외 | 고려대 정치외교학과
23. 언론과 부정부패
    정대철 외 | 한양대 신문방송학과
24. 한국의 고등학교 교육
    이원호 외 | 부산대 교육학과
25. 가족과 방송
    김학수 외 | 서강대 신문방송학과
26. 재정개혁의 전망과 재산세제의 개편 과제
    오연천 | 서울대 행정대학원
27. 청소년을 위한 전자게임 프로그램의 규제 및 평가체계 개발
    박혜원 외 | 울산대 가정관리학과
28. 정신장애자 가족의 사회심리적 특성
    이근후 외 | 이화여대 의과대학
29. 가족의 관계역동성과 문제인식
    이광규 외 | 서울대 인류학과
30. 현대인과 한국전통음식
    승정자 | 숙명여대 식품영양학과
31. 기업의 초고속정보통신망활용
    안중호 | 서울대 경영학과
32. 지역발전을 위한 교육자치제의 개선방안
    김남순 | 조선대 사범대학
33. 전환기의 공무원 가치관
    조경호 | 울산대 행정학과
34. 지방자치와 사회복지의 과제
    김영모 | 중앙대 사회복지학과
35. WTO체제하의 지방중소기업 지원정책
    최명주 외 | 계명대 통상학부
36. 현대한국의 시민운동
    이효선 | 중앙대 사회학과
37. 기업 세계화의 단계 및 정도의 측정
    허영도 외 | 울산대 경영학과
38. 가족복지를 위한 가족주치의 시범사업의 효과
    이혜리 외 | 연세대 가정의학교실
39. 한국대학생의 삶의 만족도
    김재은 외 | 이화여대 교육심리학과
40. 지역경제와 지역산업구조의 개편방향
    정기화 외 | 전남대 경제학부
41. 중국기업의 소유형태별 경영특성
    노철화 외 | 부산대 무역학과
42. 남북한의 인성 · 사상교육
    한승조 외 | 고려대 정치외교학과

43 연계적 뇌기능 조언을 위한 의료용 멀티미디어 시스템의 설계
유선국 | 연세대 의용공학교실

44 다민족국가의 민족문제와 한인사회
최협 외 | 전남대 인류학과

45 저소득층지역 청소년 여가문화와 소집단 활성화
박문수 외 | 서강대 사회학과

46 삶의 질의 국제비교와 지역간 비교분석
이재기 외 | 울산대 경제학과

47 21세기 지역주민의 삶의 질
양종회 외 | 성균관대 사회학과

48 삶의 질에 대한 국가간 비교
조명한 외 | 서울대 심리학과

49 외국인 노동자의 노사관계와 사회적 적응
석현호 외 | 성균관대 사회학과

50 한국의 사법제도와 발전 모델
정종섭 | 건국대 법학과

51 고령화사회와 중상층 노인의 사회활동
조성남 외 | 이화여대 사회학과

52 한국의 서비스 시장 개방정책
한홍렬 | 한양대 경제학부

53 한국과 AFTA간의 교역증진 및 경제 협력방안
손일태 외 | 경희대 경제통상학부항

54 물류비 절감을 위한 무역업체의 정보화전략
이영수 외 | 경북대 경제통상학부

55 사회주의 체제전환과 사회정책
오정수 외 | 충남대 사회복지학과

56 남북통일 이후 농업생산체계 개편
홍성규 외 | 건국대 농업경제학과

57 국제화와 세계화
하영선 외 | 서울대 외교학과

58 IMF 개혁정책의 평가와 한국경제의 신(新) 패러다임
조동근 | 명지대 경제학과

59 구조개혁과 실업대책
박동운 | 단국대 경제무역학부

60 21세기 신노사관계
심윤종 외 | 성균관대 사회학과

61 학교에서의 집단 따돌림
이춘재 외 | 가톨릭대 심리학과

62 한국노인의 정신건강실태와 건강증진
조맹제 외 | 서울대 의과대학

63 혁명과 개혁 속의 중국 농민
김광억 | 서울대 인류학과

64 중국의 경제환경과 한국기업의 진출 전략
지용희 외 | 서강대 경영학과

65 김대중 대통령의 시스템 사고
김동환 | 중앙대 공공정책학부

66 실업과 가족해체
최일섭 외 | 서울대 사회복지학과

67 합리적 부채비율 조정방안
오상근 | 동아대 경제학과

68 한국 중산층의 생활문화
문숙재 외 | 이화여대 소비자 · 인간발달학과

69 계층간 갈등상태에서 최적소득세
김진욱 | 건국대 경상학부

70 글로벌 경쟁력 제고를 위한 기업전략과 조직구축
이만우 외 | 고려대 경영학과

71 의료보험과 국민연금의 관리효율화를 위한 통합방안
사공진 외 | 한양대 경제학부

72 정부개혁의 과제와 전략
박우서 외 | 연세대 행정학과

73 책임운영기관 제도에 관한 비교분석
김근세 | 가톨릭대 행정학과

74 새로운 패러다임하에서의 한국기업의 바람직한 지배구조
최운열 외 | 서강대 경영학과

75 현대 한국사회의 계층구조
양춘 외 | 고려대 사회학과

76 한국의 산업정책과 산업구조조정
강인수 | 숙명여대 경제학부

77 기업구조조정
김석진 | 경북대 경영학부

78 지식경영을 위한 인적자원 개발 및 관리체계
장영철 | 경희대 경영학부

79 뉴 비즈니스 모델
전성현 | 국민대 정보관리학부

80 중산층의 정체성과 소비문화
함인희 외 | 이화여대 사회학과

81 외국관광객 유치를 위한 마케팅 전략
박상규 | 강원대 경영학과

82 한국인의 세대별 문학의식
이동순 | 영남대 국문과

83 공공부문의 효율성 평가와 측정
김재홍 외 | 울산대 사회과학부

84 한국 청소년의 정치의식과 형성요인
김광웅 외 | 숙명여대 아동복지학과

85 한국 대학생의 정치의식
배한동 | 경북대 윤리교육과

86 산업의 정보화와 산업발전
이기동 | 계명대 통상학부

87 한국 제조업의 고용조정 분석
이종원 외 | 성균관대 경제학부

88 지식자산에 대한 경영전략적 평가모형 개발
배재학 외 | 울산대 컴퓨터 · 정보통신공학부

89 관광사업을 위한 한국적 이미지의 휴식복 개발
채금석 | 숙명여대 의류학과

90 한국 정치제도의 개혁
신정현 | 경희대 사회과학부

91 e비즈니스와 아웃소싱 전략
정승화 외 | 연세대 경영학과

92 집단 따돌림의 진단 및 치료방안
홍준표 | 중앙대 인간생활환경학과

93 16대 총선과 낙선운동
조기숙 | 이화여대 국제대학원

94 부동층 유권자 행태 분석
진영재 | 연세대 정치외교학과

95 사이버 공동체의 성공요인
이재관 | 숭실대 경영학부

96 온라인 소비자 행동의 이론과 실증
윤성준 | 경기대 경영학부

97 글로벌 시대 정약용 세계관의 가능성과 한계
차성환 | 한일장신대 역사사회학과

98 러시아의 체제전환 과정에서 나타난 국가의 역할과 그 전망
이상민 외 | 부산대 정치외교학과

99 남북한의 경제발전 수준과 산업구조 비교, 그리고 경제교류 협력방향
주성환 | 건국대 경제학과

100 집단따돌림과 교육해체
한준상 | 연세대 교육학과

101 공적연금제도의 효율성과 개선방안
유금록 | 군산대 행정복지학부

102 벤처기업-대기업의 성공적인 협력 모델
나중덕 | 경산대 경영학과

103 북한의 재외동포정책
조정남 외 | 고려대 정치외교학과

104 사이버 공동체 형성의 역동적 모형
장용호 | 서강대 신문방송학과

105 기업이론과 기업의 소유지배구조
김일태 외 | 전남대 경제학부

106 가축분뇨 자원화를 위한 공동이용조직에 대한 농가선호도 분석
유덕기 | 동국대 생명자원경제학과

107 개혁정책과 전문가 집단
이경원 외 | 제주대 행정학과

108 현대 한국사회의 이중가치체계
신수진 외 | 이화여대 가정관리학과

109 한국의 산업구조 변화와 기업집단 다각화 전략
김용학 외 | 연세대 사회학과

110 지식정보사회의 경제적 모형 설정 및 사례 연구
김범환 | 배재대 경영정보학부

111 변호사징계제도
오종근 | 한림대 법학부

112 인터넷 특허법
김순석 | 광주대 법학과

113 e-비즈니스 시대의 금융 및 재정정책의 새로운 패러다임
이종욱 | 서울여대 경제학과

114 청소년의 하위문화와 정체성
조성남 | 이화여대 사회학과

115 디지털금융시대의 금융구조변화와 정부규제 및 정책
이충열 | 고려대 경제학부

116 지식경영을 위한 기업의 조직설계방안
김경수 외 | 전남대 경영학과

117 전자금융의 발달과 경제정책의 새로운 패러다임
이명훈 | 명지대 경제학과

118 동아시아의 안보와 유엔체제
강성학 편저 | 고려대 정치외교학과

119 유료 치매노인 그룹홈의 개발과 관련 정책
최정신 외 | 가톨릭대 소비자 · 주거학과

120 소비자 지향적 문화산업 정책
홍영준 | 호남대 광고홍보학과

121 국제 · 국가 · 지방 환경규제의 연계
정준금 외 | 울산대 행정학과

122 현행 회사 합병 · 분할제도의 평가와 개선방안
옥무석 외 | 이화여대 법학과

123 배려지향적 도덕성과 정의지향적 도덕성
정옥분 외 | 고려대 사범대학

124 기업구조조정에 대한 채권금융기관 및 금융감독기관의 역할과 책임
이중기 | 한림대 법학과

125 실업대책으로서 한국의 법정기준근로 시간 단축
박영범 | 한성대 경제학과

126 프랑스어의 비분리성 소유개념 표현
노윤채 | 연세대 언어정보연구원

127 지방채의 효율적 관리방안
강태구 | 호원대 법행정학부

128 21세기 산업구조 변화와 과학기술정책
임채성 외 | 그리스도신학대 경영정보학부

129 인터넷 쇼핑몰 이용자의 불평행동
예종석 | 한양대 경영학부

130 한국기업의 성과급제도 현황, 효과 및 개선방안
김성수 | 서울대 경영학과

131 전자상거래와 소비자보호
서민교 외 | 경일대 인터넷국제통상학과

132 평생학습 사회에서의 인적자원개발을 위한 사회적 파트너십 구축
김영화 | 홍익대 교육학과

133 한국 공교육의 새로운 구상과 전략
권대봉 외 | 고려대 교육학과

134 한국의 정부개혁
김태룡 | 상지대 행정학과

135 지방정부 생산성 측정의 이론과 실제
이은국 외 | 연세대 행정학과

136 불가 시문학론
배규범 | 경희대 학술연구 교수

137 남북경제교류의 법적 문제
제성호 | 중앙대 법학과

138 경제위기와 청소년 발달
구인회 | 서울대 사회복지학과

139 생명과학기술의 응용과 기본권보호적 한계
정상기 외 | 한남대 법학과

140 경제발전과 정치환경의 한・일 비교분석
정갑영 외 | 연세대 동서문제연구원

141 한국 공교육의 진단
윤정일 외 | 서울대 교육학과

142 우리나라 지방자치 발전을 위한 자치단체장의 역할
정성호 외 | 경기대 사회과학부

143 의료보험제도의 개혁방안
권순원 | 덕성여대 경제학과

144 중등 도덕교육의 현실과 문제
손동현 외 | 성균관대 철학과

145 사이버공동체 발전론
이명식 | 상명대 경영학과

146 남북경협 확대에 대비한 북한 담보제도의 정비방안
박훤일 | 경희대 법과대학

147 한국 공무원 인사제도 개혁
김판석 | 연세대 행정학과

148 교사화법 교육
임칠성 외 | 전남대 국어교육과

149 세계화의 문화정치학
임혁백 외 | 고려대 정치외교학과

150 효과적인 e-SCM을 위한 의사결정 조정 시스템 모형
이원준 | 성균관대 경영학부

151 환경거버넌스
김종순 외 | 건국대 행정학과

152 자동차산업의 인적자원관리
이덕로 | 서원대 경영학부

153 한국과 영국 간 지식기반산업 비교
이명호 | 한국외대 경영학과

154 한국 벤처기업의 기술네트워킹 및 기술마케팅 전략
장영일 | 인제대 경영학부

155 회사변호사의 윤리
오승종 | 성균관대 법과대학

156 미디어교육론
이정춘 | 중앙대 신문방송학과

157 조선시대 서원과 양반
윤희면 | 전남대 역사교육과

158 환경문제와 철학
박찬국 | 서울대 철학과

159 노인보건복지 이론과 실제
김명 외 | 이화여대 보건교육학과

160 북한의 법체계
권재열 외 | 숭실대 법학과

161 생명공학기술의 안전성 확보에 관한 법적 고찰
이재협 | 경희대 법학부

162 청소년복지학
김성이 외 | 이화여대 사회복지학과

163 변화하는 세계, 변화하는 복지국가
조영훈 | 동의대 사회복지학과

164 의리의 윤리와 한국의 유교문화
김낙진 | 진주교대 도덕교육과

165 미국의 통상정책과 통상법
윤충원 | 전북대 무역학과

166 사회복지 프로그램 평가
김학주 | 경상대 사회복지학과

167 환경주의와 지속가능한 발전
정대연 | 제주대 사회학과

168 무역과 환경
김기홍 외 | 경기대 경제학부

169 산업계 유해폐기물의 위험과 관리
김금수 | 호서대 경상학부

170 백범 김구의 지적 계발과정 탐색
문용린 | 서울대 교육학과

171 태평양전쟁 발발 이후 일제의 인적 지배와 그리스도교계의 대응
윤선자 | 전남대 사학과

172 거버넌스 상황에서 갈등관리를 위한 대체적 분쟁해결제도
서순복 | 광주대 법정학부

173 시장경제의 유형과 민주주의
최배근 | 건국대 경상학부

174 일본고전소설 총론
김현정 | 국립한국전통문화학교

175 국어 교육을 위한 국어 문법론
이관규 | 홍익대 국어교육과

176 율곡의 군주론
전세영 | 부산교대 윤리교육과

177 동북아시아 환경협력
정서용 | 명지대 법학과

178 기후변화협약과 기후정책
신의순 외 | 연세대 경제학과

179 인터넷과 국제 학술정보 네트워크-하이퍼링크 분석
박한우 | 영남대 언론정보학과

180 국내 기업복지의 활성화 방안
최수찬 | 연세대 사회복지대학원

181 세계화와 인간안보
김우상 외 | 연세대 정치외교학과

182 세계문화유산 종묘 이야기
지두환 | 국민대 국사학과

183 한국 평생교육의 사회철학적 과제
곽삼근 | 이화여대 교육학과

184 강점모델
정순둘 | 이화여대 사회복지학과

185 글로벌시대의 계약법
박영복 | 한국외대 법과대학

186 배심제와 시민의 사법참여
안경환 | 서울대 법학과

187 동북아공동체
김재한 | 한림대 정치외교학과

188 정치 참여와 탈물질주의
김욱 | 배재대 정치외교학과

189 퍼지전문가회로망을 이용한 금융기관의 사이버 기업여신결정 지원시스템의 개발
권혁대 | 목원대 경영학과

190 환경정책과 환경법
송인성 | 전남대 지역개발학과

191 포스트모던 시대의 평생교육학
한숭희 | 서울대 교육학과

192 현대 한국인의 세대경험과 문화
박길성 외 | 고려대 사회학과

193 서구의 근로연계복지
김종일 | 건국대 사회복지학과

194 사회복지운동론
현외성 | 경남대 사회복지학과

195 외국의 역모기지 사례
유선종 | 건국대 부동산학과

196 옛이야기와 어린이문학
이지호 | 진주교대 국어교육학과

197 노인사회복지관광의 정책과제와 방안
김창수 | 경기대 관광학부

198 복지서비스의 민간위탁 시스템 분석
김순양 | 영남대 행정학부

199 새로운 빈곤층의 대두와 정부의 정책과제
김진욱 | 건국대 경제학과

200 문화행정론
김정수 | 한양대 행정학과

201 스칸디나비아 노인용 코하우징의 계획과 적용
최정신 외 | 가톨릭대 생활과학부

202 북한의 자연생태계
공우석 | 경희대 지리학과

203 통계로 이해하는 러시아
전홍찬 | 부산대 정치외교학과

204 사회복지법인의 경영과 회계
이동규 | 충남대 회계학과

205 의약분업 정책과정
차흥봉 | 한림대 사회복지학과

206 지역공동체와 평생교육
오혁진 | 동의대 평생교육학부

207 아동보호서비스의 실제
한미현 | 백석대 사회복지학부

208 그린마케팅
박재기 | 충남대 경영학부

209 아동권리와 아동복지
이혜원 | 성공회대 사회복지학과

210 국제 이주와 인도인 디아스포라
김경학 | 전남대 인류학과

211 질병과 의료의 사회학
조병희 | 서울대 보건대학원

212 북한이탈주민의 사회통합을 위한 지역복지실천의 모색
이기영 | 부산대 사회복지학과

213 치매노인케어론
조유향 | 초당대 간호학과

214 노인상담입문
서혜경 외 | 한림대 대학원 사회복지학과

215 '통일 이후 통일과정'으로서의 독일 통일영화
이준서 | 이화여대 독어독문학과

216 중국의 사회보장
오정수 | 충남대 사회복지학과

217 환경자원의 경제적 가치와 환경오염의 사회적 비용
김재홍 | 울산대 사회과학부

218 사회복지프로그램의 경제적 평가방법
박창제 외 | 상주대 사회복지학과

219 자유의지와 결정론
안건훈 | 강원대 철학과

220 심리학자들이 쓴 행복한 결혼의 심리학
채규만 외 | 성신여대 심리학과

221 현대 해석학 강의
양해림 | 충남대 철학과

222 한국인의 주거 빈곤과 공공주택
하성규 | 중앙대 도시 및 지역계획학과

223 IMF 경제위기와 한국 출산력의 변화
김두섭 | 한양대 사회학과

224 동아시아의 영토분쟁과 국제법
이석우 | 인하대 법학부

225 독일 복지국가와 사회복지서비스
정재훈 | 서울여대 사회사업학과

226 사회복지사를 위한 실용 비모수통계
엄명용 | 성균관대 사회복지학과

227 피해자학 연구
이윤호 | 동국대 경찰행정학과

228 광고언어창작론
박영준 외 | 부경대 국어국문학과

229 환경규제 패러다임의 전환
한철 | 한남대 법학과

230 고령사회의 노동환경변화와 고용 시스템의 문제점 및 법적 대응
고준기 | 국립군산대 법학과

231 세계화와 소득불평등
이성균 외 | 울산대 사회과학부

232 유비쿼터스 사회의 이해
안중호 외 | 서울대 경영학과

233 국제환경책임법론
박병도 | 건국대 법학과

234 한국의 선거와 민주주의
윤종빈 | 명지대 정치외교학과

235 한국 시민운동의 구조와 동학
조대엽 외 | 고려대 사회학과

236 또래관계
송영혜 | 대구대 재활심리학과

237 해외 한국기업과 현지인 노동자
석현호 외 | 에스코이아학술문화재단

238 독일 국가복지에서 민간복지단체의 역할과 의미
차성환 외 | 한일장신대 사회복지학부

239 청정공학
조정호 | 동양대 생명화학공학과

240 한국전통연희론
심상교 | 부산교육대 국어교육학과

241 정신장애와 가족
서미경 | 경상대 사회복지학부

242 빈곤통계의 작성과 활용
김주환 | 동국대 정보통계학과

243 인터넷과 한국정치
강원택 | 숭실대 정치외교학과

244 북한의 시장경제이행
정영화 외 | 서경대 법학과

245 시스템사고로 본 지속가능한 도시
문태훈 | 중앙대 도시및지역계획학과

246 실버산업과 유비쿼터스 컴퓨팅
고일상 | 전남대 경영학부

247 재활상담과 사례관리
나운환 | 대구대 직업재활학과

248 영유아교육기관에서의 장애 이해 교육
유수옥 | 우석대 유아특수교육과

249 장애의 사회적 의미와 사회통합
박수경 | 대진대 사회복지학과

250 경제분석의 수리적 기초
조인성 | 공주대 경제통상학부

251 비영리부문의 비교연구
김승현 | 서울산업대 행정학과

252 고등교육경제학
반상진 | 전북대 교육학과

253 과학윤리교육의 이론과 방법
조희형 | 강원대 과학교육학부

254 결혼이민자가족의 이해
김오남 | 대불대 사회복지학과

255 동아시아 국가의 공공부조
신동면 | 경희대 사회과학부

256 특수아동 진단 및 평가
이나미 | 대불대 특수교육과

257 계약형 사회복지와 권리옹호시스템
이명현 | 경북대 상주캠퍼스 사회복지학과

258 실내공기질 및 위해성 관리
양원호 | 대구가톨릭대 산업보건학과

259 충남 방언 문법
한영목 | 충남대 국어국문학과

260 교육권론
노기호 | 군산대 법학과

261 도시경관계획론
임승빈 | 서울대 조경 · 지역시스템공학부

262 교통의 새로운 패러다임
김형철 | 경원대 도시계획·조경학부

263 노인의 삶의 질 향상을 위한 주거환경 디자인
천진희 | 상명대 디자인대학 실내디자인전공

264 사회복지와 문화
박병현 | 부산대 사회복지학과

265 장애인복지의 이론과 실제
이선우 | 인제대 사회복지학과

266 창의성 개발을 위한 디자인교육 콘텐츠
김선영 | 인천가톨릭대 조형예술대학 환경디자인학과

267 구성주의 사회복지 실천 기술론
고미영 | 서울신학대 사회복지학과

268 장애아교육학
김기흥 | 부산교육대 유아교육과

269 지역사회복지와 자원부문
한상진 외 | 울산대 사회학과

270 환경관리회계
육근효 | 부산외국어대 회계학부

271 인권 관점에서 보는 장애인복지
유동철 | 동의대 사회복지학과

272 정신증상
송지영 | 경희대 의과대학병원 신경정신과

273 사이버공간의 사회심리학
이성식 외 | 숭실대 정보사회학과

274 노인에 대한 사회적 돌봄과 돌봄 서비스의 질 보장
최희경 | 신라대 가족노인복지학과

275 아동 심리치료의 실제
신현균 | 전남대 심리학과

276 사회복지와 위험관리
노충래 | 이화여대 사회복지전문대학원

277 국제 탄소시장의 이해
양승룡 | 고려대 식품자원경제학과

278 타자의 초상
신문수 | 서울대 영어교육과

279 한국정치와 환경정치
나정원 | 강원대 정치외교학과

280 북한이주민
윤인진 | 고려대 사회학과

281 음주의 사회경제적 비용
정우진 외 | 연세대 보건대학원

282 지방정치와 동북아 도시거버넌스
박재욱 | 신라대 행정학과

283 노숙인 복지론
남기철 | 동덕여대 사회복지학과

284 유럽통합과정과 지역협력
이규영 | 서강대 국제대학원

285 사회복지재정 연구
지은구 | 계명대 사회과학대학 사회복지학과

286 지역사회 교육개혁을 위한 시민사회 조직의 참여
김영화 | 홍익대 교육학과

287 복지사회를 대비한 국민연금의 구조개혁
박영석 외 | 서강대 경영학부

288 한미 FTA 지재권 협상에 따른 의약품 분야 사회후생 변화
오근엽 | 충남대 무역학과

289 산업입지, 환경 그리고 지역경제
이기동 외 | 계명대 국제통상학과

290 감성지능 개발을 통한 삶의 질 향상
김경수 외 | 전남대 경영학부

291 교육복지론
이용교 외 | 광주대 사회복지학부

292 인간과 행복에 대한 철학적 성찰
박찬국 | 서울대 철학과

293 유럽연합의 사회통합 사례와 교훈
이무성 | 명지대 정치외교학과

294 민영화와 사회후생
이상호 | 전남대 경제학부

295 북한의 교육학 체계 연구
최영표 외 | 동신대 교육대학원

296 한국 지속가능발전의 구조와 변동
정대연 | 제주대 사회학과

297 우리나라의 공익 연계 마케팅에 관한 연구
임승희 | 전주대 경영학부

298 시각장애인복지론
김영일 | 조선대 특수교육과

299 그린에너지와 환경촉매
정석진 | 경희대 화학공학과

300 취약학교 초등학생을 위한 온라인 보건 교육 프로그램
박경옥 | 이화여대 보건관리학과

301 신탁제도를 통한 고령자의 보호와 지원
최수정 | 서강대 법학전문대학원

302 사회적 약자계층에 대한 실태분석 및 정책방안
이은우 외 | 울산대 경제학과

303 한류 문화와 동북아 공동체
최혜실 | 경희대 국어국문학과

304 노동유연화와 해고보호법
권혁 | 부산대 법학전문대학원

305 사회복지 위험관리의 이해
박미은 | 한남대 사회복지학과

306 의료기관의 회계와 세무
노준화 | 충남대 경영학부

307 여성인적자원의 전문성 확보를 위한 경력개발
백지연 | 이화여대 국제사무학과

308 정신병리
강선경 | 서강대 신학대학원

309 바다의 반란 적조
윤양호 | 전남대 해양기술학부

310 한국 장애인 복지 발달사
이성규 | 서울시립대 사회복지학과

311 서양예술 속의 동양 탐색
진상범 | 전북대 독어독문학과

312 한국인의 도덕성 발달 진단
문용린 | 서울대 교육학과

313 영국정치와 국가복지
고세훈 | 고려대 공공행정학부

314 인간학적 사유를 여는 중도 · 중복장애 교육학
이숙정 | 단국대 특수교육과

315 개별화 교육과정
이소현 | 이화여대 특수교육과

316 인간의 긍정적 성품
권석만 | 서울대 심리학과

317 지방자치와 지역여성의 전망
이혜숙 | 경상대 사회학과

318 한국 현대 노년소설 연구
전흥남 | 한려대 교양학부

319 정보격차 해소를 위한 창의적 정보교육 프로그램
이영준 외 | 한국교원대 컴퓨터교육과

320 한국 가족과 젠더
손승영 | 동덕여대 교양학부

321 한국의 복지혼합
김진욱 | 서강대 신학대학원

322 사회자본과 자원봉사
김태룡 외 | 상지대 행정학과

323 농촌교육복지연구
박삼철 | 단국대 교양학부

324 사회정체성 평가 차원에 대한 국제 비교조사
이명진 | 고려대 사회학과

325 캐나다 복지국가 연구
조영훈 | 동의대 사회복지학과

326 한국의 소수자운동과 인권정책
전영평 외 | 서울대 행정대학원

327 한국과 미국의 보육서비스 전달체계와 품질 비교분석
김근세 외 | 성균관대 국정관리대학원

328 한국사회의 소득불평등과 국민 의료이용
이용재 | 호서대 사회복지학과

329 정보시대의 인간안보
조화순 | 연세대 정치외교학과

330 가족의 사회경제적 특성과 아동발달
김광혁 | 전주대 사회복지학과

331 초 · 중 · 고등학생의 학업소진 진행과정 및 경로분석
이상민 | 고려대 교육학과

332 다문화사회의 사법통역
이지은 | 이화여대 통역번역대학원

333 동아시아 지역주의
유현석 | 경희대 정치외교학과

334 환경친화적 공공시설관리와 지역공동체의 삶의 질
이소영 | 중앙대 실내디자인 · 주거환경학과

335 의료보험의 법정책
김나경 | 성신여대 법과대학

336 양극화 시대 가족해체와 청소년의 적응에 관한 한국과 미국의 비교 연구
오승환 외 | 울산대 사회복지학과

337 기업의 사회적 책임과 지역경제사회발전 연구
허영도 외 | 울산대 경영학부

338 노인의 삶의 질 향상을 위한 온라인 소셜 네트워크 구축 방안
김진우 | 연세대 경영학과

339 청소년 생활역량
윤명희 외 | 동의대 평생교육학과

340 외국인 배우자의 다양성과 국제결혼의 안정성
김두섭 | 한양대 사회학과

341 정보인권의 규범구체화
이민영 | 가톨릭대 법학과

342 한국 사회복지실천의 고유성
최성재 외 | 서울대 사회복지학과

343 스웨덴의 환경책임 실천모형
최희경 | 경북대 행정학부

344 자율운동과 주거공동체
윤수종 | 전남대 사회학과

345 한국인의 공공봉사동기
김상묵 | 서울과학기술대 행정학과

346 한국 이혼가정 아동의 성장
김혜숙 | 경인교육대 교육학과

347 동양 사상과 노인 복지
홍승표 외 | 계명대 사회학과

348 노동과 사회보장의 연계
오문완 | 울산대 법학과

349 학습장애 위험군 아동의 조기선별을 위한 읽기검사 표준화 연구
김애화 외 | 단국대 특수교육학과

350 신·재생에너지에 기초한 녹색성장과 사회통합
김인호 | 이화여대 법학전문대학원

351 문화교류역량과 다문화 경영이 기업 경영성과에 미치는 영향
임병학 외 | 부산외대 경영학부

352 빈곤영유아의 발달과 적응
정익중 외 | 이화여대 사회복지학과

353 민사법질서와 인권
양천수 | 영남대 법학전문대학원

354 성년후견제도와 사회복지제도의 연계
신권철 | 서울시립대 법학전문대학원

355 한국 다문화사회의 이방인
김순양 | 영남대 행정학과

356 현대 시민사회와 소비자계약법
이병준 | 한국외대 법학전문대학원

357 개인의 사회적 정보보호를 위한 공공정보서비스 개선 연구
장항배 | 상명대 경영학과

358 여성교육투자에 대한 교육경제학적 탐색
백일우 외 | 연세대 교육학부

359 사회적 기업과 지속가능한 지역발전
임업 외 | 연세대 도시공학과

360 다문화가정 구성원에 대한 투트랙 한국어 교육방안 연구
박시균 | 군산대 국어국문학과

361 아시아의 빈곤과 한국기업의 역할
한인수 | 충남대 경영학부

362 유치원·초등학교 연계 환경교육
박희숙 | 공주대 유아교육학과

363 비정규 고용과 사회정책
구인회 외 | 서울대 사회복지학과

364 사생활의 자유에 관한 비교법적 연구
이창현 | 서강대 법학전문대학원

365 다중융합 환경 기반의 미디어스킨을 활용한 문화콘텐츠 디자인 적용방안에 관한 연구
오문석 외 | 광운대 미디어영상학부

366 북한이탈주민 여성의 성인식 관련 기초조사
한인영 외 | 이화여대 사회복지학과

367 노인주택 파노라마
유선종 | 건국대 부동산학과

368 시설보호 청년의 적응
정선욱 | 덕성여대 사회복지학과

369 다수 집단과 소수 집단의 심리
김혜숙 | 아주대 심리학과

370 바이오 휴머니티
권택영 | 경희대 영어학부

371 프랑스 다문화교육의 이해
이경수 | 상명대 불어교육과

372 한·중 서비스산업의 비교분석과 교역 확대 방안
김상호 | 리츠메이칸 아시아태평양대 국제경영학부

373 현대의학에 있어서 생명의 시간과 인간의 존엄
김학태 | 한국외대 법학전문대학원

374 0~3세 영유아의 영상물 과몰입 실태조사 및 정신건강증진 프로그램 개발과 적용
이경숙 | 한신대 재활학과

375 복지국가의 조세와 정치
양재진 외 | 연세대 행정학과

376 청소년기 자살행위 실태와 관련 요인
박선희 | 경희대 간호과학대학

377 기술혁신에 따른 지역 간 정보격차
최정혜 외 | 연세대 경영대학

378 한국 사회의 이중구조와 생애주기적 불평등
안상훈 편 | 서울대 사회복지학과

379 소비자의 친환경행동에 영향을 미치는 사회적·경제적 가치에 대한 고찰
송재기 | 텍사스테크대 경영학과

380 어머니 양육행동 관련 변인들과 유아 사회정서행동 간의 구조모형 분석
심숙영 | 숙명여대 원격대학원

381 조선족 여성, 동남아시아 여성 그리고 새터민의 적응 유형 분석 및 삶의 질 향상 방안 모색
정태연 | 중앙대 심리학과

382 세계의 연금, 한국의 연금
허만형 | 중앙대 공공인재학부

383 노인요양원과 문화 변화
최재성 | 연세대 사회복지학과

384 시민사회와 국제개발협력
손혁상 | 경희대 공공대학원

385 복지국가의 변화와 빈곤정책
김윤태 | 고려대 사회학과

386 다문화가정의 미디어 이용과 사회적 자본의 관계
진창현 | 경기대 경영학과

387 사회진출 대졸 초년생의 탄력성 변화 양상
이상민 | 고려대 교육학과

388 사회자본과 경제발전 그리고 정부의 질
도수관 | 대구가톨릭대 행정학과

389 망명과 귀환이주
서장원 | 고려대 독일문화학과

390 근거기반실천과 사회복지
김유진 | 경북대 사회복지학부

391 인터넷상 정보 유통에 대한 새로운 저작권 규율 방향 모색
박준석 | 서울대 법학전문대학원

392 한국 사회의 인종차별적 담화구조
이창수 | 한국외대 통역번역대학원

아 | 산 | 재 | 단 | 연 | 구 | 보 | 고 | 서

1 한국인의 도덕성 연구
배해수 | 고려대 국문학과

2 산업화와 청소년 진로
이원호 | 울산대 교육학과

3 공동체의식과 시민운동
김영섭 | 한양대 행정학과

4 한국청년의 삶의 의미 충족도와 만족적 태도
안정수 | 경희대 철학과

5 중국조선족의 사회발전과 한・중관계의 위상
손장권 | 고려대 사회학과

6 해송림 "솔껍질깍지벌레"의 천적 및 주요 종의 생태
김규진 | 전남대 농생물학과

7 사회정의와 실천윤리
박종대 | 서강대 철학과

8 동구개혁의 영향
김달중 | 연세대 정치외교학과

9 한국청소년의 의식세계
김문조 | 고려대 사회학과

10 고강도 철근 콘크리트 구조의 실용화
정헌수 | 중앙대 건축학과

11 신기술의 연관형태 및 출현예측의 구조모형
권철신 | 성균관대 산업공학과

12 민간기업의 연구개발을 위한 조세정책
권영훈 | 한양대 경제학부

13 기술개발 활성화방안
송승구 | 울산대 화학공학부

14 부패의 현상과 진단
이문조 | 영남대 정치외교학부

15 연구투자의 지역적 편중화와 부산지역의 기초과학연구 활성화방안
윤웅찬 | 부산대 화학과

16 GATT의 신구 덤핑방지협정과 그 대응방안
전창원 | 동국대 무역학과

17 한국사회의 도덕성 제고를 위한 진단과 처방
황경식 | 서울대 철학과

18 새로운 노사관계 방향
이진규 외 | 고려대 경영학과

19 21세기 동북아 정세예측과 한국의 전략적 대응방안
최평길 외 | 연세대 행정학과

20 소련의 한국에 대한 정책목표분석
신승권 | 한양대 정치외교학과

21 메모리 커패시터용 $Pb(Zr_xTi_{1-x})O_3$ 강유전체 박막의 제작과 특성
장지근 외 | 단국대 전자공학과

22 러시아 국제법학의 전통
김용구 | 서울대 외교학과

23 유럽연합의 현황과 전망
김동현 외 | 성균관대 행정학과

24 중국의 정치동원
송영우 외 | 건국대 정치외교학과

25 산업적 활용을 위한 이동로보트 시스템의 개발
박민용 외 | 연세대 전자공학과

26 중국조선족의 정치사회화과정과 동화적 국민통합의 방향
전인영 외 | 이화여대 사회생활학과

27 공적부조의 이론과 실제
최일섭 외 | 서울대 사회복지학과

28 대외통상환경의 변화와 법제개편
서헌제 | 중앙대 법학과

29 기업금융의 국제화
최생림 | 한양대 경영학부

30 자동차부품공업의 노사관계
김호진 외 | 고려대 행정학과

31 산업화 과정에서의 한국가족의 실태와 전망
정창수 외 | 성균관대 사회학과

32 공무원 가치관 실태와 정립방안
배병룡 외 | 경상대 행정학과

33 해외귀국청소년의 국내적응연구
이장영 | 국민대 사회학과

34 초고속정보통신망에서 LAN서비스 제공방안
이재용 | 연세대 전자공학과

35 WTO체제의 정책적 대응
김병진 외 | 경희대 행정학과

36 유럽의 통합정치
최수경 외 | 충남대 정치외교학과

37 유기질폐기물을 이용한 고단백사료원 인 조류의 생산공정
최정우 외 | 서강대 화학공학과

38 초고속정보통신망의 수용성과 정책방향
박영상 외 | 한양대 신문방송학과

39 중국의 강남사회와 한중교섭
조영록 외 | 동국대 사학과

40 세계화시대의 사회 · 문화의식
신행철 외 | 제주대 사회학과

41 국내 외국인 노동자의 문제와 대책
성규탁 외 | 연세대 사회복지학과

42 노인인력 활용정책과 프로그램
김정후 외 | 강원대 법과대학

43 한일간 학술교류 현황과 활성화방안
정홍익 외 | 서울대 행정대학원

44 계량모형에 의한 한일 경제관계의 이해
김명직 외 | 한양대 경제학부

45 직장인의 음주행태와 삶의 질
진기남 외 | 연세대 보건행정학과

46 유통정보 시스템의 구조와 설계
정용길 | 충남대 경영학과

47 남북통일 이후 사회통합을 위한 교육의 역할
안기성 외 | 고려대 교육학과

48 대중음악에 심취한 청소년들의 심리적 특성
김인경 외 | 연세대 인간행동연구소

49 멀티미디어 시스템을 활용한 교육환경의 개선방안
김한일 | 제주대 컴퓨터교육학과

50 탈냉전기 한일관계의 쟁점
최상룡 | 고려대 정치외교학과

51 자치시대 새로운 '삶의 질' 지표의 모색
김형기 외 | 경북대 경제통상학부

52 유럽통합의 역내외 협력과 갈등
이호재 외 | 고려대 정치외교학과

53 21세기를 대비한 신노사관계
김재원 | 한양대 경제학부

54 대학의 시간제학생 등록제
안규철 외 | 전남대 교육학과

55 21세기에 대비한 방송통신정책
한진만 외 | 강원대 신문방송학과

56 주민참여를 통한 혐오시설 관리운영방안
박균성 외 | 경희대 법학부

57 여성의 정치적 권리인식과 정치참여
전경옥 외 | 숙명여대 정치외교학과

58 한국인 위장질환과 식생활 · 환경요인 및 *H. pylori* 감염과의 관계
이양자 외 | 연세대 식품영양학과

59 학생과 시민의 자원봉사활동
윤정일 외 | 서울대 교육학과

60 동북아 환경문제와 지역환경협력의 모색
신연재 외 | 울산대 정치외교학과

61 노인 자원봉사활동을 통한 사회통합 프로그램 개발
김동배 | 연세대 사회복지학과

62 물류정보 시스템
김태현 | 연세대 경영학과

63 전자식 문서교환을 이용한 항공화물 운송체계
민재형 | 서강대 경영학과

64 청소년과 성
이근후 | 이화여대 의과대학

65 민족통합과 무궁화호 위성의 남북한 공동활용방안
방정배 | 성균관대 신문방송학과

66 채식주의가 20대 여성의 영양상태와 에스트로겐 대사에 미치는 영향
성미경 | 숙명여대 식품영양학과

67 가상정보공간을 통한 지역개발 활성화 전략
유재천 외 | 한림대 언론정보학부

68 조산아 관리현황 및 정책수립 방안
박상기 외 | 조선대 의과대학

69 남북한관의 의식조사와 통일교육 개선 방안
김동규 외 | 고려대 북한학과

70 동양 전통 자연사상 탐구
장동순 | 충남대 환경공학과

71 초고속정보망의 시뮬레이터 구현
한기준 | 경북대 컴퓨터공학과

72 유통원가 시스템의 유효성
정다미 | 명지대 경영학과

73 국악과 문화관광의 만남
정익준 외 | 동아대 국제관광통상학부

74 기업의 지식경영 활용사례
김창은 | 명지대 산업공학과

75 선진국과 한국의 직업교육 · 훈련제도의 특성과 한계
정주연 | 고려대 경제학과

76 제주지역 성인 여성의 자원봉사활동
이상철 외 | 제주대 사회학과

77 M&A와 문화충돌 관리
박원우 | 서울대 경영학과

78 폐금속광산 인근 주민들의 중금속 오염실태
정종학 외 | 영남대 의학과

79 북한 농촌 · 농업실태와 인력자원개발 시스템을 통한 북한 농민의 구호방안
박성열 | 건국대 교육공학과

80 중소 소매점의 경쟁력과 소매성과
채명수 외 | 한국외대 무역학과

81 고령자를 위한 쾌적한 실내온도와 착의량의 설정
정운선 | 안동대 의류학과

82 지역문화 이벤트 PR
박종민 | 경희대 언론정보학부

83 인터넷 지역정보화의 실태와 전략
유평준 외 | 연세대 행정학과

84 여성 삶의 질 향상을 위한 사회교육 활성화 방안
김양희 | 중앙대 가족복지학과

85 벤처기업과 벤처금융
강대석 외 | 충남대 무역학과

86 구조조정기에 있어서 실업대책과 사회 안전망 구축
박천익 | 대구대 경제학과

87 한국 유아의 조기교육
이명조 외 | 한국외대 교육대학원

88 남북한 경제공동체 형성전략
이상만 | 중앙대 경제학과

89 지방자치회계의 투명성과 주민의 알 권리
권찬태 외 | 경북대 경영학부

90 정치지도자의 정책리더십
이해영 | 경일대 행정학과

91 경제위기와 한국인의 복지의식
신광영 외 | 중앙대 사회학과

92 북한의 노동
김강식 | 한국항공대 경영학과

93 우리나라 중소기업의 정보기술 활용 현황과 경쟁력 강화를 위한 제안
정승호 | 부산외대 정보시스템학과

94 인간배아복제의 법적 · 윤리적 문제점과 그 해결방안
최병규 | 한경대 법학부

95 가치변화에 따른 투표행태
조찬래 외 | 충남대 정치외교학과

96 인터넷 경매에서의 계약체결과 소비자 보호
이기수 외 | 고려대 법과대학

97 세계화시대 남북한 통합의 방향과 과제
윤민재 | 서울대 사회발전연구소

98 글로벌 시대 지방정부의 문화마케팅 전략
박흥식 | 중앙대 행정학과

99 대졸여성실업의 실태분석 및 대학-노동 시장 간 효율적 연계방안
이은우 외 | 울산대 사회과학부

100 그린 투어리즘의 분석
이응진 | 대구대 관광학부

101 지방자치단체장의 부정부패
오일환 | 한양대 아태지역연구센터

102 산업화가 유교체제하 중국여성의 지위에 미친 영향
천성림 | 배재대 사회과학연구소

103 움직이는 말하기
유혜숙 외 | 나사렛대 교양학부

104 장애학생을 위한 특수교육공학의 활용
김용욱 | 대구대 중등특수교육과

105 지식기반사회의 평생교육 이해와 평생교육 프로그램 개발
박성열 | 건국대 교육공학과

106 N세대의 미술교육
김동철 | 대구교육대 미술교육학과

107 노후계획과 투자
권택호 | 여수대 국제통상학과

108 영화산업
양영철 | 경성대 연극영화학부

109 동유럽의 변혁과 언론의 역활
정대수 | 경남대 정치언론학부

110 환율, 임금, 물가가 국제경쟁력 및 수출입산업에 미치는 영향
하인봉 | 경북대 경제통상학부

111 일본기업의 기술혁신 전략
위정현 | 중앙대 상경학부

112 노후보장정책과 역저당연금제도
조덕호 외 | 대구대 행정학과

113 유비쿼터스 라이프와 미래 사회
김석수 | 한남대 멀티미디어공학과

114 죽음과 관련된 생명윤리적 문제들
구인회 | 가톨릭의과대 인문사회과학교실

115 경제적 세계화와 빈곤문제, 그리고 국가
김준현 | 한일장신대 인문사회과학부

116 한국의 세계불교유산
김종명 | 한국학중앙연구원 한국학대학원

117 복지레저서비스론
고태규 | 한림대 국제학부

118 자생적 철학체계로서 인간중심철학
선우현 | 청주교대 윤리교육과

119 전략적 통합과 한반도 평화체제
김승채 | 고려대 정책대학원

120 환경사법론
전경운 | 경희대 법학부

121 인터넷 자료를 통해 본 한국의 이혼 문화와 사회복지
성정현 외 | 협성대 사회복지학과

122 유럽연합의 사회정책에 관한 연구
문진영 | 서강대 신학대학원 사회복지학과

123 여성건강의 통합적 관점
김혜원 | 관동대 간호학과

124 복잡계 네트워크 과학
강병남 | 서울대 물리천문학부

125 경제적인 3세대 전원주택 개발
박근준 | 호서대 건축공학과

126 사회복지와 인적자원개발
이상일 | 인제대 국제경상학부